金牌会计

国家一流本科专业精品教材
全国普通高等教育金牌会计丛书
上海市高校第六批应用型本科试点专业建设项目

会计、财务管理、审计教学案例集

《会计、财务管理、审计教学案例集》编委会 ◎ 编

上海财经大学出版社

图书在版编目(CIP)数据

会计、财务管理、审计教学案例集 /《会计、财务管理、审计教学案例集》编委会编.—上海：上海财经大学出版社，2020.12
(全国普通高等教育金牌会计丛书)
ISBN 978-7-5642-3649-6/F.3649

Ⅰ. ①会… Ⅱ. ①会… Ⅲ. ①会计学—教案(教育)—高等学校②财务管理—教案(教育)—高等学校③审计学—教案(教育)—高等学校 Ⅳ. ①F230-42②F275-42③F239.0-42

中国版本图书馆CIP数据核字(2020)第172058号

□ 责任编辑　李嘉毅
□ 封面设计　贺加贝

会计、财务管理、审计教学案例集

《会计、财务管理、审计教学案例集》编委会　编

上海财经大学出版社出版发行
(上海市中山北一路369号　邮编200083)
网　　址：http://www.sufep.com
电子邮箱：webmaster @ sufep.com
全国新华书店经销
上海叶大印务发展有限公司印刷装订
2020年12月第1版　2020年12月第1次印刷

787mm×1092mm　1/16　15.5印张　397千字
定价：58.00元

总　序

自2009年以来，上海对外经贸大学会计学院基于深化教学改革，编写了“全国普通高等教育金牌会计丛书”，包括基础会计学、会计学、中级财务会计、高级财务会计、审计学、会计学案例等教材及学习指导书。本系列教材第一版出版后，在一定程度上满足了我校和市场对会计系列教材的需要，取得了良好的社会效应。面对不断变化的会计环境，特别是会计行业中长期人才发展规划对会计人才队伍建设和高层次会计人才培养提出的新要求，2014年以后，我们以会计行业中的长期人才发展规划为依据，以培养学生提出问题、分析问题和解决问题的能力为重点，结合新的会计准则及相关规范制度对出版的本系列第一版中的部分教材陆续进行了修订，比如修订了《初级会计学》和《审计学》。

近年来，随着大数据、人工智能、财务云、移动互联网等的发展，公司财务工作日趋标准化、便捷化、专业化及智能化，在“大智云移”条件下，会计核算及审计方法等将发生革命性变化。因此，如何将“大智云移”技术运用到会计审计领域，有效提高财务会计审计工作效率和服务质量，就成为会计审计理论界及实践界所关注的重要问题，相关政府部门对会计准则和审计准则进行了修订，这就要求我们加强教材建设，不断完善会计审计教材，以满足高质量会计人才培养的需要。

教材质量直接关系着使用者的学习成效，关系着人才培养的质量，因此，上海对外经贸大学会计学院高度重视教材建设工作，在系列教材编写、出版及使用过程中，根据国家对会计人才培养目标的变化，新的国家法规、会计审计准则和制度等的不断颁布及修订，会计学科的不断发展和会计技术的不断更新，以及学习者对会计知识需求的不断增加，对教材进行了及时更新。相对本系列教材的第二版来说，本次修订出版的系列教材除了保持第二版的编写体例等技术层面的原有特色外，注重对教材内容的更新及创新，注重理论联系实践及对学生应用能力的培养，使之更加突出新知识和实务技能，使其具有更强的针对性、实用性和可操作性。为了有效地将“教”与“学”有机地联系起来，我们力争在科学界定和阐释基本概念、基本知识、基本技能的基础上，有针对性地增加教材内容的系统性、方法的先进性和能力的针对性。本次组织编写的系列丛书还将根据培养计划、培养目标与“大智云移”技术对会计审计实践的影响，陆续出版《基础会计学》《财务管理学》《政府审计学》《大数据会计与审计》《ERP沙盘模拟实训》《SAP管理系统的审计模拟实训》《会计学习题集》《会计、财务管理、审计教学案例集》等教材。

一套教材只有经过不断修订才能成为精品。本系列教材第一版的出版已经过去了整整10年，其间我们对部分教材进行了修订。该套教材经过我校及相关高校广大师生多轮教学使用，经过社会大众学习者的实践检验，已经为我们积累了丰富的使用及编写经验。我们相信，体系更加成熟、内容更加实用的新版系列教材的陆续问世，可以进一步满足广大会计师生日益增长的教学需求。

本系列教材得到了上海市高校第六批应用型本科试点专业建设的大力支持。

本系列教材不仅适用于高等院校会计、财务管理和审计专业的教学，而且适合作为财务会计审计领域在职培训教材以及业务学习的参考用书。

丛书编委会

2020年11月

前 言

教育教学质量是学校生存与发展的生命线。近年来，上海对外经贸大学会计学院审计专业围绕应用型人才培养目标定位，不断深化教育教学改革，人才培养质量得到了大幅提高。

随着教研教改工作的深入推进，广大一线教师中涌现了一批敢于探索、勇于创新的改革者，他们结合自身教学实践，从教法、学法等方面进行了大胆尝试，取得的先进教改经验在促进教师教学能力提升、提高人才培养质量等方面发挥了重要作用。

为总结上海对外经贸大学会计学院审计专业教师的成功教学经验，充分发挥优秀教学案例的引领示范作用，促进教师之间相互学习与提高，更好地推动课程教学改革，优化课堂教学效果，提高教育教学质量，上海对外经贸大学会计学院在全院范围内组织开展了教学案例编写征集活动。案例编写征集活动得到了广大教师的热情支持和积极参与，现将精选的14个教学案例与大家分享。

这14个案例分别是李婉丽老师团队的“康美药业货币资金造假审计案例”，程安林老师的“总体审计策略编制及分析程序的运用”，赵世君老师团队的“中国公司跨境并购财务风险及防范——以JL公司并购WOL公司为例”，王如燕老师团队的“财政专项资金绩效审计——以B市A公司轨道交通项目为例”，杨慧辉老师团队的“宝钢股份：股权激励与公司金融资产配置”，张天舒老师的“‘存贷双高’背后的百亿财务造假——康得新债券违约案例研究”，臧慧萍老师的“沃尔玛信息系统内部控制案例”，张媛老师团队的“财务风险及规避策略的大数据分析——基于期货行业”，孙文龙老师团队的“大数据环境下商业银行个人客户的风险控制研究——以WT银行为例”，袁国方老师的“长城汽车财务战略设计与优化——基于财务战略矩阵的案例分析”，陈丽英老师团队的“亿纬锂能：员工持股计划动因及效果”，鲁瑛均老师团队的“公司环境成本核算研究——以A药业为例”，王开秀老师的“审计任期、强制轮换与审计质量——以广东正中珠江会计师事务所审计康美医药为例”和汪玉兰老师的“WACC投资评价体系制度创新——基于三峡集团的案例研究”。每个案例都配有一份案例使用说明书，就本案例需要解决的关键问题、案例讨论的准备工作、案例分析要点、教学组织方式和其他要求做了具体说明。

这是一本案例教学法的汇编，每个案例有其最适合服务的课程，不但适用于审计专业日常教学的辅助，也适合本科毕业论文案例写作时作为参考，还适用于MPACC学员的案例学习。

由于编写时间有限，虽然案例作者已尽了最大努力，但依然不可避免地存在调查的案例深度有限的问题，敬请读者谅解。

本书编委会

2020年11月

目 录

康美药业货币资金造假审计案例

李婉丽　骆婷婷　王开秀

专业领域/方向： 审计/财务审计

适用课程： 财务审计案例

编写目的： 本案例旨在引导学生关注上市公司货币资金方面的问题，包括货币资金造假、货币资金审计和货币资金内部控制。本案例一方面可以促进学生思考上市公司货币资金造假动因、造假逻辑及其造假手段，提高学生对于货币资金财务造假的敏锐度；另一方面从审计客体角度出发，有助于学生思考货币资金内部控制制度的重要性，引导学生建立起基础的货币资金审计逻辑，提高学生的专业知识水平和能力。

知 识 点： 货币资金造假的动因及手段、货币资金审计、货币资金内部控制

关 键 词： 货币资金造假、货币资金审计、货币资金内部控制

中文摘要： 本文选取昔日中医药行业"龙头"股——康美药业作为研究对象，结合其 2017 年年报财务数据和 2019 年发布的《关于前期会计差错更正的公告》进行报表重述，通过对比分析康美药业 2017 年更正前后的财务数据和 2014—2018 年的财报数据，探究康美药业财务造假动因、造假逻辑及其造假手段。从审计客体方面出发，分析康美药业的审计单位——广东正中珠江会计师事务所货币资金审计失败的原因，最后得出一系列启示。

英文摘要： This article selects the former leader of Chinese medicine industry — KANGMEI PHARMACEUTICAL CO., LTD as the research object, combining its financial data in 2017 annual report with the 'Announcement on the Correction of Previous Accounting Errors' released in 2019 to restate the statement. We explore its motivation, logic and methods of financial fraud by analyzing the financial data before and after 2017 corrections and the financial data from 2014 to 2018. Starting from the aspect of audit object, analyzing the reasons for audit failure, and finally drawing a series of revelations.

案　　例

一、案例背景

康美药业股份有限公司（简称"康美药业"）成立于 1997 年，注册资本为 5 280 万元，于 2001 年成功上市（600518），是中药饮片行业内生产规模最大、生产品种最多的以中药饮片、化学原料药及制剂生产为主导的国家级重点高新技术公司，截至目前，主要生产和经营的产品包括中药材、中药饮片、西药、保健食品及食品、中成药、医疗器械等。康美药业的市值最高时一度达到一千两百多亿元，仅次于恒瑞医药，超过了复星医药、白云山等公司。

2019 年 4 月 30 日，康美药业发布《关于前期会计差错更正的公告》，更正 2017 年财报数据，其中涉及货币资金虚增 299.44 亿元、存货少计 195.46 亿元、营业收入多计 88.98 亿元等 14

项会计差错。2019 年 8 月 16 日，证监会判定：“康美药业有预谋、有组织、长期、系统实施财务造假行为，恶意欺骗投资者，影响极为恶劣，后果特别严重。”2020 年 6 月 18 日，康美药业再次发布《关于前期会计差错更正的公告》，更正 2018 年财报数据，其中涉及货币资金虚增 401.3 亿元、营业收入多计 19.23 亿元、其他应收款少计 12.53 亿元等会计差错。

二、康美药业造假事件

有关康美药业造假事件的细节，参见表 1。

表 1　康美药业造假事件

日　期	事　　件
2018 年 12 月 28 日	康美药业收到证监会的调查通知书。通知指出，“因你公司涉嫌信息披露违法违规，根据《中华人民共和国证券法》的有关规定，我会决定对你公司立案调查，请予以配合”。
2019 年 1 月 7 日	中诚信证券评估有限公司将康美药业的主体信用等级列入信用评级观察名单。
2019 年 2 月 12 日	中诚信证券评估有限公司将康美药业的主体信用等级由 AAA 下调至 AA+，将“15 康美债”“18 康美 01”“18 康美 04”债券的信用等级由 AAA 下调至 AA+，并将康美药业的主体信用等级及债项信用等级继续列入信用评级观察名单。
2019 年 4 月 28 日	广东正中珠江会计师事务所对康美药业 2018 年的内部控制出具否定意见的审计报告。
2019 年 4 月 29 日	康美药业董事长马兴田签发了一封致股东信，信中说：“作为民营公司，我们出现了由于过去快速发展而带来的内部控制不健全、财务管理不完善的局面，很多薄弱环节在内外部的压力下更加凸显。对于公司治理不完善、内部管理制度不健全、信息披露不规范等问题带来的困扰，我们向所有股东朋友们致以最诚恳的歉意。”信中模棱两可，并未正面回应财务造假问题及其产生的原因。
2019 年 4 月 30 日	康美药业发布《关于前期会计差错更正的公告》更正其 2017 年年度财务数据，广东正中珠江会计师事务所为康美药业 2018 年年度财务报告出具了保留意见的审计报告。
	中国经营报采访康美药业董事长马兴田，并发表标题为“299 亿元现金蒸发　康美药业创始人否认财务造假”的报道，其中，马兴田以“财务差错和财务造假是两件事”为由否认财务造假。
	上海证券交易所向康美药业发出监管工作函，要求其就前期会计差错更正等有关事项做出更详细的补充披露和说明。
2019 年 5 月 5 日	康美药业收到上海证券交易所上市公司监管一部下发的“关于对康美药业股份有限公司媒体报道有关事项的问询函”，要求康美药业针对货币资金调减的具体明细、前期会计差错更正的细节等 12 个事项进行补充披露。
2019 年 5 月 9 日	证监会向广东正中珠江会计师事务所开出了调查通知书，称证监会根据《中华人民共和国证券法》决定对其进行立案调查。
2019 年 5 月 12 日	康美药业公告称收到上海证券交易所上市公司监管一部下发的“关于对康美药业股份有限公司 2018 年年度报告的事后审核问询函”，上海证券交易所要求其从业务板块及毛利率、主要资产及负债项目、经营业绩及现金流三大方面进行补充说明。

续表

日　期	事　　件
2019 年 5 月 13 日	中顺洁柔(002511)披露的年度股东大会决议公告显示,《关于继续聘任广东正中珠江会计师事务所(特殊普通合伙)为 2019 年度会计审计机构的议案》审议未获通过,近九成股东投弃权票。
2019 年 5 月 17 日	证监会在其官方微信公众号——“证监会发布”上发文通报康美药业最新调查进展。公告称,现已初步查明,康美药业披露的 2016—2018 年财务报告存在重大虚假,包括使用虚假银行单据虚增存款、通过伪造业务凭证进行收入造假、部分资金转入关联方账户买卖股票等。
2019 年 5 月 18 日	康美药业发布《关于公司股票交易实施其他风险警示暨公司股票停牌的提示性公告》,称将自 2019 年 5 月 21 日起,将股票简称由“康美药业”变更为“ST 康美”,日涨跌幅限制为 5%。
2019 年 5 月 20 日	康美药业股票停牌一天。香港证券交易所和上海证券交易所都发文对交易康美药业股票进行限制。其债券仍在交易,其中“15 康美债”暴跌,截至收盘跌幅 38.5%。
	香港证券交易所宣布修订“沪股通”证券名单。自 2019 年 5 月 21 日起,在上海证券交易所上市的康美药业将从“沪股通”证券名单中移除并加入“沪股通”特别证券名单,即只可经“沪股通”卖出。
	广州发展(600098)表示,鉴于证监会对广东正中珠江会计师事务所(特殊普通合伙)立案调查,且调查结果对其从业资格及业务范围等影响的不确定性,基于审慎性原则,公司暂不对其进行续聘并取消 2018 年年度股东大会中审议聘任公司审计机构事项。
	2019 年 5 月 20 日晚间,新劲刚(300629)公告收到《中国证监会行政许可申请中止审查通知书》。由于其重组聘请的审计机构——广东正中珠江会计师事务所接到证监会调查,目前尚未结案,根据相关要求,公司向证监会提交了关于发行股份购买资产中止审核的申请。新劲刚表示,此次中止审核对公司的生产经营活动不会产生重大不利影响,公司将根据要求尽快履行相关程序并申请恢复重组审查。
2019 年 5 月 21 日	“ST 康美”发布《关于延期回复上海证券交易所问询函的公告》,由于监管工作函、媒体报道问询函和年报问询函的部分问题涉及的事项需进一步确认,并需相关中介机构出具意见,经公司向上海证券交易所申请,将延期回复监管工作函、媒体报道问询函和年报问询函,回复时间不晚于 2019 年 5 月 29 日。
	“ST 康美”的债券评级机构——中诚信证券评估有限公司决定将康美药业的主体信用等级和“15 康美债”“18 康美 01”和“18 康美 04”三个债项的信用等级由 AA+下调至 A,并将公司主体及上述债项的信用等级列入可能降级的信用评级观察名单。
	晚间,惠伦晶体(300460)续聘广东正中珠江会计师事务所为公司 2019 年度审计机构的议案被否,成为公司 8 份议案中唯一被否的议案。
2019 年 5 月 22 日	新劲刚公告更换审计机构。公司称,经与广东正中珠江会计师事务所友好协商,同意解除合作关系。新劲刚重大资产重组的审计机构更换为天职国际会计师事务所,此次更换审计机构不涉及公司年度报告审计机构的变更。
2019 年 5 月 24 日	证监会披露的发行监管部首次公开发行股票审核工作流程及申请公司情况表显示,有 23 家公司的审核状态显示为“中止审核”,这些公司的审计机构都是广东正中珠江会计师事务所。
2019 年 5 月 27 日	华锋股份(002806)公告称,于 2019 年 5 月 24 日收到证监会出具的《中国证监会行政许可申请中止审查通知书》,证监会决定对其发行可转债的申请中止审查。

续表

日期	事件
2019年5月29日	康美药业对上海证券交易所之前发出的监管工作函、媒体报道问询函的部分内容进行公开回复。
	广东正中珠江会计师事务所出具“关于对康美药业股份有限公司媒体报道有关事项的问询函”的专项说明，对问询函的相关情况进行了详细说明。
	“ST康美”发布广发证券股份有限公司对“关于对康美药业股份有限公司媒体报道有关事项的问询函”的核查意见。作为康美药业2016年非公开发行股票的保荐机构和2018年公司债券的受托管理人，广发证券股份有限公司就媒体问询函中的相关问题进行了详细回复。
	对于上海证券交易所的年报问询函，由于部分问题涉及的事项需进一步确认，并需相关中介机构出具意见，经公司向上海证券交易所申请，将延期回复，回复时间不晚于2019年6月5日。
2019年5月31日	“ST康美”发布澄清说明，称近日公司关注到相关媒体发布了以“独家|涉嫌虚开增值税发票　康美药业遭税务稽查”为标题的不实文章。经公司自查，公司依法纳税，不存在虚开增值税发票的情况，截至本公告日，公司及子公司均未收到税务部门的立案稽查函。
2019年6月5日	“ST康美”发了一份长达82页、多达4万字的关于上海证券交易所“关于对康美药业股份有限公司2018年年度报告的事后审核问询函”的回复公告，坦诚其账面货币资金仅剩10亿元，而2019年到期的债务有一百八十多亿元，公司短期流动性紧张，偿债压力较大。
2019年6月28日	康美药业2018年度股东大会召开，大会通过了多项决议，其中包括关于续聘会计师事务所及支付审计费用的议案，同意票数占总票数的99.63%，康美药业续聘广东正中珠江会计师事务所作为其审计机构。
	中诚信证券评估有限公司维持康美药业的主体及债项信用等级为A，并继续将康美药业的主体及债项信用等级列入可能降级的信用评级观察名单。
2019年7月10日	财富中文网发布了2019年度《财富》中国500强公司排行榜，考量全球范围内最大的中国上市公司在过去一年的业绩和成就，康美药业以193亿元营业收入、11亿元利润入榜，在上榜的14家医药公司中排名第九，位列广东医药公司排名前三位。
2019年8月14日	广东省公安厅公告显示，“康美中药城”App存在超范围收集用户信息情况，且无隐私政策，主要有三项：读取用户联系人数据、允许应用程序录制音频、强制访问相机设备。
2019年8月16日	证监会称，经查，2016—2018年，康美药业涉嫌通过仿造、变造增值税发票等方式虚增营业收入，通过伪造、变造大额定期存单等方式虚增货币资金，将不满足会计确认和计量条件的工程项目纳入报表，虚增固定资产等。同时，康美药业涉嫌未在相关年度报告中披露控股股东及关联方非经营性占用资金情况。
	证监会点名批评“ST康美”有预谋、有组织、长期、系统地实施财务造假行为，影响极为恶劣。公司及相关当事人已收到证监会《行政处罚及市场禁入事先告知书》，实际控制人马兴田、许冬瑾夫妇被终身禁入证券市场。
2019年8月23日	中诚信证券评估有限公司将康美药业的主体信用等级和“15康美债”“18康美01”“18康美04”的债券信用等级由A下调至BBB，并继续将康美药业的主体及债项信用等级列入可能降级的信用评级观察名单。

续表

日　期	事　　件
2020年1月17日	中诚信证券评估有限公司将康美药业的主体信用等级和"15康美债""18康美01""18康美04"的债券信用等级由BBB下调至B,并继续将康美药业的主体及债项信用等级列入可能降级的信用评级观察名单。
2020年2月18日	康美药业因多次行贿,被列入"医药行贿公司榜"。
2020年5月14日	证监会发布对康美药业的处罚及禁入决定,决定对康美药业责令改正,给予警告,并处以60万元罚款,对21名责任人员处以90万—10万元不等的罚款,对6名主要责任人采取10年至终身证券市场禁入措施。相关中介机构涉嫌的违法违规行为正在行政调查审理程序中。同时,证监会已将康美药业及相关人员的涉嫌犯罪行为移送司法机关。
2020年6月18日	康美药业再次发布《关于前期会计差错更正的公告》,更正其2018年年度财务数据。
2020年7月10日	康美药业发布公告称：公司实际控制人马兴田因涉嫌违规披露、不披露重要信息罪被公安机关采取强制措施,其自2020年5月起已不在公司担任任何职务。

三、康美药业的报表重述及造假事实认定

2019年4月30日,康美药业出具了一份《前期会计差错更正公告》,修改了2017年的年报数据,解释了被广泛质疑的"存贷双高"的原因。

康美药业称,通过自查后,对2017年的财务报表进行重述,结果如下：

(1) 由于公司采购付款、工程款支付以及确认业务款项时的会计处理存在错误,造成公司应收账款少计641 073 222.34元、存货少计19 546 349 940.99元、在建工程少计631 600 108.35元;由于公司核算账户资金时存在错误,造成货币资金多计29 944 309 821.45元。

(2) 公司在确认营业收入和营业成本时存在错误,造成公司营业收入多计8 898 352 337.51元,营业成本多计7 662 129 445.53元;公司在核算销售费用和财务费用时存在错误,造成公司销售费用少计497 164 407.18元,财务费用少计228 239 962.83元。

(3) 由于公司采购付款、工程款支付以及确认业务款项时的会计处理存在错误,造成公司合并现金流量表中销售商品、提供劳务收到的现金项目多计10 299 860 158.51元,收到其他与经营活动有关的现金项目少计137 667 804.27元,购买商品、接受劳务支付的现金项目多计7 301 340 657.76元,支付其他与经营活动有关的现金项目少计3 821 995 147.82元,购建固定资产、无形资产和其他长期资产支付的现金项目少计352 392 491.73元,收到其他与筹资活动有关的现金项目多计360 457 000.00元。

也就是说,康美药业承认了2017年多计货币资金299.44亿元、少计存货195.46亿元,坐实财务造假质疑。同时,审计机构——广东正中珠江会计师事务所为康美药业2018年年报出具了保留意见的审计报告。

广东正中珠江会计师事务所指出,形成保留意见的基础有三点：一是康美药业因涉嫌信息披露违法违规,被证监会立案调查,无法确定立案调查结果对康美药业2018年财务报表整体的影响程度。二是关联方资金往来。康美药业2018年12月31日的其他应收款余额中包括公司自查的向关联方提供资金余额88.79亿元,无法确定康美药业在财务报表中对关联方提供资金的发生额及余额的准确性,无法对其资金往来的可回收性做出合理估计。三是下属

子公司的部分在建工程项目财务资料不完整，无法实施恰当的审计程序以获取充分、有效的审计证据证明相关交易的完整性和准确性及对财务报表列报的影响。

2019 年 8 月 16 日，证监会对康美药业财务造假事件公布了调查结果。经查明，康美药业涉嫌存在以下违法事实：

1. 康美药业虚增营业收入 291.28 亿元、虚增利息收入 5.10 亿元、虚增营业利润 41.01 亿元

2016 年年度报告显示，康美药业虚增营业收入 89.99 亿元、多计利息收入 1.51 亿元、虚增营业利润 6.56 亿元，占合并利润表当期披露利润总额的 16.44%。

2017 年年度报告显示，康美药业虚增营业收入 100.32 亿元、多计利息收入 2.28 亿元、虚增营业利润 12.51 亿元，占合并利润表当期披露利润总额的 25.91%。

2018 年半年度报告显示，康美药业虚增营业收入 84.84 亿元、多计利息收入 1.31 亿元、虚增营业利润 20.29 亿元，占合并利润表当期披露利润总额的 65.52%。

2018 年年度报告显示，康美药业虚增营业收入 16.13 亿元、虚增营业利润 1.65 亿元，占合并利润表当期披露利润总额的 12.11%。

2. 虚增货币资金 886.81 亿元

2016 年 1 月 1 日至 2018 年 6 月 30 日，康美药业通过财务不记账，虚假记账，伪造、变造大额定期存单或银行对账单，配合营业收入造假伪造销售回款等方式，虚增货币资金。

2016 年年度报告显示，康美药业虚增货币资金 225.49 亿元，占公司披露总资产的 41.13%和净资产的 76.74%。

2017 年年度报告显示，康美药业虚增货币资金 299.44 亿元，占公司披露总资产的 43.57%和净资产的 93.18%。

2018 年半年度报告显示，康美药业虚增货币资金 361.9 亿元，占公司披露总资产的 45.96%和净资产的 108.24%。

3. 虚增固定资产、在建工程、投资性房地产共 36.05 亿元

康美药业在 2018 年年度报告中将前期未纳入报表的亳州华佗国际中药城、普宁中药城、普宁中药城中医馆、亳州新世界、甘肃陇西中药城和玉林中药产业园 6 个工程项目纳入表内，分别调增固定资产 11.89 亿元、调增在建工程 4.01 亿元、调增投资性房地产 20.15 亿元，合计调增资产总额 36.05 亿元。

经查，康美药业在 2018 年年度报告中调整纳入表内的 6 个工程项目不满足会计确认和计量条件，虚增固定资产 11.89 亿元、虚增在建工程 4.01 亿元、虚增投资性房地产 20.15 亿元。

4. 康美药业未按规定披露控股股东及其关联方非经营性占用资金的关联交易情况，所披露的 2016 年年度报告、2017 年年度报告和 2018 年年度报告存在重大遗漏

2016 年 1 月 1 日至 2018 年 12 月 31 日，康美药业在未经决策审批或授权程序的情况下，累计向控股股东及其关联方提供非经营性资金 116.19 亿元用于购买股票、替控股股东及其关联方偿还融资本息、垫付解质押款或支付收购溢价款等。

证监会在 2019 年 5 月 17 日的例行新闻发布会上，首度对康美药业的立案调查进展情况进行说明，已初步查明康美药业披露的 2016—2018 年度财务报告存在重大造假，涉嫌违反《中华人民共和国证券法》的相关规定。证监会在认定事件性质的同时，具体指出了康美药业财务报告造假的三种手法：一是使用虚假银行单据虚增存款，二是通过伪造业务凭证进行收入造假，三是部分资金转入关联方账户买卖本公司股票。

四、康美药业财务造假的原因探究

（一）2017 年度财务报表还原

此部分将从康美药业 2017 年度的资产负债表、利润表和现金流量表出发，依据康美药业 2019 年 4 月 30 日发布的《关于前期会计差错更正的公告》，对以上三张财务报表中的造假数据进行还原，以期能够探明康美药业虚报将近 300 亿元货币资金进行财务造假的原因。

如果康美药业 2017 年度会计差错更正涉及的项目和金额是完整的（当年调整的所有项目都进行了更正）、准确的（当年调整的金额全部进行了更正），本次调减的报表项目应该就是 2017 年度报表编制时调增的项目，本次调减的金额应该就是 2017 年度虚增的金额。按此逻辑，让我们还原康美药业会计差错更正公告中所披露的调整项目和金额，从而发现其背后的造假动机、造假手法和 2017 年年度报告想极力掩盖的事实。

1. 资产负债表还原

资产负债表的调整如表 2 所示。阴影部分为具体的调整项目，其余部分为因更正而受影响的数据。

表 2　康美药业 2017 年度资产负债表（更正后）　单位：元

项　目	2017 年年报数据	差错更正累计影响金额	更正后	调整比例
资产项目				
货币资金	34 151 434 208.68	−29 944 309 821.45	4 207 124 387.23	711.75%
应收账款	4 351 011 323.40	641 073 222.34	4 992 084 545.74	−12.84%
应收利息	47 190 356.13	−47 190 356.13	0.00	
其他应收款	180 323 027.94	5 713 820 971.90	5 894 143 999.84	−96.94%
存货	15 700 188 439.34	19 546 349 940.99	35 246 538 380.33	−55.46%
流动资产小计	56 479 077 718.23	−4 090 256 042.35	52 388 821 675.88	7.81%
在建工程	1 084 519 812.47	631 600 108.35	1 716 119 920.82	−36.80%
递延所得税资产	261 001 505.68	29 586 632.91	290 588 138.59	−10.18%
非流动资产小计	12 242 942 912.38	661 186 741.26	12 904 129 653.64	−5.12%
资产总计	68 722 020 630.61	−3 429 069 301.09	65 292 951 329.52	5.25%
负债及所有者权益项目				
其他应付款	1 603 455 877.02	190 545 991.67	1 794 001 868.69	−10.62%
负债合计	36 587 046 570.56	190 545 991.67	36 777 592 562.23	−0.52%
盈余公积	1 882 478 621.90	−361 961 529.28	1 520 517 092.62	23.81%
未分配利润	10 985 258 959.65	−3 257 653 763.48	7 727 605 196.17	42.16%
所有者权益小计	32 134 974 060.05	−3 619 615 292.76	28 515 358 767.29	12.69%
负债及所有者权益总计	68 722 020 630.61	−3 429 069 301.09	65 292 951 329.52	5.25%

数据来源：巨潮资讯网（康美药业 2017 年年报、《关于前期会计差错更正的公告》）。

从表2中的数据不难看出，康美药业通过高估资产34.29亿元、低估负债1.9亿元从而调高所有者权益36.19亿元。从调整结果来看，康美药业2017年度资产中主要调整的项目为货币资金和其他应收款，货币资金虚增幅度达到不可思议的7.1倍，其他应收款调减幅度达96.94%。根据广东正中珠江会计师事务所发布的"关于康美药业股份有限公司媒体报道有关事项的问询函"的专项说明，我们可知此部分调减的其他应收款的真实用途是支付其他方资金往来，换句话说，康美药业大幅调减其他应收款是为了掩盖其大量的关联方交易。那么，为何货币资金的虚增会达到丧心病狂的299.44亿元呢？我们可以通过表3来寻找答案。

表3 **主要调整项目** 单位：万元

调整科目	调整金额	对应调整科目	对应调整金额
应收账款	64 107.32	货币资金	−64 107.32
存货——中药材	1 834 307.70	货币资金	−1 834 307.70
其他应收款	571 382.10	货币资金	−571 382.10
存货——开发成本	180 400.09	货币资金	−180 400.09
在建工程	63 160.01	货币资金	−63 160.01
未分配利润	−281 073.76	货币资金	−281 073.76
合计			**−2 994 430.98**

数据来源："关于康美药业股份有限公司媒体报道有关事项的问询函"的专项说明。

2. 利润表还原

利润表的调整如表4所示。阴影部分为具体的调整项目，其余部分为因更正而受影响的数据。

表4 **康美药业2017年度利润表(更正后)** 单位：元

调整项目	2017年年报数据	差错更正累计影响金额	更正后	调整比例
营业收入	26 476 970 977.57	−8 898 352 337.51	17 578 618 640.06	50.62%
营业成本	18 450 146 871.00	−7 662 129 445.53	10 788 017 425.47	71.02%
销售费用	740 581 081.08	497 164 407.18	1 237 745 488.26	−40.17%
财务费用	969 264 876.00	228 239 962.83	1 197 504 838.83	−19.06%
资产减值损失	92 280 215.15	−12 396 935.10	79 883 280.05	15.52%
营业利润	4 834 826 903.74	−1 949 230 326.89	2 885 596 576.85	67.55%
利润总额	4 826 700 085.43	−1 949 230 326.89	2 877 469 758.54	67.74%
所得税费用	732 053 848.25	1 859 540.27	733 913 388.52	−0.25%
净利润	4 094 646 237.18	−1 951 089 867.16	2 143 556 370.02	91.02%

数据来源：巨潮资讯网(康美药业2017年年报、《关于前期会计差错更正的公告》)。

但凡公司造假，一定离不开修饰利润。从表4可知，康美药业通过对营业收入、营业成本、销售费用、财务费用、资产减值损失和所得税费用6个项目的调整，2017年度净利润虚增

19.51亿元，对比调整之前的净利润数额，虚增幅度高达91.02%。下面我们来逐步分析：

首先，我们来看调增幅度为50.62%的营业收入，对比康美药业2015年度、2016年度和2017年度更正前后的营业收入（如图1所示）。

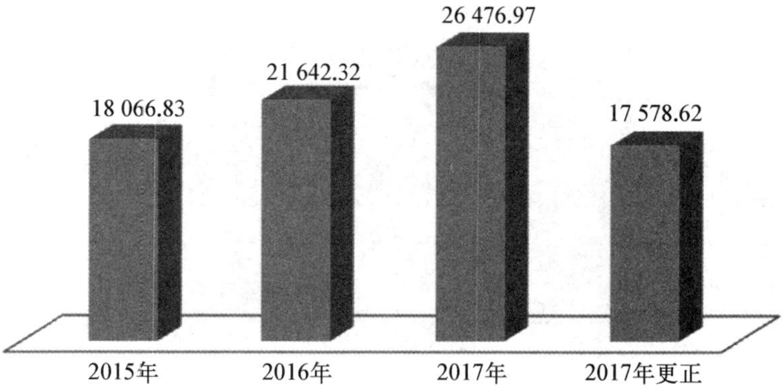

数据来源：巨潮资讯网。

图1　康美药业2015—2017年度营业收入（单位：百万元）

对比2015年度、2016年度及更正后的2017年度的营业收入，我们可以发现，康美药业2017年度的真实营业收入为2015—2017年中最差的一年，这显然不符合康美药业“白马股”的形象，因此，康美药业选择大幅调增营业收入来营造2015—2017年营业收入递增的假象，从而给市场传递其持续稳定发展的信号。

其次，我们发现康美药业营业成本的调增比例达到71.02%，调增幅度比营业收入的调增幅度大，这显然有悖于常理：营业收入增加的同时营业成本下降，可以使利润大幅增加，从而达到财务造假的目的；但康美药业却大幅调增其营业成本。关于这一点，我们可以从其毛利率的变动中获得启发。

$$\text{毛利率}=\frac{\text{营业收入}-\text{营业成本}}{\text{营业收入}}\times 100\%$$

表5为康美药业2015—2017年的毛利率数据。

表5　　康美药业2015—2017年毛利率　　单位：元

项　目	2015年	2016年	2017年	
			年报数据	更 正 后
营业收入	18 066 827 952.30	21 642 324 070.28	26 476 970 977.57	17 578 618 640.06
营业成本	12 947 273 752.71	15 171 530 487.44	18 450 146 871.00	10 788 017 425.47
毛利率	28.34%	29.90%	30.32%	38.63%

数据来源：巨潮资讯网。

如图2所示，康美药业2015年度和2016年度披露的毛利率指标分别为28.34%和29.90%，维持相对较高的盈利水平，且有继续放大的趋势。对比2017年更正后的数据，其账面核算的毛利率为38.63%，较前两年大幅提高，这不正是康美药业想要向市场传递的正向信息吗？但此处不能忽略一个前提：康美药业2017年的营业收入为2015—2017年3年中最低的，营业收入大幅降低的同时毛利率却大幅上涨，显然不符合常理，正因为如此，康美药业选择大幅调增营业成本，使得毛利率较 2016 年小幅增长，这样既可以保持其“白马股”的形象，又不会暴露其财务造假的端倪，真可谓一举两得。

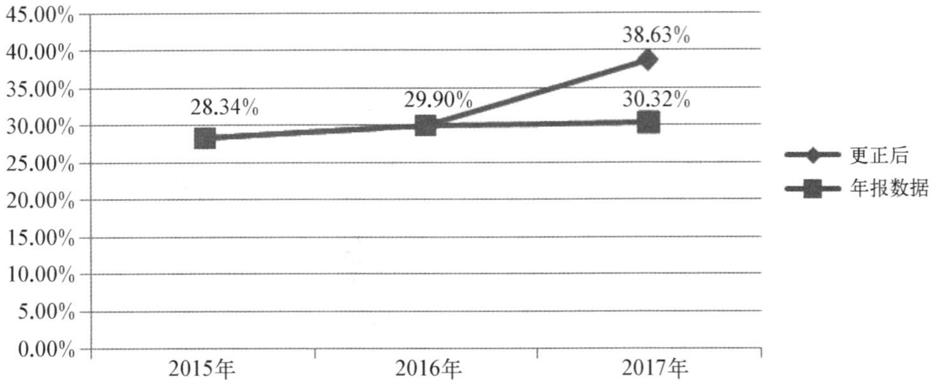

数据来源：巨潮资讯网。

图 2 康美药业 2015—2017 年度毛利率

康美药业在虚增营业收入和营业成本以保证毛利率适当的同时，不忘调减应计入当期的各项费用，从而达到大幅提高净利润的目的。

通过对利润表的分析，我们知道了康美药业 2017 年度会计造假的动机和目的。

3. 现金流量表还原

现金流量表的调整如表 6 所示。阴影部分为具体的调整项目，其余部分为因更正而受影响的数据。

表 6 康美药业 2017 年度现金流量表(更正后) 单位：元

调 整 项 目	2017 年年报数据	差错更正累计影响金额	更 正 后	调整幅度
销售商品、提供劳务收到的现金	28 766 131 827.76	−10 299 860 158.51	18 466 271 669.25	55.78%
收到其他与经营活动有关的现金	943 030 295.93	137 667 804.27	1 080 698 100.20	−12.74%
购买商品、接受劳务支付的现金	24 324 394 786.49	−7 301 340 657.76	17 023 054 128.73	42.89%
支付其他与经营活动有关的现金	924 659 143.70	3 821 995 147.82	4 746 654 291.52	−80.52%
经营活动产生的现金净流量	1 842 794 237.84	−6 682 846 844.30	−4 840 052 606.46	138.07%
购买固定资产、无形资产和其他长期资产支付的现金	1 795 351 236.12	352 392 491.73	2 147 743 727.85	−16.41%
投资活动产生的现金净流量	−1 529 941 512.51	−352 392 491.73	−1 882 334 004.24	−18.72%
收到其他与筹资活动有关的现金	361 587 400.00	−360 457 000.00	1 130 400.00	31 887.56%
筹资活动产生的现金净流量	6 505 771 976.02	−360 457 000.00	6 145 314 976.02	5.87%
现金净流量	6 818 624 701.35	−7 395 696 336.03	−577 071 634.68	1 281.59%

数据来源：巨潮资讯网(康美药业 2017 年年报、《关于前期会计差错更正的公告》)。

康美药业 2017 年度现金净流量调增 73.95 亿元，较真实现金净流量水平，调增幅度高达 12.81 倍。让我们来逐一分析：

康美药业 2017 年度经营活动产生的现金净流量调增 66.82 亿元，通过财务造假，由真实水平的现金净流出 48.40 亿元调整为现金净流入 18.43 亿元，调整前后的指标性质发生根本性变化(如图 3 所示)。

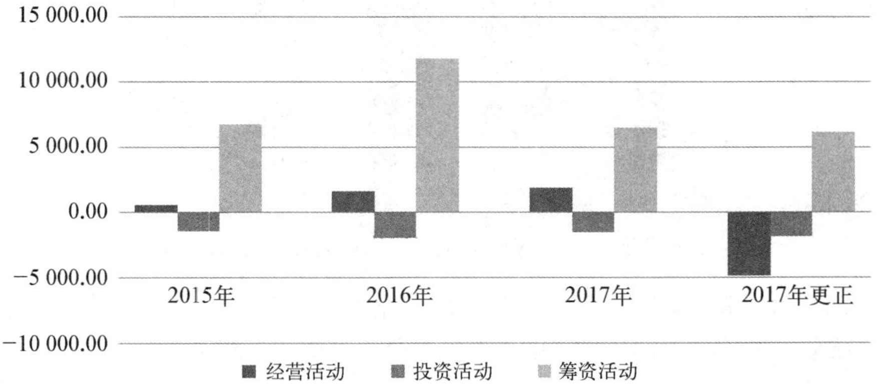

数据来源：巨潮资讯网。

图 3 康美药业 2015—2017 年度现金流量更正前后对比(单位：百万元)

康美药业不仅通过财务造假优化了利润指标，而且将经营活动产生的现金流量由负扭转为正。此外，康美药业为了维持其“白马股”的形象，还需保证其 2017 年度经营活动产生的现金流量相比 2016 年度呈现一定的增长。于是，康美药业通过财务造假将 2017 年度经营活动产生的现金净流入保持在 18.43 亿元。经营活动现金流量由－48.40 亿元调增至 66.82 亿元，需要净调整 115.22 亿元，这也解释了为何康美药业货币资金造假动辄百亿元。

通过对康美药业 2017 年度的会计差错更正进行详细解读和分析，可以得出以下结论：

从康美药业财务造假的主要目标来看：一是掩盖大量关联方交易；二是为保持其“白马股”的优质形象，通过虚增营业收入，大幅调高营业成本以保持稳定增长的毛利率的同时，降低各项费用，达到提高 2017 年度净利润水平的目的，使其相对 2016 年保持一定程度的增长；三是将经营活动产生的现金流量由净流出扭转为净流入，且相对 2016 年同期的经营活动现金流量有一定的增长，向社会公众传递其稳定持续发展的信号。

从康美药业财务造假的逻辑来看：一是高估资产、低估负债，从而调增所有者权益；二是高估收入、高估营业成本，在保证合适的毛利率的同时，降低各项费用，以达到提高利润的目的。

(二) 2014—2018 年数据对比分析

此部分将以康美药业 2014—2018 年度营业收入、营业利润更正前后的对比，从更全面的视角进一步补充分析其财务造假的原因。

根据图 4 可知，康美药业自 2016 年起，营业收入打破了以往的增长模式，迫于业绩压力，其选择将 2016 年度的营业收入大幅调增，以营造其营业收入逐年稳定增长的假象。虽然 2017 年度康美药业真实的营业收入高于 2016 年度，但正所谓“一步错，步步错”，2017 年度康美药业除了继续造假“圆谎”，别无选择。

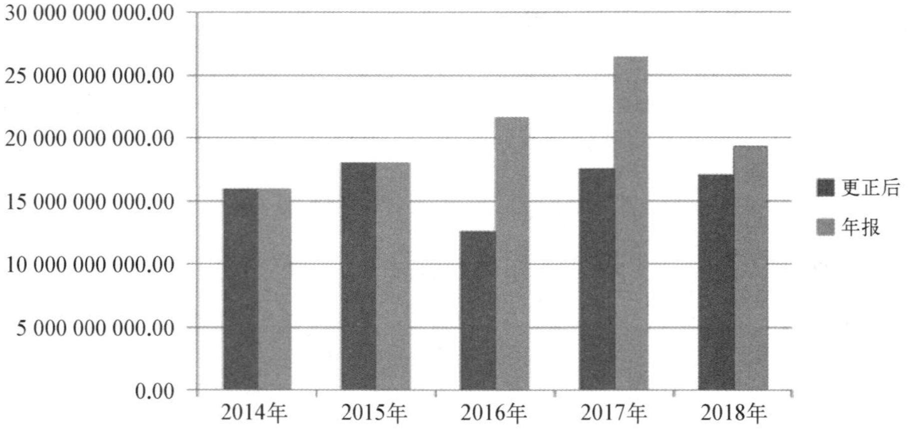

数据来源：巨潮资讯网。

图 4　康美药业 2014—2018 年度更正前后的营业收入(单位：元)

由图 4、图 5 可以看出，康美药业 2018 年度营业收入和营业利润更正前后差距不大且未继续追求增长态势，可能是由于 2018 年年末证监会介入调查唤醒了康美药业的危机意识从而"悬崖勒马"。

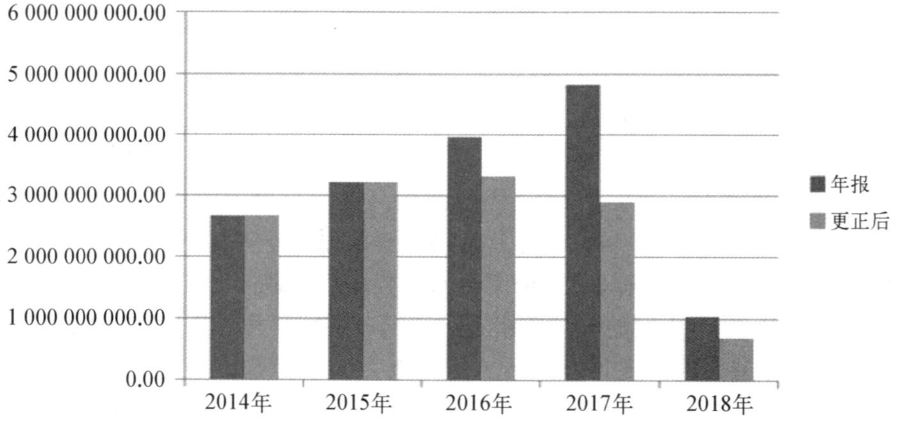

数据来源：巨潮资讯网。

图 5　康美药业 2014—2018 年度更正前后的营业利润(单元：元)

五、货币资金审计中审计客体内部控制问题的原因探究

广东正中珠江会计师事务所从 2007 年开始，除了为康美药业的财务报表出具审计报告外，还对其内部控制的有效性出具专门的审计报告。至 2017 年度，广东正中珠江会计师事务所对康美药业历年的内部控制有效性都出具了标准无保留意见的审计报告。

然而，向来内部控制制度运行良好、不存在重大缺陷和重要缺陷的康美药业，在 2018 年，内部控制被出具了否定意见的审计报告，其中包括两个财务报告内部控制重大缺陷：一是财务核算不规范，会计基础薄弱，未能反映公司真实的财务状况，导致前期重大会计差错更正；二是关联方交易管理不规范，公司关联方交易管理中对主动识别、及时获取及确认关联方信息的控制制度未有效执行，未及时履行相关审批和披露事宜。同时，其还存在一个非财务报告内部控制重大缺陷——2018 年 12 月 28 日，公司因涉嫌信息披露违法违规，被证监会立案调查。

那么，在审计客体方面，康美药业到底出了什么问题？

1. 公司治理层和管理层角色重叠

公开资料显示，自2000年6月18日至2020年5月15日，马兴田在康美药业任职董事长兼总经理。其妻许冬瑾为康美药业的第七大股东，持股1.97%，且自2018年5月17日至2020年5月15日任职公司副董事长兼副总经理。从以上资料可以看出，康美药业的治理层和管理层人员的任命有重叠，未能起到互相监督的作用。

此外，康美药业的第一大股东——康美实业投资控股有限公司（简称“康美实业”）的疑似实际控制人是马兴田，持股99.68%，许冬瑾作为康美实业的第二大股东，持股0.32%。除了康美实业和许冬瑾，康美药业还有多个股东为关联方。例如，康美药业持股1.87%的普宁市金信典当行有限公司的疑似实际控制人为马兴田，与康美实业、许冬瑾存在关联关系。其持股1.87%的普宁市国际信息咨询服务有限公司的疑似实际控制人为许冬瑾，与康美实业、普宁市金信典当行有限公司存在关联关系。

公司治理不规范，使公司董事会和管理层之间没有实现相互独立、互相监督，严重影响公司内部控制制度的建立健全，内部审计部门形同虚设，缺乏应有的独立性。

2. 股权过于集中，管理层凌驾于内部控制之上

马兴田夫妇的“一股独大”导致公司的治理结构不能发挥监督和制衡的作用，使得公司的战略决策过于盲目和专断。此外，面对将近300亿元的货币资金造假，康美药业董事长马兴田却在采访中说，“财务差错和财务造假是两件事”，可见，康美药业管理层对于公司治理架构下内在的监督和约束机制缺乏应有的敬畏之心。

3. 缺乏制度的执行机制

未明确股东会、董事会、监事会和经营层的职责，不能使决策系统、管理系统和监督系统有效制衡。对内部控制执行情况缺少检查和监督，内部控制成为一纸空文。内部控制自我评价机制流于形式。例如，2016年度、2017年度公司内部控制自我评价结论均不存在重大缺陷，而2018年度的内部控制自我评价显示存在重大缺陷；又如，建立了资金管理制度却不执行，资金支付未履行审批程序；等等。

以上原因都使得康美药业的货币资金内部控制失效，大大增加了审计失败的概率，结合之前所说的广东正中珠江会计师事务所并未对康美药业的内部控制及其环境进行足够的风险评估，其最终审计失败也在意料之中。

六、案例启示

上述案例分析给了我们以下启发：

第一，货币资金审计是审计工作的重要组成部分。做好货币资金审计，关键如下：一是审计人员需要了解被审计单位货币资金内部控制制度的建立是否健全、执行是否有效；二是按照审计准则严格执行各项审计程序，必要时要实施追加或替代审计程序，在此过程中，审计人员须始终保持职业怀疑及其独立性；三是注册会计师需要重视自身专业能力的提升，及时掌握和运用新知识、新技能、新法规，始终保证执业质量。

第二，货币资金造假并非无迹可寻，以康美药业为例，判断“存贷双高”是否有问题有以下几个关键点：一是与同行业对比，若行业并不具备“存贷双高”的特性而公司本身却“存贷双高”，则需要警惕；二是利息收入除以货币资金余额所得的存款利息率过低；三是财务费用很高；四是大股东股权质押比例过高。

康美药业属于生物医药行业，该行业并不具备"存贷双高"的特性，但从康美药业历年的财务报表可以发现，其"存贷双高"问题一直存在。康美药业 2017 年年报披露，公司货币资金余额为 342 亿元，有息负债高达 247 亿元，占净资产的比例分别为 106%和 77%，有意思的是，其货币资金大部分是银行存款且未投资任何理财产品，换句话说，康美药业宁愿把巨额货币资金放在银行账户得到对其来说微不足道的银行存款利息收入，也不愿意偿还产生的财务费用高于其银行存款利息收入的有息负债，存在存款利息率过低和财务费用过高的问题。此外，康美药业的股权质押比例逐年递增，不断回购、增持、质押的循环背后凸显其极度缺钱，这又与康美药业财务报表上巨额的货币资金余额相矛盾。根据以上分析可知，康美药业的"存贷双高"并不合理，应该警惕。

第三，建立有效的货币资金内部控制制度有以下关键点：一是明确相关部门和岗位的职责权限，建立货币资金业务的岗位责任制，确保办理货币资金业务的不相容岗位相互分离、制约和监督，如货币资金出纳与记账岗位分离等；二是建立货币资金授权制度和审核批准制度，如货币资金支出需要有严格的审批程序等；三是加强银行存款控制，如定期编制银行存款余额调节表等；四是建立货币资金收支业务的稽查制度；五是及时盘点现金，加强现金控制，如货币资金收支应及时准确入账，且当日的现金收入应及时送存银行等。

七、参考文献

[1] 李运珊.以康美药业为背景的财务分析报告[J].管理观察，2018(22).

[2] 李章颖.康美药业牵手通城[J].支点，2018(2).

[3] 张立栋，张继德，吴煊，曲海斌.康美药业追求股东利益最大化不能忘了社会责任[J].商品与质量，2011(43).

[4] 陈纪英，方鸣.康美药业"关联交易"迷局[J].中国新闻周刊，2012(37).

[5] 董勤鲜.基于战略导向下的康美药业财务分析研究[J].西南交通大学，2018(7).

案例使用说明书

1. 本案例要解决的关键问题

本案例旨在引导学生关注上市公司货币资金方面的问题，包括货币资金造假、货币资金审计和货币资金内部控制。本案例一方面可以促进学生思考上市公司货币资金造假动因、造假逻辑及其造假手段，提高学生对货币资金财务造假的敏锐度；另一方面从审计客体角度出发，有助于学生思考货币资金内部控制制度的重要性，引导学生建立起基础的货币资金审计逻辑，提高学生的专业知识水平和能力。本案例要解决的关键问题是如何利用案例，分析货币资金造假的动因及其手段，学习并掌握货币资金审计和货币资金内部控制的相关知识。

2. 案例讨论的准备工作

为了有效实现本案例的教学目标，学生应该具备下列相关知识：

(1) 理论背景

上市公司年报审计的相关理论，会计报表分析的相关理论，委托代理理论，受托审计理论，激励理论。

(2) 社会背景

本案例选取昔日中医药行业"龙头"股——康美药业作为研究对象，结合其 2017 年年报财务数据和 2019 年发布的《关于前期会计差错更正的公告》进行报表重述，通过对比分析康美药业 2017 年更正前后的财务数据和 2014—2018 年的财报数据，探究康美药业的财务造假动因、造假逻辑及其造假手段，希望从审计客体角度出发，分析康美药业的审计单位——广东正中珠江会计师事务所货币资金审计失败的原因，最后得出一系列启示。

(3) 制度背景

我国出台《中国注册会计师审计准则》已多年，对中国注册会计师审计报告制度问题已有明确规定。对于康美药业的财务报表和内部控制有效性的审计，广东正中珠江会计师事务所一直出具标准无保留意见的审计报告，直至康美药业被证监会调查，其才出具保留意见的审计报告及否定意见的内部控制审计报告，这种做法值得思考。希望学生认真领会中国注册会计师审计报告制度的要求。

3. 案例分析要点

(1) 需要学生识别的关键问题

本案例需要学生识别的主要知识点包括：货币资金造假动因及其手段、货币资金审计、货币资金内部控制。

(2) 解决问题可供选择的方案及其评价

① 从审计客体的角度出发，引导学生思考货币资金内部控制制度的重要性，引导学生建立起基础的货币资金审计逻辑，提高学生的专业知识水平和能力。

② 深入了解案例背景、造假事件、报表重述及造假事实认定，深入探究康美药业财务造假的原因，这是本案例最重要的部分。

③ 通过本案例的学习，了解建立有效的货币资金内部控制制度是防止财务造假的关键。货币资金内部控制制度的关键点包括：明确相关部门和岗位的职责权限，建立货币资金业务的岗位责任制，确保办理货币资金业务的不相容岗位相互分离、制约和监督；建立货币资金授权制度和审核批准制度；加强银行存款控制；建立货币资金收支业务的稽查制度；及时盘点现金，加强现金控制。

4. 教学组织方式

(1) 问题清单及提问顺序、资料发放顺序

本案例讨论的题目依次为：本案例的背景，康美药业造假事件，康美药业的报表重述及造假事实认定，货币资金审计失败的原因探究。

本案例的参考资料及其索引在讲授有关知识点后一次性布置给学生。

(2) 课时分配

课后自行阅读资料：约 3 个小时。

小组讨论并提交分析报告提纲：约 3 个小时。

课堂小组代表发言，进一步讨论：约 3 个小时。

课堂讨论总结：约 0.5 个小时。

(3) 讨论方式

本案例可以采用小组式进行讨论。

(4) 课堂讨论总结

课堂讨论总结的关键：归纳发言者的主要观点，重申其重点及亮点，提醒学生对焦点问题或有争议的观点做进一步思考，建议学生对案例素材进行扩展研究和深入分析。

5. 其他

无。

总体审计策略编制及分析程序的运用

程安林

专业领域/方向：审计学专业
适用课程：审计学
编写目的：学习及掌握总体审计策略的编制流程。
知 识 点：审计准则、审计计划、审计方法
关 键 词：总体审计策略、编制方法、分析程序

中文摘要：注册会计师在编制项目审计方案时，对方案的内容及编制过程具有较大的争议。审计策略应考虑被审计单位的业务及其行业性质，以及重大错报风险较大的领域。在计划审计工作阶段，注册会计师应当运用分析程序，进一步了解被审计单位的业务情况，识别潜在的风险，以将审计风险降至可接受的低水平。本案例通过对某传媒公司相关财务报表项目进行趋势分析性测试，确定财务报表源自错误或舞弊的重大错报风险，并说明分析程序在总体审计策略编制中的运用。

英文摘要：Certified public accountants have large disputes over the content and preparation process of the project audit program. The audit strategy should take into account the business and industry nature of the auditee, as well as areas where material misstatement risks are high. During the stage of planning audit work, certified public accountants shall use analytical procedures to further understand the business situation of the organization and identify potential risks so as to reduce audit risks to an acceptable low level. By conducting trend analysis test on related financial statement items of the media company, this case determines the material misstatement risks of financial statement arising from error or fraud, and explains the application process of analysis procedures in the overall audit strategy preparation.

案　　例

一、引言

2019 年 8 月的某一天，某大学教师、学生与某会计师事务所合伙人就总体审计策略编制问题进行了探讨。

教师：我们在教学中遇到一个问题，一般的审计学教材对总体审计策略编制的介绍仅有两三页，包含的内容比较简单，是否没有必要对总体审计策略进行重点探讨？

合伙人：制定总体审计策略可以确定审计业务的特征，明确审计业务的报告目标，确定项目组工作方向，并指导制订具体审计计划。尽管其内容介绍比较简单，但其内涵非常丰富，只有在对其进行一定的了解、测试的基础上才可以编制总体审计策略。

教师：既然编制总体审计策略那么重要，在审计实践中，是否对编制总体审计策略时涉及的相关内容都应进行全面测试？

合伙人：当然不是，对于注册会计师来说，在编制总体审计策略时应了解内部控制，当控制风险评估为低水平时，注册会计师才对内部控制执行控制测试。对报表和账户等进行实质性测试时，一般只关注较大项目、变动项目以及变化异常项目。

学生：我们通过学习审计学了解到，有些问题（如舞弊问题）只有通过细节测试才能发现，仅通过对项目分析程序和对年末大项目进行测试是无法做到的，那么，在此基础上编制的总体审计策略是否具有指导意义？

教师：我也很担心对错误和舞弊测试不足将会影响总体审计策略方案对审计工作质量的作用。

合伙人：总体审计策略方案主要是采用分析性方法，通过对内部控制的了解以及重要项目的比较等确定审计范围、时间和方向，而不是具体审计计划。在编制总体审计策略方案时，没有必要查找具体舞弊问题。另外，此做法将提高审计成本。

学生：在编制总体审计策略的实践中，你们采用什么方法分析确定审计的范围及方向？需要测试或比较什么项目？

合伙人：我们就以某传媒公司总体审计策略方案的编制为例，对你的问题进行具体分析。

二、某传媒公司基本情况

（一）某传媒公司的规模及业务概况

上海某传媒有限公司（简称“某传媒公司”）属于传媒与文化产业，是一家定位于文化产业现代服务业的公司。公司是于2005年依法设立的有限责任公司，属于民营公司。2011年6月，公司整体变更为股份有限公司，公司最大的股东为某（上海）投资控股有限公司。

某传媒公司的主要经营业务包括：数字作品的制作、集成，数字作品的数据库管理，数字出版、数字出版软件、数字出版硬件领域内的技术开发、技术转让、技术咨询、技术服务，数字出版、数字出版软件、数字出版硬件咨询，设计、制作、代理、发布各类广告，景观设计，图文制作，会展服务，市场调查，纸张、印刷器材销售，网络技术领域内的技术开发、技术咨询、技术服务，从事货物及技术的进出口业务。

某传媒公司是以核心业务系统为基础，运用数字出版技术系统平台及服务体系为客户提供定制化产品的生产服务商，拥有完整的数字出版技术系统平台，包括在线创意系统、中央图库系统、色彩管理系统、远程编校系统、远程打样系统、数字化绿色印刷系统和数字资产管理系统等，形成了完善的数字化服务体系。数字出版技术系统平台集成了多项系统功能模块，这些系统功能模块是公司根据数字化业务市场发展趋势，以及日常业务活动中了解到的客户需求提出，并根据客户需求设计相应系统模块运行框架，为商业资讯、出版传媒、现代设计等领域客户提供快捷、高效的数字内容制作、数字化绿色印刷等数字出版服务。公司通过直销方式开拓业务，为客户提供智慧商业立体营销整体解决方案。在原来的数字传媒技术上，公司不断提高技术创新能力，基于一体化服务应用，根据市场及客户的需求，开发精准商业资讯移动App应用，为客户打造线上线下立体化商业连锁营销方案，为客户逐步建立智慧商业的移动服务资源，并结合电子商务与社会化网络，创建个人、公司、组织与社会之间的互联平台。

某传媒公司服务的客户群体主要为各类商品集中、产品和价格信息更新很快的大型商业机构（商场等）、连锁机构（大型连锁超市等）、无店铺销售、网购、电视购物等公司。公司目前的客户多为跨国公司以及国内知名公司，如乐购、卜蜂莲花、农工商、华润万家、易买得、史泰博等。

（二）某传媒公司的内部控制概况

公司设有董事会，董事会对股东大会负责，依法行使公司的经营决策权；经理层负责组织实施股东大会、董事会的决议事项，主持公司的生产经营管理工作。公司按照《中华人民共和国公司法》、公司章程等有关法律、法规和规章制度的要求，根据公司的发展情况，完善公司管理要求的内部控制体系。该体系涵盖了研发、销售、综合（人力资源、行政办公）、财务等各项业务及管理环节。公司财务状况、经营成果及现金流量情况良好。

公司管理层设立了明确的经营目标，各类经营目标均由管理层与相关部门负责人员及相关的业务骨干参与制定。相关的经营目标和预算分解细化到各相关部门，传达到各相关层次、人员。公司章程明确了公司各类经营策略的制定和执行权限，并且有明确的董事、监事、总经理工作规程，以及较完善的内部控制制度。管理层在做出具体的经营决策时，均会综合考虑各项内外部风险因素。公司建立了相应的风险识别和应对机制以处理相应的变化。

目前，公司的信息主要通过人工编制的电子表格和收购记录的方式呈现，所有单据均靠手工填写，然后由相关员工编制电子表格进行汇总。公司的生产、库存、销售等信息均由业务活动的管理人员提供相关数据，财务人员根据业务部门提供的数据进行账务处理。

审计人员通过对公司内部控制进行控制测试，认为公司的内部控制体系能够适应公司业务和管理的特点，是完整、合理和有效的，报告期内未发现上述管理制度存在重大缺陷的情况。内部控制制度基本能够适应目前公司管理的要求，能够对编制真实、公允的财务报表提供合理的保证，能够对公司的产品研发、项目执行提供保证，能够对公司的内部运营和管理提供保证。

三、某传媒公司相关财务报表资料

某传媒公司 20×6 年和 20×7 年资产负债对比表如表 1 所示。

表 1　　某传媒公司 20×6 年和 20×7 年资产负债对比表　　单位：元

项　目	20×7 年 12 月 31 日	20×6 年 12 月 31 日	项　目	20×7 年 12 月 31 日	20×6 年 12 月 31 日
流动资产：			流动负债：		
货币资金	119 832 578.37	95 264 881.75	短期借款	119 570 000.00	107 760 000.00
交易性金融资产	2 225 895.00	—	应付票据	28 348 000.00	15 870 000.00
应收账款	138 982 325.96	101 128 218.43	应付账款	39 140 919.50	27 202 160.45
预付款项	41 326 689.26	7 117 044.61	预收款项	137 540.00	218 684.45
其他应收款	1 377 384.07	4 185 188.26	应付职工薪酬	1 073 327.17	1 731 967.45
存货	12 660 732.10	25 668 973.22	应交税费	21 658 361.11	12 782 456.04
其他流动资产	16 000 000.00	—	其他应付款	771 347.17	865 400.43
流动资产合计	332 405 604.76	233 364 306.27	流动负债合计	210 699 494.95	166 430 668.82
非流动资产：			非流动负债：		
固定资产	113 564 999.37	75 263 137.03	长期应付款	37 494 480.55	50 338 308.57

续表

项　目	20×7 年 12 月 31 日	20×6 年 12 月 31 日	项　目	20×7 年 12 月 31 日	20×6 年 12 月 31 日
在建工程	—	32 786 200.09	其他非流动负债	4 450 000.00	3 500 000.00
无形资产	16 225 855.74	13 129 941.65	非流动负债合计	41 944 480.55	53 838 308.57
			负债合计	252 643 975.50	220 268 977.39
长期待摊费用	7 420 007.57	9 356 111.33	股东权益：		
			股本	52 000 000.00	45 000 000.00
			资本公积	79 311 959.12	38 711 959.12
			盈余公积	6 862 602.61	4 893 861.93
递延所得税资产	2 753 738.55	2 314 549.99	未分配利润	81 551 668.76	57 339 447.92
非流动资产合计	139 964 601.23	132 849 940.09	股东权益合计	219 726 230.49	145 945 268.97
资产总计	472 370 205.99	366 214 246.36	负债与股东权益总计	472 370 205.99	366 214 246.36

某传媒公司 20×6 年和 20×7 年利润对比表如表 2 所示。

表 2　　某传媒公司 20×6 年和 20×7 年利润对比表　　单位：元

项　　目	20×7 年度	20×6 年度
一、营业总收入	262 489 527.72	222 127 743.66
其中：营业收入	262 489 527.72	222 127 743.66
二、营业总成本	231 626 607.11	187 084 616.22
其中：营业成本	191 203 224.24	156 848 266.99
税金及附加	691 042.87	1 107 046.29
销售费用	6 958 404.82	5 516 170.90
管理费用	19 364 263.52	13 461 308.27
财务费用	11 070 823.64	8 216 871.63
资产减值损失	2 338 848.02	1 934 952.14
加：公允价值变动收益(损失以“－”号填列)	－744 760.64	—
投资收益(损失以“－”号填列)	－28 706.42	—
三、营业利润(亏损以“－”号填列)	30 089 453.55	35 043 127.44
加：营业外收入	1 059 720.76	4 391 997.29
减：营业外支出	146 305.34	23 076.92
四、利润总额(亏损总额以“－”号填列)	31 002 868.97	39 412 047.81
减：所得税费用	4 821 907.45	6 419 676.63

续表

项　　目	20×7 年度	20×6 年度
五、净利润	26 180 961.52	32 992 371.18
六、每股收益		
(一) 基本每股收益	0.56	0.73
(二) 稀释每股收益	0.56	0.65

四、审计方法的运用过程及要求

(一) 审阅财务报表，进行初步的直观分析

注册会计师有必要对一些重要指标进行比较，以确认这些指标的变动是否合理，与在预备调查中所掌握的公司经营状况的变化是否一致。安排审计人员对某传媒公司 20×6 年和 20×7 年报表中的主要经济指标进行计算，并将 20×7 年的主要数据与 20×6 年的相关数据进行对比，考虑其变化内容是否在审计人员的预期之内，并得出分析结论。计算结果见表 3、表 4 和表 5。

表 3 **趋势分析表** 单位：元

财务报表部分项目	20×7 年	20×6 年	20×7 年比 20×6 年	
			增长金额	增长率(%)
	①	②	③=①−②	④=③÷②
营业收入	262 489 527.72	222 127 743.66	40 361 784.06	18.17
营业成本	191 203 224.24	156 848 266.99	34 354 957.25	21.90
销售费用	6 958 404.82	5 516 170.90	1 442 233.92	26.15
管理费用	19 364 263.52	13 461 308.27	5 902 955.28	43.85
财务费用	11 070 823.64	8 216 871.63	2 853 952.01	34.73
资产减值损失	2 338 848.02	1 934 952.14	403 895.88	20.87
营业利润	30 089 453.55	35 043 127.44	−4 953 673.89	−14.14
利润总额	31 002 868.97	39 412 047.81	−8 409 178.84	−21.34
净利润	26 180 961.52	32 992 371.18	−6 811 409.66	−20.65
货币资金	119 832 578.37	95 264 881.75	24 567 696.62	25.79
交易性金融资产	2 225 895.00	—	2 225 895.00	—
应收账款	138 982 325.96	101 128 218.43	37 854 107.53	37.43
预付款项	41 326 689.26	7 117 044.61	34 209 644.65	480.67
其他应收款	1 377 384.07	4 185 188.26	−2 807 804.19	−67.09
存货	12 660 732.10	25 668 973.22	−13 008 241.12	−50.68
其他流动资产	16 000 000.00	—	16 000 000.00	—
流动资产	332 405 604.76	233 364 306.27	99 041 298.49	42.44

续表

财务报表部分项目	20×7 年	20×6 年	20×7 年比 20×6 年	
			增长金额	增长率(%)
	①	②	③=①−②	④=③÷②
固定资产	113 564 999.37	75 263 137.03	38 301 862.34	50.89
在建工程	—	32 786 200.09	−32 786 200.09	−100.00
无形资产	16 225 855.74	13 129 941.65	3 095 914.09	23.58
非流动资产	139 964 601.23	132 849 940.09		
资产总额	472 370 205.99	366 214 246.36	106 155 959.63	28.99
短期借款	119 570 000.00	107 760 000.00	11 810 000.00	10.96
应付票据	28 348 000.00	15 870 000.00	12 478 000.00	78.63
应付账款	39 140 919.50	27 202 160.45	11 938 759.05	43.89
预收款项	137 540.00	218 684.45	−81 144.45	−37.11
应付职工薪酬	1 073 327.17	1 731 967.45	−658 640.28	−38.03
应交税费	21 658 361.11	12 782 456.04	8 875 905.07	69.44
其他应付款	771 347.17	865 400.43	−94 053.26	10.87
流动负债	210 699 494.95	166 430 668.82	44 268 826.13	26.60
长期应付款	37 494 480.55	50 338 308.57	−12 843 828.02	25.52
非流动负债	41 944 480.55	53 838 308.57	−11 893 828.02	−22.10
负债总额	252 643 975.50	220 268 977.39	32 374 998.11	14.70
股本	52 000 000.00	45 000 000.00	7 000 000.00	15.56
股东权益总额	219 726 230.49	145 945 268.97	73 780 961.52	50.55

表 4　　结构分析表　　单位：元

财务报表部分项目	20×7 年		20×6 年		增减率(%)
	金额	比重(%)	金额	比重(%)	
	①	②	③	④	⑤=②−④
货币资金	119 832 578.37	25.37	95 264 881.75	26.01	−0.64
交易性金融资产	2 225 895.00	0.47	—	—	0.47
应收账款	138 982 325.96	29.42	101 128 218.43	27.61	1.81
预付款项	41 326 689.26	8.75	7 117 044.61	1.94	6.81
其他应收款	1 377 384.07	0.29	4 185 188.26	1.14	−0.85
存货	12 660 732.10	2.68	25 668 973.22	7.01	−4.33
流动资产	332 405 604.76	70.37	233 364 306.27	63.71	6.66
固定资产	113 564 999.37	24.04	75 263 137.03	20.55	3.49

续表

财务报表部分项目	20×7 年		20×6 年		增减率（%）
	金额	比重（%）	金额	比重（%）	
	①	②	③	④	⑤=②-④
在建工程	—	—	32 786 200.09	8.95	-8.95
无形资产	16 225 855.74	3.43	13 129 941.65	3.59	-0.16
资产总额	472 370 205.99	100.00	366 214 246.36	100.00	—
短期借款	119 570 000.00	47.33	107 760 000.00	48.92	-1.59
应付票据	28 348 000.00	11.22	15 870 000.00	7.20	4.02
应付账款	39 140 919.50	15.49	27 202 160.45	12.35	3.14
预收款项	137 540.00	0.05	218 684.45	0.10	-0.05
应付职工薪酬	1 073 327.17	0.42	1 731 967.45	0.79	-0.37
应交税费	21 658 361.11	8.57	12 782 456.04	5.80	2.77
其他应付款	771 347.17	0.32	865 400.43	0.40	-0.08
流动负债	210 699 494.95	83.40	166 430 668.82	75.56	7.84
长期应付款	37 494 480.55	14.84	50 338 308.57	22.85	-7.60
非流动负债	41 944 480.55	16.60	53 838 308.57	24.44	-7.84
负债总额	252 643 975.50	100.00	220 268 977.39	100.00	—
股本	52 000 000.00	23.67	45 000 000.00	30.83	-7.16
股东权益总额	219 726 230.49	100.00	145 945 268.97	100.00	—

表 5　　重要指标分析表

项　　目	20×7 年	20×6 年
偿债能力：		
流动比率=流动资产÷流动负债	1.58	1.40
速动比率=(流动资产-存货)÷流动负债	1.52	1.25
资产负债率=负债总额÷资产总额	0.53	0.60
经营能力：		
存货周转率=主营业务成本÷平均存货余额	9.98	6.50
应收账款周转率=主营业务收入净额÷平均应收账款余额	2.15	2.13
总资产周转率=主营业务收入净额÷平均总资产余额	0.63	0.69
盈利能力：		
毛利率=(营业收入-营业成本)÷营业收入	27.16%	29.39%
销售利润率=利润总额÷营业收入净额	11.81%	17.74%
总资产报酬率=净利润÷期末总资产	5.54%	10.29%
净资产收益率=净利润÷期末净资产	11.92%	25.49%

（二）分析确定审计重大错报风险领域

通过以上各表分析中得出的主要结论，结合影响审计业务的重要因素，以确定重要性水平、可能存在较高重大错报风险的领域，以及重要的组成部分和账户（包括本身具有重要性的账户以及评估出的存在较高重大错报风险的账户）。

五、编制总体审计策略

结合某传媒公司的基本情况，考虑分析性结果对审计总体计划的影响，编制 20×7 年某传媒公司财务报表审计的总体审计策略。

六、参考文献

[1] 李晓慧.审计学：实务与案例[M].北京：中国人民大学出版社，2013.
[2] 王砚书等.审计案例[M].沈阳：东北财经大学出版社，2012.
[3] 张景山.审计案例解析[M].北京：中国市场出版社，2015.
[4] 李晓慧.审计案例与实训[M].北京：中国人民大学出版社，2017.
[5] 中国注册会计师协会.审计[M].北京：中国财政经济出版社，2020.

案例使用说明书

1. 本案例要解决的关键问题

本案例主要解决的关键问题是分析思路问题。总体审计策略是审计计划的组成部分，用以确定审计范围、时间和方向，并指导制订具体审计计划。通过制定总体审计策略，可以确定审计业务的特征；明确审计业务的报告目标，以计划审计的时间安排和所需沟通的性质；确定项目组的工作方向。图 1 列示了审计计划的八个主要部分，前七个部分是为了帮助注册会计师制订最后一步计划——有效率和有效果的总体审计策略及具体审计计划。

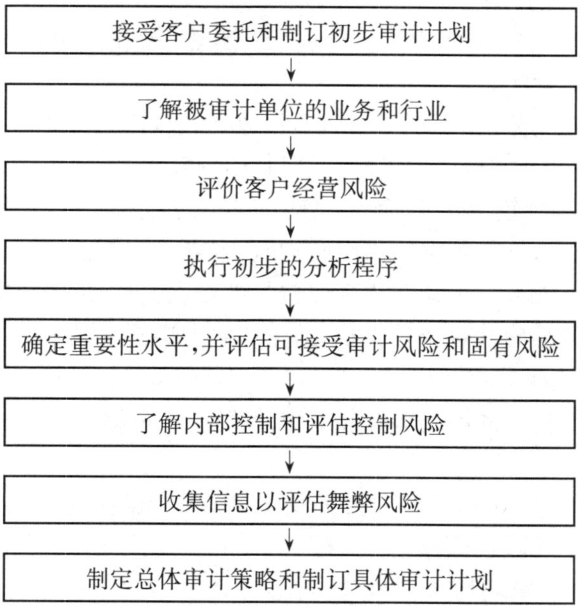

图 1　制订审计计划和设计审计方法

从图 1 可以看出，通过编制总体审计策略，可以使注册会计师根据具体环境获取充分、适当的审计证据，有利于保持合理的审计成本，避免与被审计单位之间产生误解等。

2. 案例讨论的准备工作

(1) 教学目的与用途

本案例适用于本科生“审计学”课程的学习。通过本案例的教学和讨论，使学生掌握分析性方法的应用、审计重要性水平的确定、总体审计策略的编制。

(2) 启发思考题

① 什么是总体审计策略？它对规范审计行为有何意义？

② 审计师为什么要编制总体审计策略？你有什么看法？

③ 分析性程序的常用方法主要有哪些？在确定总体审计策略时如何运用分析性程序确定审计重要性？

④ 在执行初步分析程序时，哪些类型的比较是有用的？

3. 案例分析要点

(1) 理论依据

本案例讨论的主要理论依据是审计计划理论和审计方法理论。

(2) 具体分析

① 审阅财务报表，进行初步直观的总体分析。

采用趋势分析法进行分析性复核：计算并对某传媒公司 20×6 年和 20×7 年资产负债表及利润表的主要项目变化趋势进行差异性比较分析，通过账户余额或发生额，以及账项之间对应关系的异常变动，或没有出现预期的变动，揭示其是否存在异常情况，并就相关情况与管理当局商讨，确定他们能否对这些异常变动提供合理的解释，以判断其影响是否可以认定为风险，是否执行进一步的分析测试程序。

20×7 年与 20×6 年财务报表主要项目变化趋势比较分析情况说明(参见表 3)：

营业收入、营业成本同比分别增加了 18.17%和 21.90%，由于营业成本增加幅度大于营业收入，同时销售费用、管理费用、财务费用等期间费用分别增加了 26.15%、43.85%、34.73%，致使营业利润减少了 14.14%，说明 20×7 年度公司虽然产品销售情况较好，但成本、费用增长过多，对利润产生了负面影响。

利润总额、净利润同比分别减少了 21.34%和 20.65%，说明除了营业利润的影响外，营业外支出对公司 20×7 年的利润也产生了影响，但其影响较小。

20×7 年年末预付账款较 20×6 年年末增加 3 420.96 万元，增长 480.67%，公司是否为了保证主要原材料供应充足，预付给主要供应商货款，审查时应予以关注。

存货同比减少了 50.68%。公司存货主要包括纸张和辅料，纸张成本占产品成本的比重较大，所以纸张耗用核算的准确性对产品成本，乃至利润影响较大。

20×7 年年末的应收账款较期初增长 37.43%，而同期营业收入增长 18.17%，随着销售收入的增加，应收账款应保持相同的趋势增加。审计师应关注赊销政策的变动对应收账款、营业收入的影响。

在建工程同比减少了 100%，审计时要关注在建工程的减少对公司利润的影响。

20×7 年年末应付票据余额增加 78.63%，应付账款较期初增加 1 193.88 万元，增加 43.89%。两者均为采购原材料所致，但存货同比减少了 50.68%。审计时应分析应付票据、应付账款与存货之间的关系。

20×7 年与 20×6 年财务报表主要项目比重变化比较分析情况说明(参见表 4)：

资产项目中占比较大的项目主要是货币资金(25.37%)、应收账款(29.42%)和固定资产(24.04%)，与 20×6 年相比变动幅度不大。

负债项目中占比较大的项目主要是短期借款(47.33%)和应付账款(15.9%)，与 20×6 年相比变动幅度不大。

股东权益项目中，股本占比为 23.67%，较 20×6 年下降 7.16%。

总的来看，资产、负债和股东权益各项目前后各期变动不大，无重大异常变动。

20×7 年与 20×6 年财务报表重要指标变化比较分析情况说明(参见表 5)：

在偿债能力与财务状况方面，流动比率和速动比率都超过 1，而且两年的变动不大。20×7 年资产负债率较 20×6 年略有上升，但均维持较低水平。

在经营能力与经营状况方面，20×7 年存货周转率较 20×6 年有所上升，20×7 年年末存货较 20×6 年减少 1 300.82 万元，减幅达到 50.68%。20×7 年年末应收账款周转率与 20×6 年年末持平，20×7 年应收账款的收回进度相对营业收入的增长幅度较 20×6 年变动不大。审计时要关注存货、应收账款、营业收入变动对公司经营的影响。

在盈利能力与经营成果方面，20×7 年毛利率比 20×6 年下降了 2.23%，而营业收入增长了 18.17%，营业收入的真实性可能存在重大错报风险。各个获利能力比率均有不同程度的降低，是各个影响因素综合影响的结果。

② 根据审阅及计算结果进行判断，分析确定重要性账户，审计重大错报风险领域。

通过以上各表分析中得出的主要数据，结合影响审计业务的重要因素，以确定可能存在较高重大错报风险的领域，以及重要的组成部分和账户，包括本身具有重要性的账户并评估出存在较高重大错报风险的账户。

某传媒公司 20×7 年收入增长，但毛利率下降，销售收入的真实性可能存在重大错报风险。该重大错报风险涉及的财务报表及认定主要有销售收入、销售成本、应收账款、存货、应交税费等。注册会计师应执行的主要针对性程序包括：一是了解客户的销售循环流程和控制，判断相关内部控制可以信赖的程度以及对实质性测试的影响；二是详细执行分析性程序，获取主要客户的销售合同，总体判断收入增长的合理性；三是对客户的销售订单、档期资料、生产施工单、送货单进行详细测试，并扩大截止性测试的范围，确定销售收入和成本确认时点；四是对跨期收入成本测算影响金额。

某传媒公司的存货主要包括纸张和辅料，纸张成本占产品成本的 60%以上，纸张耗用核算的准确性对产品成本影响较大，纸张成本核算可能存在重大错报风险。该重大错报风险涉及的财务报表及认定主要有存货、营业成本、应付账款。注册会计师应执行的主要审计程序包括：一是了解并测试采购及付款、生产仓储循环的流程和控制程序，判断相关内部控制以及对实质性测试的影响；二是对销售订单、生产施工单、纸张和产品出入库记录进行详细测试，重新计算生产成本并判断其合理性；三是如果存在重大差异，测算其影响金额。

(3) 编制总体审计策略

项目负责人通过以上分析，考虑分析性结果对总体审计策略的影响，确定审计重点，并结合对公司基本情况和内部控制制度的了解，在此基础上编制总体审计策略。其具体形式可以让学生参考教材相关格式，按照总体审计策略要素自己设计总体审计策略形式。

(4) 关键要点

本案例分析的关键点主要包括：

① 认识编制总体审计策略在审计工作中的重要性，掌握总体审计策略的基本内容及编制。

② 合理运用分析性方法对财务报表进行分析，根据分析结果确定审计重点及内容。

③ 了解内部控制对审计人员编制总体审计策略的影响。

4. 教学组织方式

本案例课外自主学习 60 分钟，教学时间 60 分钟。其中，学生案例讨论 40 分钟，教师案例讲评 20 分钟。

本案例可以采用分组对不同内容进行讨论的方式进行。

5. 其他

无。

中国公司跨境并购财务风险及防范
——以 JL 公司并购 WOL 公司为例

赵世君　汪　也　潘正佳　张翔宇①

专业领域/方向： 财务风险分析与控制

适用课程： 财务管理

编写目的： 说明中国公司跨境并购中存在的风险以及相关的防范措施。

知 识 点： 跨境并购风险识别、分析与管控

关 键 词： 跨境并购、财务风险、财务风险防范

中文摘要： 近年来，随着产业结构调整、优化资源配置等需求的增加，并购市场呈现火热的状态。公司并购是一类高风险、高回报的“资本游戏”，成功的并购有助于公司转型升级、拓展业务领域乃至产业链整合，而失败的并购轻则加重公司财务负担，重则使公司资金链断裂，进而导致破产。在该过程中，各种风险都影响着并购成功与否，其中财务风险占有重要的地位，甚至成为成功的关键因素，因此对财务风险的了解与防范显得尤为重要。

本文以中国公司跨境并购中存在的财务风险为着眼点，从理论层面对跨境并购中的财务风险进行分析，包括定价风险、融资风险与支付风险、汇率风险、财务整合风险等。在此基础上，以 JL 公司并购 WOL 公司为例，具体分析 JL 公司并购过程中涉及的财务风险及其采取的防范措施，并针对该案例进行总结，期望能为中国公司在实施跨境并购过程中提高对财务风险的防范意识提供些许意见和建议。

英文摘要： In recent years, with the adjustment of industrial structure and the increase in demand for optimizing resource allocation, the M&A market has been in a hot state. Corporate M&A is a type of high-risk and high-return ‘capital game’. Successful M&A can help companies transform and upgrade, expand business areas and even integrate industrial chains. Failing M&A can only increase the financial burden of the enterprise and make the company's capital flow broken, which led to bankruptcy. In this process, various risks affect the success of M&A, of which financial risk occupies an important position, and even becomes a key factor for success. So understanding and preventing financial risks is particularly important.

This article focuses on the financial risks in Chinese cross-border M&A. It analyses the financial risks in cross-border M&A from a theoretical level, including pricing risk, financing risk and payment risk, exchange rate risk, and financial integration risk. On this basis, the article takes JL Corporation's M&A of WOL as an example to specifically analyse the financial risks involved in this process and the preventive measures. Finally, the case is

① 张翔宇：上海紫江公司集团。

summarized, hoping to provide some opinions and suggestions for the prevention of financial risks for Chinese companies, which are in the process of implementing cross-border M&A.

案　　例

一、绪论

(一) 研究背景及意义

并购战略是指公司凭借取得外部经营资源谋求发展的战略,是通过转让公司的所有权或控制权来实现资本扩张和公司发展的一种管理手段。它不仅是资本运营的重要方式,而且是调整产业结构、优化资源配置的重要途径。数据表明,2015 年和 2016 年,中国公司并购规模分别达到 1.04 万亿元和 1.84 万亿元。2017 年,中国公司并购案例达到 2 813 起,并购交易总额为 18 919.23 亿元,其中,跨境并购案例数为 205 起,总交易规模为 6 423.14 亿元,在全球经济一体化的大背景下,中国有越来越多的公司走出国门,通过并购获取国外先进技术并扩大市场占有率。

然而,由于种种原因,中国公司跨境并购尚未取得理想的业绩。据普华永道的统计,截至 2018 年,中国公司 50%以上的跨境并购尚未成功。商务部的报告还指出,中国公司的海外项目中,只有 13%处于盈利状态,63%处于非盈利或亏损状态。

因此,积极探索中国公司跨境并购过程中的动因及防范跨境并购过程中的风险意义重大。从理论上讲,跨境并购的动机主要有三个方面:一是并购能够帮助公司避开进入壁垒,快速进入市场,获得机会;二是通过技术转让或商业活动共享来实现协同;三是克服公司的负外部性,减少竞争,加强市场控制。跨境并购的风险包括市场风险、政策风险、法律风险、文化风险、财务风险等各种风险,防范这些风险对并购成功至关重要,财务风险的防范则是其中的关键一环,有效防范财务风险将有助于并购的顺利实施。因此,本文将重点探讨和分析中国公司跨境并购的财务风险与防范。

(二) 文献综述

关于并购活动中的财务风险及防范,国内外学者的主要观点如下:

国外学者主要就并购活动中的财务风险的来源进行了探究。菲利浦・米尔维斯认为,公司并购活动中财务风险产生的主要原因有目标公司的经营范围与并购公司的战略方向不一致,没有对并购公司的财务风险予以高度重视等。杰弗里・C.胡克认为,并购的财务风险不仅包括公司偿付能力的下降,而且包括公司融资能力的限制。希利指出,公司并购的风险包括公司未来的利润不能弥补并购的成本、并购后各方面的整合不能达到预期的效果、并购后的管理失误以及随后付出的代价等。萨缪尔韦弗和弗雷德斯顿的研究指出,公司进行并购活动所产生的财务风险主要来源于并购公司对目标公司估值的误差,他们提出了通过换股的方式来解决公司估值中的不确定性问题,并以此来降低公司的财务风险。施林格姆・林恩在研究中表明,公司在并购活动中,通过股权融资的方式筹集资金有助于提高公司的绩效。

国内学者在研究并购的财务风险时指出,并购的风险来源于并购过程中各种决策所引发的财务状况变动的不确定性。例如,王庆彤研究认为,公司并购过程中存在的财务风险来源于实现公司利润目标过程中产生的融资难以及资本结构问题。赵宪武的研究指出,公司并购活动所产生的财务风险来源于融资行为和公司资本结构改变,其主要表现为公司的债务偿还能力下降和投资回报的不确定性增加。屠巧平在研究中指出,公司并购活动中的财务风险来源于公司的债务融资风险。艾志群提出更多影响来源，其中目标公司的估值风险、债务偿还风险等是公司并购活动中财务风险的主要来源。王会恒研究认为，公司应当注重公司并购之前的调查活动，并且选用合适的估值模型，安排合理的资本结构，根据情况选取支付方式。张子刚强调在风险防范中合理选择目标公司和客观评价资产的重要性。

本文的研究是在借鉴前人研究成果的基础上，通过理论研究和案例分析公司跨境并购过程中形成的财务风险及防范措施，期望对中国公司在实施跨境并购过程中如何防范财务风险起到一定的借鉴作用。

二、跨境并购财务风险的理论研究

公司跨境并购过程中所涉及的财务风险是多方面的，主要包括标的物定价风险、融资风险、支付风险、汇率风险及财务整合风险。

（一）标的物定价风险

定价风险是并购准备阶段的主要财务风险。定价是指并购双方就被并购标的物进行协商并确定价格。在并购过程中支付过高的价格是收购方最大的风险。如果定价太高，并购后的收入未达预期就会给公司带来沉重的财务负担。因此，要尽量避免定价过高以防财务风险的增加。合理的定价是并购成功的基础，恰当的估值则是合理定价的基础。标的物定价风险主要受宏观环境和估值方法选择的影响。针对宏观环境的不确定性，可以采用 PEST 模型进行分析，并对宏观环境中的变化及时监控，对自身的策略做有针对性的调整。

可供选择的估值方法包括收益法、市场法、成本法、现金流量贴现法和基于资产的方法等。不同估值方法可以从不同的视角探究公司的价值，单一或者不适合的估值方法将带来风险，最终导致并购失败。在金刚玻璃并购喜诺科技的失败案例中，收益法和基于资产的方法用于评估基础资产。最后，选择收益法的评价结果最优。对喜诺科技的估值为 192 800.98 万元，而其净资产的账面价值为 47 045.39 万元，评估增值 145 755.59 万元，增值率为 309.82%。对标的资产评估如此高的增值率导致其被并购重组审核委员会 2016 年第五十九次会议否决，否决原因是：标的公司盈利预计量的可实现性和评价参数预测的合理性披露不足，不符合《上市公司重大资产重组管理办法》第四条的有关规定。

（二）融资风险

融资风险是为确保并购资金需求而改变资本结构所带来的不确定性，主要是由以下两个问题引起的：

第一，并购融资金额不充足，难以保证并购的顺利进行。融资规模的大小是决定并购成功与否的重要条件。过度融资加大了公司的偿债压力，融资水平过低则难以满足公司并购的要求。公司对自身的营运及盈利能力估测出现偏差，致使预算金额不正确，或者因法律法规限制使得公司不能顺利获得银行授信，不能发行债券、股票等融资工具，这些都会给收购方带来资金筹措不足的风险。

第二，并购公司融资方式不恰当。由于并购公司融资方式的不同，一旦并购后可能会出现不同的融资问题，无法达到预期的回报，就会使公司的财务处于严重的危机中。选择合理的融资模式是公司有效降低杠杆风险的主要途径。公司进行并购活动融资的方式主要有内部融资、外部融资、混合融资三种。内部融资一般是指在生产经营过程中产生的留存利润，具有成本低、自主性强等特点，可以节约融资成本。但是，当涉及并购等需要大量资本的事件时，仅靠内部融资是远远不够的，而且内部融资使用过多会给公司日常营运所需现金流带来短缺风险。

外部融资是指并购公司通过某种方式从公司外部的经济实体筹集收购资金，主要方式有信托融资、权益融资（发行普通股）和债务融资（银行贷款、发行公司债券）。其中，权益融资具有无须定期支付利息和本金的优势，但融资成本较高。债务融资可以发挥杠杆作用，但同时会产生偿债风险。单纯依靠内部融资或者外部融资都不利于现金流的稳定或者融资成本的降低，而内外结合的混合融资方式能够寻找到更优的资本结构，是现在运用最多的融资方式。

（三）支付风险

公司并购过程中支付风险的产生是由于公司为了实现并购目标，采用不同的支付方式所带来的风险。流动性风险由现金支付导致，股权稀释风险由股权支付导致，偿债风险由杠杆支付导致。

现金支付，对目标公司的股东来说，虽可以快速获得流动性，但其会立即面对税收问题；对收购方而言，短期内将会使其面临很大的现金流压力，大量流动性的占用会导致其营运风险增加，遇到极端情况甚至会发生资金链断裂。

在股权支付方式下，目标公司不能立刻获得现金流，须通过证监会审批，存在不确定性；同时，增发新股作为收购对价，可能会摊薄每股收益与每股净资产，尤其在溢价过高时，会影响投资者预期。另外，该方式会在一定程度上改变收购公司的股权结构，目标公司的股东有机会进入收购公司董事会而拥有话语权，削弱收购方原股东的控制力，在股权比例变动较大的情况下甚至失去控制权。

杠杆支付是指通过发行认股权证、可转换债券、承担债务等方式支付，主要从以下几个方面产生偿债风险：一是经营亏损或盈利不能覆盖所需支付的利息；二是流动性资产流动性评估的不准确性，包括存货积压减值风险、应收账款坏账风险，将削弱其流动性；三是融资结构不合理，大量借入短期负债用于收购目标公司的长期资产，带来流动性风险。杠杆支付会对公司治理结构造成一定影响，因为债权融资会对并购公司产生财务和分红约束，对公司进一步融资造成限制。

（四）汇率风险

汇率风险是跨境并购中特有的一类风险，是由于在跨境并购中至少涉及两种货币，其汇率的波动导致了风险的产生，当目标公司的价值运用所在国家的货币进行定价时，货币汇率下降，目标公司的市场价值上升，并购公司因为支付更多资本而遭受的损失。此外，汇率的变动会对并购行为的实际价值和管理成本造成影响，导致跨境并购风险的上升。

汇率风险可进一步细分为三类：

第一，外汇交易风险。在从国际资本市场借入或购买外汇以满足并购资金需求的过程中，汇率的变化会增加或降低外汇收益成本，使公司面临外汇交易风险。

第二，交易业务风险。交易业务风险是指交易中因结汇带来的不确定性。

第三，会计结算风险。在收购目标公司后，向母公司汇报目标公司的财务状况时，要将其财务报表转换成母公司要求的标准财务报表。因目标公司在其财务报表中使用东道国的货币单位计量，在这个过程中就存在汇率变化引起的风险问题。

（五）财务整合风险

财务一体化是并购整合的核心之一。当并购公司处于整合期时，如果财务措施有误，将导致潜在的财务风险，从而引发成本增加或资金不足问题，阻碍公司的发展。财务整合风险包括财务制度整合风险、会计制度整合风险和财务人员整合风险。

财务制度包括资金管理制度、成本管理制度、利润管理制度等，是公司持续健康运营的制度性保障。一般目标公司的财务制度体系很可能存在问题，并购后面对新的公司状况，如果不能及时整合，可能会从制度层面影响公司的发展。

会计制度的建设包括建立会计机构、选择会计方法和核算程序，是获取公司真实财务状况的重要途径。并购前，并购双方可能存在统计口径、报表编制不一致的现象，直接合并会影响会计信息的真实性，不能提供对决策有用的信息。

财务人员整合风险是由于相关人员的心理变化导致的。财务整合计划没有制订完善以及负责进行财务整合的人员缺乏整合经验等因素可能会导致目标公司的财务人员产生抵触情绪，甚至不配合整合的进行，这将增加公司的财务风险并延缓整合进程。

三、JL 公司并购 WOL 公司的财务风险防范案例分析

（一）案例背景

1. 并购方与被并购方简介

JL 公司成立于 1986，于 1997 进入汽车领域，多年来专注于自身行业，并取得了长足的进步，现资产总值超过 2 000 亿元，在 2017 年《财富》全球 500 强排名中位列第三百四十三位，较上一年提升了 67 个名次。这也是 JL 公司连续 6 年进入世界前 500 位，连续 14 年进入中国前 500 位。JL 公司是中国汽车行业排名前十的公司，也是国家“创新型公司”。

WOL 公司于 1927 年在瑞典哥德堡成立，拥有瑞典著名豪华轿车品牌，享有“世界上最安全的汽车”的美誉。1999 年，WOL 公司将其汽车业务卖给福特公司。

2. 背景信息

2005 年，JL 公司的年利润仅为 1.2 亿元，而 WOL 公司的年利润高达 4 亿美元，是 JL 公司年利润的三十余倍。然而，自 2005 年以来，由于 JL 公司的经营理念、发展战略的及时调整，其税前利润迅速增加，并于 2009 年达到 11.79 亿元。而 WOL 公司因为管理理念的呆板、战略目标的模糊，再加上世界经济危机的波及，从 2006 年开始就陷入了连续亏损，甚至在 2008 年一年就亏损了 15 亿美元，成为整个福特公司的财务负担。由于 WOL 公司不能再为福特公司带来利润，损失了应有的价值，因此，2008 年年底福特公司决定出售 WOL 公司。2009 年 4 月，投资银行对 WOL 公司的价值进行了综合评价，并发布了将 WOL 公司在中国出售的通知。

2010 年 3 月，两家公司的代表在瑞典签约成功，JL 公司获得了 WOL 公司 100%的股权。2013 年 8 月，JL 公司以 15 亿美元的价格成功收购 WOL 公司，其中 13 亿美元以现金支付，2 亿美元以票据支付，由于受到欧元贬值的影响，比先前商定的 18 亿美元减少了 3 亿美元。

（二）风险分析

1. 定价风险

福特公司以其品牌而闻名。其于 1999 年买入 WOL 公司时，估值高达 64 亿美元。福特公司希望通过收购 WOL 公司获得并购的协同效应。然而，与预期相反，这一操作并没有达到预期。在完成收购后，其连续多年处于亏损状态，仅在 2008 年就亏损超过 16 亿美元。福特公司在 WOL 公司的资产上减记了 6.5 亿美元，表明其在收购期间高估了 WOL 公司的价值，资产的实际价值低于并购的估计价值。WOL 公司资产的实际价值是基于投标人的报价，比市场价值更可靠。此外，在福特公司对 WOL 公司进行并购估值时，由于严重的信息不对称，福特公司没有发现 WOL 公司存在严重的产品召回问题，从而给予了 WOL 公司较高的市场估值。JL 公司在评估 WOL 公司的价值时吸取了福特公司在并购过程中的失败教训，采取合理的措施进行风险评估。

2. 融资风险

2009 年，WOL 公司的估值达到近 18 亿美元，而 JL 公司的利润每年不到 1.5 亿美元。如果只是单纯依靠内部资金积累，JL 公司可能需要 15 年的利润积累才能收购 WOL 公司。因此，JL 公司迫切需要设计出行之有效的融资方案来获取足够的并购资金。

在进行融资方案设计时，需要考虑不同来源的资金对公司的影响。公司未来很可能面临新的投资机会，如果自身资金不足，就会错过良好的发展机会。如果公司在融资结构的设计过程中采用债权融资的方式，那么在未来将增加利息方面的成本支出，并且债务偿还风险将成为公司融资风险的主要来源。如果公司的融资结构中存在较多股份，那么所支付的固定利息将会减少，但是大股东的控制作用将会被弱化；另外，如果以后 WOL 公司的业绩不理想，那么将会导致每股收益减少。

3. 支付风险

在 15 亿美元的收购资金中，除了 2 亿美元由福特公司提供帮助外，其余资金采用现金的形式支付。

选择现金支付的原因：(1) 福特公司处于连年亏损中，急需现金补充流动性。(2) JL 公司是在香港上市，而不是在美国证券市场上市，因此，WOL 公司的股东在并购时不愿意接受 JL 公司的股票作为对价。(3) 现金支付形式的法律约束相对较少。在收购过程中，还有许多公司也想收购 WOL 公司，而 JL 公司提出的现金支付方式打败了大多数竞争对手。(4) JL 公司收购 WOL 公司的时期正好处于股市低迷期，JL 公司的股价被低估。

JL 公司在 2010 年持有货币资金 54.82 亿元，扣除付出的 41 亿元后，只留存 13.82 亿元，相比 87.61 亿元流动负债，余额捉襟见肘，在短期内显示出流动性的严重不足。2010 年 8 月 18 日，JL 公司放弃了认购 2 000 万股英国锰铜普通股，反映出收购后 JL 公司面临的财务困境。当这一消息在市场上公开后，当天 JL 公司的股票价值跌到了每股 2.66 港元。这在一定程度上表现出市场对该公司现金流的忧虑。

4. 汇率风险

JL 公司在收购 WOL 公司的过程中面临港元、美元、欧元三者变动的风险。JL 公司需要在国际货币市场上购买充足的外汇来完成整个支付过程。汇率波动会引起外汇交易价格的波动，JL 公司支付的成本随之变动。此外，JL 公司每年年底将 WOL 公司的财务报表转换成成本核算货币，从而导致汇兑收益或损失，将对所有者权益造成一定的影响。

5. 财务整合风险

并购前，JL 公司的财务状况良好，现金流量充足，流动比率和速动比率分别为 18 和 17，这为并购打下了良好的基础。并购后，这两项指标大幅下降，降低至 3.58 和 3.54，之后两年则维持在 1 上下。这一结果显示，JL 公司在完成收购后，短期偿债能力明显下降。从长期偿债能力来看，由于 JL 公司在收购过程中采用了大量杠杆融资，资本负债率由 7.2%急剧上升至 29.1%。2009 年 JL 公司的借款余额较上年增加了 68%。长期借款在次年到期 3.98 亿元。如果并购后的债务水平没有得到很好的控制，破产的结局随时可能发生。

在盈利方面，2008 年，JL 公司的营业收入为 167.3 亿元，其中净利润为 8.79 亿元，汽车销量为 204 000 辆。2009 年，JL 公司的营业收入下降到 140.59 亿元，净利润上升到 11.79 亿元，总销量升至 327 400 辆。2010 年并购后，JL 公司的总收入达到 201 亿元，实现 43%的涨幅；年净利润达到 13.68 亿元，实现 16%的增长。通过这些数据可以看出，JL 公司在完成收购后，发展状况良好，表明其在并购完成后运作良好，盈利风险较低。

在营运能力方面，我们选取了两个常用的汽车行业评价指标——库存周转率和总资产周转率。2009 年，JL 公司的库存周转率达到 21.87%，2010 年完成并购后连续下降，主要原因是并购后 JL 公司的库存存在一定程度的积压，库存车辆周转效率有所降低。财务风险的加剧是经营能力的弱化造成的。收购后，JL 公司的总资产周转率先上升至 0.84%，然后小幅下降至 0.76%，之后保持稳定。JL 公司的营运能力总体上仍处于较为稳定的水平。

(三) 相应的防范措施

1. 定价风险的防范措施

(1) 聘请专业机构作为中介团队

为了给 WOL 公司做一个合理的估值，JL 公司当时聘请了一家专业能力很强的著名国际投资银行，他们的团队派出了主要负责汽车板块业务的梅里克·考克斯。此外，JL 公司还聘用了曾在 WOL 公司工作的投资银行专业人员，帮助解决存在的信息不对称问题。奥尔森曾是 WOL 公司的首席执行官，对公司的运营和财务很了解，他在减少信息不对称的同时也为估值提供了可靠的依据。

(2) 综合运用多种估值方法

在估值方法的选择方面，洛希尔团队选择了交易倍数法、可比公司倍数法等多种方法。在以往的汽车收购案例中，洛希尔团队积累了大量经验，可以为类似交易提供可靠信息。从同类交易的历史数据中可以计算得出可比交易倍数，然后进行加权平均，以此来确定 WOL 公司的估值。通过对 WOL 公司的财务数据和经营状况进行分析，有效提升了现金流预测的可靠性。通过对各种估值方法进行综合分析，洛希尔团队认为 WOL 公司的收购价值为 15 亿—20 亿美元。最终得出 WOL 公司的收购价值为 18 亿美元，该价格仅为福特公司收购 WOL 公司价格的 1/3。

2. 融资风险的防范措施

(1) 并购前的融资准备

JL 公司在并购协商开始前就已经采取了相应的措施来降低并购融资风险。2009 年，高盛股票基金在 JL 公司购买了共计 3.3 亿美元的认股权证和可转换债券。该可转换债券为 5 年期债券，到期可选择行权或者转股，倘若转股，则转股价格为 1.9 港元，总共可转换 9.98 亿股。JL 公司发行了 2.995 亿张认股权证，认股权证的执行价格为 2.3 港元。到 2009 年 10 月底，JL 公司的股价上涨了 350%。高盛基金的运营效果扩大了 JL 公司的融资规模，使其拥有足够的资本储备来应对并购 WOL 公司的资金支出。到当年年底，JL 公司的市值已经达到 209 亿港元。

(2) 组建特殊目的公司

为确保 JL 公司在短时间内能够筹集到大量资金，同时保持其控制，洛希尔为 JL 公司设计了一个聪明的交易结构——建立两个融资平台。一个是北京吉利万源国际投资有限公司，由凯盛国际与大庆国资于 2009 年年底共同创建。该平台为 JL 公司提供了约 30 亿元资金，JL 公司则答应其在大庆建设一家汽车生产厂作为回报。另一个融资平台由 JL 公司和上海市政府共同构建，拥有 1 亿元注册资本金，并签订了合作框架协议，规定在并购完成后，WOL 公司在中国区的总部建立在上海市嘉定区，且在该地区建立 WOL 公司的生产工厂。

两个平台建成后，上海吉利兆圆国际投资有限公司成立，上述两个融资平台对该公司的股权比例为 87.7%。JL 公司并购过程中所用的 15 亿美元中，有 11 亿美元来自上述所构建的两个融资平台，另外 4 亿美元中有一半来自中国建设银行伦敦分行。通过合理地设置融资结构，不仅帮助 JL 公司解决了融资问题，而且确保了大股东的控制权。

在融资风险方面，JL 公司通过与大庆市和上海市政府部门合作，建立融资平台，吸收了大量政府资金，并且确保了 JL 公司的绝对控制权。此方法唯一的不足就是需要 JL 公司在上海和大庆两地建立汽车生产工厂，对于 JL 公司的未来发展起到了一定的限制作用。建议 JL 公司在融资过程中可以考虑多选择海外资金，因其不具有政府色彩，不会对 JL 公司未来的发展设限，也能够解决融资问题。

3. 支付风险的防范措施

(1) 做好资金预算

在正式并购前，JL 公司聘请了一家专业机构对并购所需的资金进行全面计算。据估计，JL 公司对 WOL 公司的并购及后续业务总共需要 27 亿美元。根据筹集资金的来源划分，国内资金占总额的 50%，外资占总额的 50%。国内资金的 50%是银行存款。海外资金来自中国香港、美国和欧洲。

(2) 选择恰当的支付时机

在制订整体计划后，JL 公司将安排付款的时间和程序。为确保不同渠道的资金能够及时到位，JL 公司牢牢把握住了这一历史性机遇——在整个并购过程中，因为欧元贬值，JL 公司将最终交易价格降低了 3 亿美元，并通过合理的支付时间安排，节省了大量现金流。

(3) 获取地方政府的支持

JL 公司采取“哪里投资，未来基地就落户在哪里”的战略，主动与当地政府合作，将工厂设置在当地并在当地招工，从而取得当地政府的政策支持和投资优惠，以缓解公司的资金压力、减少运营成本并降低融资风险。

4. 汇率风险的防范措施

JL 公司和 WOL 公司的博弈处于欧洲经济不景气期间。欧元汇率大幅贬值给 JL 公司创造了降低汇率风险的良好时机。在整个并购过程中，由于欧元汇率的贬值，使得 JL 公司最终只花费了 15 亿美元就完成了并购。欧元价格从公告日的 9.17 元跌至资产转让前一天的 8.44 元，跌幅 3.574%。在此期间，最低汇率达到 8.13 元。JL 公司选择欧元急剧下降的时间节点，从而在谈判过程中获得有利的地位，最终为公司节约了 3 亿美元资金。

JL 公司对于汇率风险的应对措施主要是跟随欧元汇率的变化，并且抓住关键时间点。这一方法的运用源自对目标公司所在国家的汇率变化的预测，但是如果汇率变化没有朝着预期的方向发展，就会导致更高的汇率风险。建议 JL 公司考虑使用套期工具对外汇风险进行套期保值，将净外汇占款减少到零，将汇率风险转移给目标公司。虽然这种方法增加了交易成本，但它有利于确保交易的稳定性。

5. 财务整合风险的防范措施

JL 公司旗下有多家子公司，这些子公司之间经常进行互相交易。为此，JL 公司制定了统一的报表制度，对内部交易行为进行了约束。然而，在 JL 公司收购 WOL 公司后，JL 公司需要处理的财务信息越来越多，迫使其需要具备更高的财务管理水平。为了有效应对财务风险，JL 公司采取了下列防范措施：

一是控制成本。JL 公司由于长期以来采取低成本战略，在成本控制方面有着独到的经验。JL 公司已经建立了各种平台，将共享零部件添加到平台中，以增强范围经济，并通过精简供应商和提升内部管控能力来降低公司运营成本，提高公司盈利水平。相关数据显示，2009 年 WOL 公司的销售额大约是 JL 公司的 22 倍，但 WOL 公司却亏损了 6.53 亿美元，JL 公司则盈利了约 11.79 亿元。这也从某种程度上说明了两者在成本控制上的差异。

JL 公司并购 WOL 公司后，WOL 公司已在中国许多地区建立工厂，并从中国采购了越来越多的原材料，从而减少了原料的运输成本及购买成本。为了提高团队的工作效率，JL 公司给 WOL 公司建立了新的考核机制。通过技术创新，增加了 WOL 公司与 JL 公司零部件共享的经济效益。此外，JL 公司还在中国启动了相关科研项目，并减少了海外工厂的数量，适当裁员，从而减少了公司的运行成本以及人力成本，增加了利润空间。

二是形成统一的财报体系。并购前，JL 公司只将子公司合并到财务报表范围内，集团整体的财务管理水平落后。并购后，为了满足国际会计准则对合并会计报表的要求，JL 公司聘请景华天创咨询有限公司建立了一套规范的财务合并报表制度。此外，JL 公司加强了财务监管，建立了与国外子公司的交流途径，增强了各子公司之间的协调合作能力。

三是对财务人员进行培训。为了提高财务人员的整体素质，JL 公司专门引进新的培养模式来培养综合型人才。组织内外部培训，提高财务人员的理论知识水平和实践能力，从而提高其整体素质，帮助其更好地适应公司发展的需要。JL 公司转变组织结构，由垂直化向扁平化发展，节约了信息传输时间，提高了效率。在人事任命方面，其聘用具有丰富经验和专业知识的人员担任财务总监一职，负责改进财务部门流程，设计财务整合计划，规范财务报告体系。

四、结论与建议

JL 公司成功的跨境并购有很多值得借鉴的地方。结合 JL 公司所实施的应对措施，本文将分阶段对并购过程中所面临的风险提出相应的防范措施建议，以供后来者研究和借鉴。

（一）准备阶段风险防范

1. 展开可行性分析

并购前，公司应针对该并购行为展开多角度、多层次的可行性分析。具体而言，需要对目标公司的经营现状、产品质量、技术能力、盈利水平、职员能力、资产状况等展开全方位的研究和分析，绝不能为了单方面追求高速而忽略可行性分析的重要性，特别是在进行跨行业并购时，不能只依靠管理层的主观经验，这样只会增加公司的并购风险，而应当对公司与目标公司之间的互补性和关联性展开全面的研究。

2. 重视财务报表附注及其他表外信息

通常，财务报表附注的内容是对表中数据的解释，如说明报表所使用的统计方法、数据来源及其遵循的原则等，也会告知具体的会计科目。因此，附注内容是财务报表的关键内容之一，通过分析附注内容能够得到更多有效信息。有的表外信息虽然没有明确记载在报表中，但会对公司的经营产生重要影响，同样需要得到充分的重视。诸如债权转让、担保等表外信息，可以通过直接对话或者函证的方式向目标公司询问。

3. 借助优秀的中介机构

在并购活动中，中介机构发挥着监管及服务的重要职能。

第一，中介机构扮演着第三人的角色，能够对目标公司做出更加客观、有效的评估，能够更加理性地评判公司的经营制度和内部管控体系。

第二，中介机构能有效地提高公司掌握业务信息的能力，减少并购中的信息不对称。

第三，凭借着自身所拥有的丰富经验和信息，中介机构能够为公司提供许多切实可行的建议，从而降低公司的并购成本。因此，公司需要聘请优秀的中介机构，从而保障并购活动的顺利进行。

4. 完善评估方法

现阶段,我国使用得比较广泛的价值评估方法有现金流折现法、资产法、市场法等。公司有权依照自身的现状自主选取最适合的价值评估方法,也可以完善现有的价值评估方法。公司所使用的价值评估方法不同,估算出的价值可能会有差异。通常,效益良好、市盈率一般的上市公司适合选用市盈率法;而有的非上市公司则更加适合选用市场价格法,即计算同类公司的市场价值并取平均值,再据此估算目标公司的价值。此外,公司也可以选取各种不同的价值评估方法来计算目标公司估值的上下限,从而掌握谈判的主动权。

(二) 实施阶段财务风险防范

1. 选择恰当的融资方式和融资结构

在选取融资方法时,公司需要结合融资数量、构成、成本等多方面的条件进行考虑,遵循“先快后慢、先简后繁、先内后外”的原则,理性选择融资方法。首先考虑内部累计资金的使用情况,提高资金的使用效率。在内部资金不足时,按照“先债务融资,后股权融资”的原则进行资金的筹集,这样可以最大限度地降低公司的资金使用成本,保护股东的权益。

在构建融资结构、配置公司资金时,必须秉持资本成本最小化原则。通常,自有资金占总融资的比例越大,其资本成本也越大,利润就越少;而公司的负债融资增加会导致公司资产负债率的上升。如果公司无力偿还债务,则必定会对公司的正常营运造成负面影响。因此,公司需要在合理使用杠杆结构和降低资产负债率之间达成一种平衡。

2. 优化支付方式

并购前,公司需要估算出并购所花费的资金数目,在确认了支出总额后,才能选择合适的支付方式及金融工具。公司需要合理规划资金流动的时间,保障各方面资金都能及时到位,从而有效防范支付风险,促进公司的健康发展。

警惕现金支付可能导致的流动性风险。为防止资金链断裂,公司应当尽量减少现金支付所占的比例,转而采用其他的支付方式,主要方法包括:

(1) 抵押并购。以并购标的物为抵押,到银行进行大额融资。

(2) 债转股。当公司没有能力偿还贷款时,可以通过股份转让的方式还款,从而减少支付现金的压力。

(3) 换股支付。该方法通常适用于那些股票高度流通的公司,而且该方式能够在交易双方之间灵活运用。

(4) 混合支付。混合支付是结合了多种金融工具而出现的一种新型的支付方式,能够结合不同融资工具的优点,同时最大限度地减少收购方的流动性压力,也有利于资金的合理调配,但是由于使用的支付方法更复杂、审批更多,难以保证支付的连续性,因此可能造成整个并购过程的推延。

3. 锁定汇率风险

(1) 调整支付时间。公司可以依照人民币的汇率来适当调整支付时间——可以提前支付,也可以延后支付,以此来降低外汇风险。具体而言,当人民币升值时,公司可以适当推后支付时间;而当人民币贬值时,公司就可以适当提前支付时间。总而言之,公司要灵活应对汇率变动,积极应对外汇风险。

(2) 套期保值。套期保值又可以分成两种类型,即自然套期保值与合约套期保值。自然套期保值的原理是通过尽可能低的外汇净头寸来减少外汇风险。合约套期保值是指通过合同的方式把外汇风险转移给合同相对方。其中,使用较多的是外汇远期合同,在此方法下,交易双方通过合同约定在将来的某一时刻支付外汇。这种方法能够锁定部分外汇金额,从而降低外汇风险。

(三)整合阶段财务风险防范

1. 优化配置资产

整合阶段的流动性管理主要涉及两个方面:一个方面是流动性风险,另一个方面是偿付能力。公司应当依据自身的资产负债结构恰当调整资产组合,使资产与负债相匹配。公司可以建立一个资产组合配置的模式,考虑不同性质的资产,按照一定的比例来进行配比。此外,资产还需要划分出一部分专门用于配置具有相对高收益和相对低流动性的产品,这将平衡公司对流动性和收益的要求。

2. 建立新的财务目标与管理体系

财务目标与管理体系的建立是指公司必须致力于提高下列财务数据:收益率、投资报酬率、市场占有率、良好的现金流等,应该从短期与长期两个角度体现。短期目标体系主要是尽力提高短期经营业绩和经营结果,长期目标体系则主要是思考如何才能使公司进入一种可以长期良好经营的状态。财务目标与管理体系的建立需要所有管理者的参与,公司中的每一个单元都必须有一个具体的、可测量的业绩目标,而且每一个单元的目标要与整个公司的目标相匹配。

3. 控制并购节奏

并购可能会带来大范围的变动,而心理、环境等的变化可能会对并购的顺利实施造成阻碍。例如,当公司环境发生变化并显著要求员工适应时,文化的不可管理性会使之成为一种惯性从而阻碍并购的进程。

在处理这种阻力时可以考虑节奏、管理方式和范围三个方面。首先采取循序渐进的方式,以时间换空间,争取更多员工的支持。其次,构建良好的氛围,明确预期以及鼓励对话。最后,在同一个并购目标下,考虑采用范围较小的方式。

五、案例小结

本文从现在的跨境并购现象入手,主要分析了中国公司在当下的跨境并购中可能出现的一些财务风险,并且深入地分析这些风险产生的原因,紧接着针对这些现象提出合理的解决方式和手段,以期望能够为跨境公司并购的风险防范提供参考的模板和建议。

六、参考文献

[1] Jeffrey C. Hook. A Practical Guide to Doing the Deal[M]. London: John Wiley & Sons, 2015.

[2] (美)菲利普·米尔维斯.兼并管理[M].北京:华夏出版社,1999.

[3] 王庆彤.浅析公司并购中存在的财务风险及对策[J].北方经贸,2007(2).

[4] 赵宪武.公司并购财务风险及其控制[J].山西财政税务专科学校学报,2000(6).

[5] 屠巧平.杠杆收购财务风险的分析与控制[J].经济经纬,2002(3):12—16.

[6] 陈共荣,艾志群.论公司并购的财务风险[J].财经理论与实践,2002(2).

[7] 王会恒.公司并购财务风险分析及控制[J].财会通讯,2007(7).

[8] 张子刚.不同收购方式下公司并购的协同效应研巧[J].财务与金融:2013(3):82—95.

案例使用说明书

1. 本案例需要解决的关键问题

近年来，随着产业结构调整、优化资源配置等需求的增加，并购市场呈现火热的状态。公司并购是一类高风险、高回报的“资本游戏”，成功的并购有助于公司转型升级，拓展业务领域乃至产业链整合，而失败的并购轻则加重公司的财务负担，重则使得公司资金链断裂，进而导致破产。在该过程中，各种风险影响着并购成功与否，其中财务风险占有重要的地位，甚至成为成功的关键因素，因此，对财务风险的了解与防范尤为重要。

本案例以中国公司跨境并购中存在的财务风险为着眼点，首先需要解决的关键问题是从理论层次对跨境并购中的财务风险进行系统分析，要求学生清楚定价风险、融资风险与支付风险、汇率风险、财务整合风险等的相关理论。在此基础上，以 JL 公司并购 WOL 公司为例，具体分析 JL 公司并购过程中涉及的财务风险及其采取的防范措施，并针对该案例进行总结，期望能为中国公司在实施跨境并购过程中，对公司提高财务风险的防范意识提供些许意见和建议，对学生学习相关知识提供帮助。

2. 案例讨论的准备工作

(1) 需要学生事先掌握公司跨境并购的相关理论和概念。

(2) 需要学生事先掌握定价风险、融资风险与支付风险、汇率风险、财务整合风险等相关风险理论。

(3) 需要学生事先掌握本案例的细节，具体分析 JL 公司并购过程中涉及的财务风险及其采取的防范措施。

3. 案例分析要点

(1) 需要学生识别的关键问题：

① 跨境并购财务风险的理论及几种风险类型。

② JL 公司并购 WOL 公司的财务风险防范案例背景。

③ JL 公司并购 WOL 公司的财务风险分析的具体情况。

④ JL 公司并购 WOL 公司的财务风险相应的防范措施。

(2) 根据与案例相关的知识点提出解决问题的可选择方案，并评价这些方案的利弊得失。

本案例主要是从理论层面对跨境并购中的财务风险进行系统分析，要求学生清楚定价风险、融资风险与支付风险、汇率风险、财务整合风险等相关理论。在此基础上，具体分析 JL 公司并购过程中涉及的财务风险及其采取的防范措施，并针对该案例进行总结，期望能为中国公司在实施跨境并购过程中，对公司提高财务风险的防范意识提供些许意见和建议，对学生学习相关知识提供帮助。

(3) 推荐解决问题的方案及具体措施：用公司跨境并购理论加以解决。对于具体的公司跨境并购，应从定量和定性角度评价并购结果。

4. 教学组织方式

(1) 问题清单及提问顺序、资料发放顺序

开讲前，学生预习，教师列出问题清单及提问顺序，并发放资料。

(2) 课时分配(时间安排)

阅读 1 个小时，讨论 2 个小时。

(3) 讨论方式

情景模拟、小组式、辩论式等均可。

(4) 课堂讨论总结

小组提供结论,老师总结。

5. 其他

无。

财政专项资金绩效审计
——以B市A公司轨道交通项目为例

王如燕　赵旭垚　王　勇

专业领域/方向：审计

适用课程：政府审计

编写目的：学习财政专项资金绩效审计相关理论与知识。

知 识 点：财政专项资金绩效审计

关 键 词：财政专项资金、绩效审计、轨道交通项目

中文摘要：当前，我国已经进入经济发展的新常态，新形势下的经济社会发展为我国财政专项资金的发展带来了新一轮的创新驱动力，伴随着国家政府对财政专项资金给予的重视程度和支出数额的逐年攀升，如何提升我国财政专项资金的经济效益是当前我国政府工作的难点之一，同时也对我国财政专项资金绩效审计工作提出了更高的时代要求。因此，随着我国政府投资建设项目的不断增加，投资绩效备受关注。

本案例不仅介绍了我国财政专项资金绩效审计的发展现状，通过对全国和B市财政专项资金绩效审计现状的分析，阐述了审计目的以及问题，而且介绍了依据搭建好的理论框架，项目专项资金绩效审计实施的情况，运用绩效指标做审计评价，最后得出审计结果。

在案例研究的基础上，指出问题，提出加强财政专项资金绩效审计的措施。

英文摘要：Nowadays, China has entered the new normal economy. The economic and social development under the new situation has brought a new round of innovation drive for the development of Chinese special fiscal fund, along with attaching importance to special fiscal fund of government. The number of expenditures has risen year by year. The economic benefit of Chinese special fiscal fund promoted has become one of the difficulties in the current work of Chinese government. It also puts forward a higher era requirement for the performance audit of Chinese special fiscal fund.

The part introduces the development status of Chinese special fiscal fund performance audit. It points out the purpose and common problems of special fiscal fund performance audit through the analysis of the current status of national and City B performance audit.

The part mainly states the implementation of the special fund performance audit based on the established theoretical framework. Using performance indicators for audit evaluation, the audit conclusion is finally summed up.

The part is based on the case study, pointing out the problems and proposing measures to strengthen the special fiscal fund performance audit.

案 例

一、B 市专项资金支出现状和绩效审计开展情况简介

(一) B 市专项资金支出现状

近年来,财政专项资金审计越来越受到国家重视。本案例通过对 2014—2017 年 B 市财政专项资金展开全方位的分析可知,专项资金大多投入教育、社会保障、城乡社区事务等领域,2014 年支出为 4 524.67 亿元,2015 年支出为 5 337.7 亿元,2016 年支出为 6 406.77 亿元,2017 年支出为 6 824.53 亿元,呈现逐年递增的态势。其中,交通运输 2014 年财政支出 214.55 亿元,2015 年财政支出 295.63 亿元,2016 年财政支出 353.48 亿元,2017 年财政支出达到了 446.48 亿元,整体来看,支出规模在不断增加。

图 1 重点分析了 2017 年 B 市财政专项资金的分配情况。

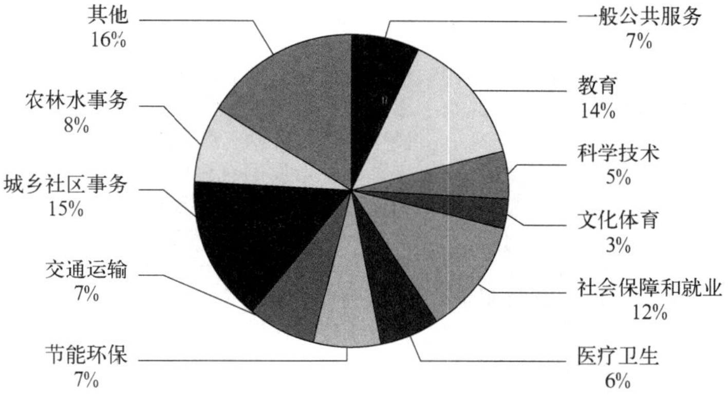

数据来源:2017 年统计年鉴。

图 1　2017 年 B 市财政专项资金分配情况

根据图 1,2017 年 B 市的财政专项资金重点用于城乡社区事务支出,占比为 15%,其次用于教育、社会保障和就业支出,分别占比 14%和 12%,用于交通运输支出占比为 7%。财政专项资金的使用与政策是相匹配的。

B 市统计局的数据显示,2016 年,B 市完成全社会固定资产投资 8 461.7 亿元,比上年同期增长 5.9%。从主要投资领域看,基础设施投资完成 2 399.5 亿元,同比增长 10.3%,占 B 市投资的比重为 28.4%,同比提高 1.1 个百分点。其中,交通运输领域完成投资 973 亿元,增长 17.7%。表 1 显示的是 2016 年 B 市新建的基础设施项目。

表 1　　2016 年 B 市基础设施建设项目

项 目 名 称	负 责 单 位	项目法人单位	建设规模及内容
轨道交通某线一期	B 市重大项目建设指挥部办公室	B 市基础设施投资有限公司	全长 20 千米
轨道交通某线南延			一期线路长 12.3 千米
轨道交通某线二期(南延)			全长 4.2 千米
轨道交通某线			全长 72 千米

资料来源:B 市住房和城乡建设委员会网站。

（二）B 市专项资金绩效审计结果

依据《2016 年 B 市级预算执行和其他财政收支的审计工作情况》，B 市主要围绕基础设施建设、资源环境整治、民生保障和改善等重点领域开展专项审计和审计调查，组织开展了 11 项专项审计，涉及资金总额 4 674.51 亿元。表 2 列出了 B 市审计局 2016 年度部分绩效任务的完成情况。

表 2　　B 市审计局 2016 年度部分绩效任务完成情况

主要职责	年度任务	任务目标	完成情况
出具审计报告，在法定职权范围内做出审计决定或向有关主管机关提出处理、处罚建议	对重点专项资金开展审计监督	开展 15 项民生项目和资金、创新创业和扶助资金、环境治理项目和资金以及重大投资项目审计	围绕疏功能、转方式、治环境、补“短板”、促协同任务推进，开展了民生项目和资金、创新创业和扶助资金、环境治理项目和资金以及重大投资项目审计 18 项，重点检查了政策落地、资金落实、项目推进等情况
	依法开展监督职责范围内的其他审计	对以直接市政府投资和 B 市政府投资为主的 4 项建设项目的预算执行情况和决算以及市属国有控股公司、金融机构等的资产、负债和损益依法开展审计	按照年度审计项目计划，对轨道交通竣工结算等 3 项投资项目开展审计，对农村商业银行的资产、负债和损益情况开展审计，加强投资监管，提高投资绩效，防范金融风险
	依法履行审计监督职责，出具审计报告，后续需要将审计决定书发放给被审计单位，对后者的整改情况进行检查；发现的重大案件线索依法移送相关部门	依法履行审计机关对审计整改工作的跟踪检查职责	按照《中华人民共和国审计法》，严格依照审计管辖范围和审计程序开展审计工作。B 市本级共出具审计报告和专项审计调查报告 91 份，提交审计专题报告、综合性报告和信息简报共 117 份

在基础设施建设方面，进入 21 世纪，地面交通网络快速扩张。2008 年前后，B 市顺利开通了地铁 5 号线等；2012 年年底顺利完成了 15 号线一期等；到 2015 年，运营线路总共达到了 18 条，运营车站总共有 334 座，达到了 554 千米的运营里程，整体成绩非常不错。

从对轨道交通建设项目的决算管理情况进行的审计和审计调查的情况看，轨道交通决算的编报及批复总体规范，线路资产管理制度日趋成熟。按照《B 市城市轨道交通建设规划(2014—2020)》所列的建设计划、建设规模，未来 5 年，轨道交通财政缺口年均达到 200 亿元，缺口较大，亟待引入社会资本。

对财政专项资金重点投入的 B 市轨道交通建设，B 市审计局于 2016 年 10 月 8 日公开了 7 项大额专项资金审计结果。从轨道交通建设资金审计情况看，发现了以下三个主要问题：

第一，轨道交通建设尾工项目决算不够及时。自 2011 年以来，9 条轨道交通线路拆迁结余资金未及时退回 14.26 亿元，增加了轨道交通建设资金利息负担。实现通车线路总共为 3 条，有 6.86 亿元资本金没有缴纳完成，总共涉及 4 位股东。

第二，一些线路需要对建设内容进行及时调整，一些车站的出入口出于多方面的因素，在建成后被拆除，这在一定程度上增加了投资。

第三，部分已通车的线路存在未施工的尾工。“十二五”期间投入运营的6条线路全部存在需要进一步施工的尾工，尾工数量总共达到321项，其中有249项在一定程度上影响了运营效率。

拆迁结余资金原本有很大部分滞留，当前阶段总共有8.96亿元被退回建设单位，同时有6.58亿元资本金补缴，206项尾工顺利完成。

（三）B市财政专项资金绩效审计普遍存在的问题

一些审计人员的审计观念比较陈旧，认为绩效审计的实施对于审计的真实性存在一定程度的影响。这种落后的观念极大地影响了审计工作的开展。

1. 相关法律体系缺失

中国当前阶段还没有专门的法律法规来规范绩效审计，法律体系不完善，与发达国家相比差距巨大。中国的绩效审计技术和方法较落后，这在很大程度上影响审计机构审计政府投资项目的绩效，在实际审计的过程中无法参考过往的案例，更多是独立探索，无法统一审计标准。中国在审计流程管理方面不到位，存在很多问题，这在很大程度上影响审计结果。

2. 评价标准及指标体系不完善

政府审计机关的审计人员需要依赖政府绩效审计的评价体系才能实现审计报告的发布。因此，评价体系的构建非常重要，其可以实现对审计人员所面临审计风险的有效控制，在审计报告中，可以使审计人员的评价更加客观，这对绩效审计工作提供了极大的支持。对政府绩效审计进行分析可知，其有非常复杂的目标，同时也有非常复杂的对象，从这一角度来说，很难统一绩效审计的标准。中国缺乏健全的绩效审计指标评价体系，政府也没有出台准则文件，这在很大程度上影响了政府财政专项资金绩效审计。从实践的角度来说，政府财政专项资金绩效审计更多借鉴行业标准等，而未来价值指标以及非财务指标并未应用于政府财政专项资金绩效审计；除此之外，中国目前也没有应用定性指标。中国现阶段缺乏完善的评价制度，在审计工作中所采用的标准并不是长久性的，很多标准甚至是部门自己制定的，这对绩效审计的功效有非常大的影响。

3. 审计监督模式存在弊端

对政府审计机构进行分析可知，从业务维度来说，中国政府审计机构所采取的管理模式为垂直的上下级管理，不过政府审计机构并没有掌握人事权，同级地方政府主要掌握政府审计机构的人事权；政府审计机构在资金来源方面也存在限制，主要源自地方财政。这在一定程度上影响上级审计机关的业务管辖权（受制于地方同级政府）。在这种体系中，无法有效地明确固定资产的绩效审计监督，审计机构在实践中很难保证其公允性。审计机关受制于地方同级政府，这就在很大程度上影响其审计地位的独立性。审计机关无法按照法律法规详细地披露审计报告，这对政府绩效审计工作的健康发展有非常大的影响。

4. 绩效审计的基础薄弱

审计必须有足够的证据，必须保证证据的真实性和合法性，这样绩效审计才能得以实施，同时在很大程度上影响审计评价。现阶段，绩效审计存在诸多问题，尤其是缺乏完整的审计数据：一是很多单位不重视会计工作，存在虚假会计资料；二是审计证据不完整，绩效审计较难获得充分、真实、有效、合法的审计证据。审计部门具有相对较低的信息化水平，审计部门在实践中更多应用传统审计方法，极少采用现代审计技术，这对审计事业的发展有非常大的影响。

5. 审计人员的专业素养参差不齐

政府审计人员大多缺乏审计过程中所需的专业知识，如财务、信息技术、财经法规等。尽管政府审计人员可以做到基础性财政收支审计，但无法做到绩效审计。本文分析了某省审计厅2012年年底的132名审计人员，结果显示，很多政府审计人员属于会计审计专业，占比达到74.24%，其他专业的占比仅为25.76%。整体来看，财会人员在政府审计人员中有较高的比例。

二、B市A公司轨道交通绩效审计案例简介

B市审计局依据《中华人民共和国审计法》，对截至2015年第一季度已竣工结算的轨道交通建设项目的竣工决算和资产管理情况开展专项审计调查，并提出改进工作的审计意见和建议。审计主要涉及B市基础设施投资有限公司（简称“A公司”），对该期间涉及的重要事项进行了必要的延伸和追溯。

（一）B市建设单位情况

A公司成立于2003年。2018年年底，A公司资产总额达5 584亿元，累计净利润147.57亿元，全资及控股公司59家；2018年日均客运量1 054.36万人次，与2013年相比增长20.1%。A公司是公共轨道交通行业中唯一一家由B市政府授权委托的主体单位，负责整合B市轨道交通投融资、建设、运营等全产业链整体服务。

（二）B市A公司轨道交通绩效审计实施方案

1. 审计主体

本案例的审计主体是B市审计局，审计部门所开展的审计任务主要源于本级政府部门或上级审计部门。B市审计局主要确保政府在公共基础设施建设中的中心地位，使得公共服务相对更有效；让财政约束作用得到进一步强化，强化监督检查公共基础设施建设，使得公共服务拥有相对更高的质量，真正有效地监管市场。

2. 审计目标

通过审查投入财政资金的真实性、合法性和效益性，评价项目预期目标的实现程度，从民生角度和实现利润角度评价该项目完成后的经济效益、社会效益、环境效益，揭示存在的问题，有针对性地提出建设性意见，促进轨道交通建设、管理、运营等，为政府深入了解投资项目的运作和成果提供可靠信息，提高财政专项资金的使用效率。

3. 审计方法

在绩效审计的过程中，此次研究主要采用了以下四种方法：

一是审阅法，这种方法使用得非常普遍，在此次研究中主要审阅与B市A公司轨道交通前期规划建设情况、运营状况以及资金管理使用情况等相关的数据、文件和资料，提取其中的审计证据。

二是数据分析法，主要是汇总分析大规模的项目数据，对数据之间的联系进行梳理，进而实现对数据未来趋势的有效预测，给出相应的结论。针对B市A公司轨道交通项目，审计机关接受委托后开展绩效审计，在这一过程中，审计机关应用了很多数据分析方法。

三是抽样调查法，具体是审计人员在开展审计测试的过程中，筛选一部分代表性样本，这部分样本主要源自被审项目的总量，审计人员再对这部分样本进行审查。采用该方法对B市A公司轨道交通项目进行绩效审计时是根据审计人员抽取的样本所显示的审查结果来推断被审项目的总体数量特征的。

四是专家咨询法，为提升审计评价结果的科学性，审计组广开渠道，通过分别向相关领域的专家请教，获取了比较权威的信息，用于对该项目的评价。

在B市A公司轨道交通项目的审计调查中，审计单位并不仅限于上述方法，还应用了问

卷调查等方法。

4. 审计范围

审计范围包括A公司和延伸审计的10个与轨道交通规划、建设、管理和运营事务相关的部门、单位2011年至2015年3月轨道交通建设期间工程建设规划和运营情况，对工程的收入管理情况进行了全方位审计，重点审计了实施2015年度部门预算的实际情况，若有必要，还可以对以前年度的部门预算执行情况进行审计。

5. 审计依据

对A公司和延伸审计的10个与轨道交通规划、建设、管理和运营事务相关的部门、单位进行审计的依据是国家的法律和相关法规(如表3所示)。

表3　该项目审计依据

法　律	法规依据
《中华人民共和国审计法》《中华人民共和国审计法实施条例》《中华人民共和国环境保护法》《中华人民共和国合同法》《中华人民共和国招投标法》《中华人民共和国政府采购法》等有关法律	《B市审计监督条例》《B市政府投资项目审计监督条例》，B市市政府《关于地铁概算执行情况有关问题的备忘录》《B市轨道交通发展专项基金管理办法》，B市×局《关于B市地铁工程财务竣工决算的批复》《B市地铁还本付息资金方案》《B市地下铁道工程可行性研究报告》《B市地铁工程环境影响报告书》《B市地铁工程竣工环境保护验收调查报告》《机电设备国产化标准》《B市地铁乘客满意度调查报告》、国内地铁行业标准、科技成果鉴定书等

6. 审计流程

对A公司和延伸审计的10个与轨道交通规划、建设、管理和运营事务相关的部门、单位的审计沿着图2所示的审计流程开展，重点是选择审计领域、确定审计方案、组织实施、建立绩效审计指标体系、整理审计证据、形成审计结论与建议。

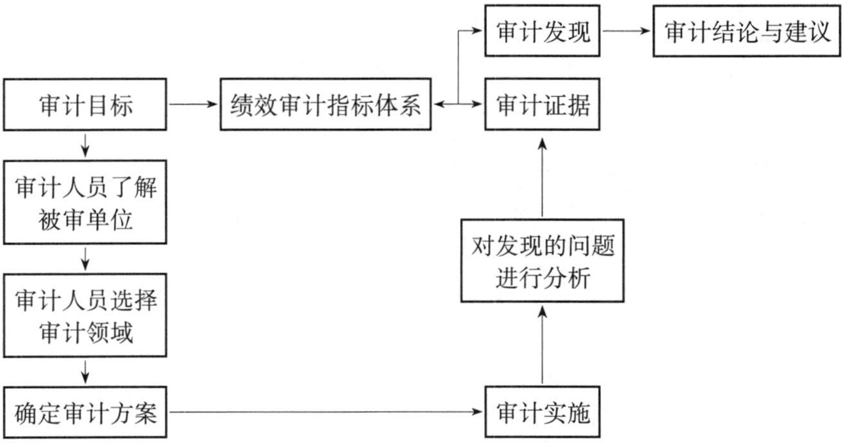

图2　轨道交通建设工程绩效审计流程

7. 审计内容与重点

该项目在预算、决算真实、合法的基础上，审计内容与重点放在审查A公司和延伸审计的10个与轨道交通规划、建设、管理和运营事务相关的部门、单位2011—2015年度轨道交通项目的规划等环节，对完成项目建设目标的情况进行有针对性的评价。有关该项目的绩效审计评价涉及的阶段和内容如表4所示。

表 4　　该项目绩效审计评价的内容

评价类型	评价项目	评价内容
规划阶段评价	项目目标	研究项目目标的合理性、可行性
	线路规划	研究线路方案和运营方案是否科学
决策阶段评价	决策程序	评价决策程序是否科学、合理
	决策内容	评价决策内容是否科学、合理
设计阶段评价	项目施工图设计	评价施工图的设计原则、技术标准等是否符合相关规定，设计内容是否完整
	项目成本预算	评价规划期间项目成本预算的合法性、真实性、准确性
建设阶段评价	资金管理	评价项目的资金筹措指标和资金使用指标
	建设管理	评价项目的招投标是否规范，合同管理、设备及材料管理是否符合相关规定
运营阶段评价	客流量	评价客流量、平均票价和平均成本是否达到预期估计
	平均票价	
	平均成本	

该项目重点审计 A 公司和延伸审计的 10 个与轨道交通规划、建设、管理和运营事务相关的部门、单位 2011—2015 年度轨道交通项目所实现的经济效益、社会效益和环境效益等，分析项目中存在的问题，针对性地给出审计意见，强化监督政府投资专项资金项目，充分发挥制约作用，这样可以让项目有相对更高的综合效益。该项目绩效审计的重点如表 5 所示。

表 5　　该项目绩效审计的重点

效益类型	分项评价	评价关注
经济效益	经济性	投入及整个过程中的成本，强调资源的最经济利用
	效率性	对投入与产出之间的关系进行审查，以确定是否达到成本效益最大化
	效果性	完成预算目标或实现计划目标的程度
社会效益	公平性	强调服务、产出和结果分配的过程要体现平等性，关注资源分配问题和社会发展中的差异问题
	安全性	评价项目在运营过程中是否存在安全隐患
环境效益	环境性	对自然资源的有效利用和对生态环境的有效维护，主要关注环境污染和环境保护问题
	可持续发展性	随着时间的推移，在经济、安全、有效、耐久的基础上，随着社会、经济的发展而发展，长期保持使用价值的性质

三、B 市 A 公司轨道交通绩效审计定性评价举例

(一) 经济效益定性评价

1. 经济性定性评价

在实施经济性定性评价的过程中，需要提高对投入和成本的重视程度，充分利用资源。本

文以土建成本为例加以阐述。土建成本的经济性指标可对土建成本进行有效衡量，衡量的过程中所采用的基准为全国各地铁线路单位里程造价均值，目标线路单位里程造价与基准存在一定程度的偏离，需要对这一偏离水平进行计算。对地铁建设的各项构成进行全方位分析，同时分析每一个构成部分的比重（如表 6 所示）。

表 6　　B 市 A 公司轨道交通建设平均成本构成

项　　目	每千米成本（万元）	占建设成本的比重（%）
前期准备	3 090	5.70
征地、拆迁	4 653	8.58
土建	19 654	36.24
车辆	5 393	9.94
车辆段及停车场	2 441	4.51
机电设备	10 744	19.81
建设期贷款利息	2 553	4.71
其他费用	5 701	10.51
合　计	54 229	100.00

数据来源：《B 市 A 公司轨道交通全寿命周期成本分析报告》。

分析表 6 能够了解到，B 市 A 公司轨道交通建设项目的成本囊括了多个方面：在工程前期准备阶段所支付的费用，在征地拆迁阶段所付出的成本，在土建阶段需要付出的成本，在车辆段上需要支付的费用，在停车场上需要承担的成本，在购买机电设备上的支出，在建设期需要支付的贷款利息，还包括其他费用。土建部分的支出在轨道交通建设项目中占比最高，达到 36.24%，在平均每千米成本方面，根据表 6 的数据可知，已达到 1.96 亿元，主要包括三个部分，分别是车站、区间和轨道（如表 7 所示）。其次为机电设备，其在轨道交通建设项目中也占极大的比重，达到了 19.81%，在每千米成本方面达到 1.07 亿元。B 市拥有相对较高的人口密集度，这使得轨道交通建设项目面临相对较多的征地拆迁费用，占比达到 8.58%。B 市 A 公司轨道交通需要大量建设资金，分析其资金来源可知，多数源自银行贷款，在建设期，B 市 A 公司轨道交通建设项目需要支出非常多的贷款利息，在建设总成本中所占的比重达到 4.71%。

表 7　　B 市 A 公司土建工程建设平均成本构成

土建分项	每千米成本（万元）	占土建成本比重（%）	占建设成本比重（%）
车　站	10 286	52.33	18.97
区　间	8 362	42.55	15.41
轨　道	1 006	5.12	1.86
合　计	19 654	100.00	36.24

数据来源：《B 市 A 公司轨道交通全寿命周期成本分析报告》。

从表 7 可以看出，在土建工程中，车站的建设成本最高，车站每千米成本为 1.03 亿元，在整体土建成本中的占比达到了 52.33%，其在建设成本中所占的比重也非常高，为 18.97%；区间每千米成本为 8 362 万元，在整体土建成本中占有 42.55%的比重，在建设成本中所占的比重也十分高，为 15.41%。轨道每千米成本是 1 006 万元，占土建成本的比重为 5.12%，占建设成本的比重为 1.86%。

以 B 市地铁×号线为例，A 公司根据地铁×号线初步设计概算 154 亿元的投资，确定了政府投资 90%、社会资本投资 10%的投资比例。政府投资主要用于土建工程，社会投资主要用于机电设备，每千米造价 5.37 亿元。施工工程的投资额约为 107 亿元，约占总投资额的 70%。机电设备的投资和建设包括车辆、铁轨、信号、自动售检票系统等，投资额约 47 亿元，约占总投资额的 30%。B 市地铁×号线拥有 28.165 千米的长度，有 27.9 千米的地下线，所设置的车站数量总共有 24 座，其中地面车站仅有一座，其余全部为地下车站。

从上述数据可以看出，在每千米成本上，土建工程的该项数据为 19 654 万元，其在建设成本中所占的比重非常高，为 36.24%；机电设备的该项数据为 10 744 万元，其在建设成本中所占的比重相对较高，为 19.81%；其他项目的建设成本较低。

对 B 市地铁线路的铺设方式进行分析可知，项目主要采用了三种方式，分别为地面线、高架线和地下线。一些学者提出，走线选择存在的差异在很大程度上会影响土建工程的成本。地面线土建工程的造价相对较低，高架线土建工程的造价相对高一些，而地下线土建工程的造价最高，其比例具体为 1∶1.8∶2.5。在实施绩效审计的过程中，若重点考虑经济性，地面线展现出最高的经济性，高架线的经济性次之，经济性最差的就是地下线。A 公司承建的地铁×号线地下线比较长，所以经济性有待提高。

2. 效率性和效果性定性评价

B 市 A 公司项目的轨道交通客运量贡献率可实现对项目效率以及效果的有效衡量，同时在一定程度上可以对缓解公共交通压力的贡献程度进行衡量。本文收集并整理了 2006—2015 年 B 市 A 公司轨道交通建设项目的相关数据(如图 3 所示)。可以看出，2006—2015 年，B 市 A 公司轨道交通建设项目对公共交通总客运量的贡献率在 2006 年到 2007 年出现了一定程度下降，但降幅不大，整体呈现上升趋势，由 2006 年的 15%攀升至 2015 年的 45%。绩效审计意见得出，B 市 A 公司的轨道交通建设项目在很大程度上增加了公共交通客运量，这一建设项目对交通运输、城市经济发展发挥了重要作用。

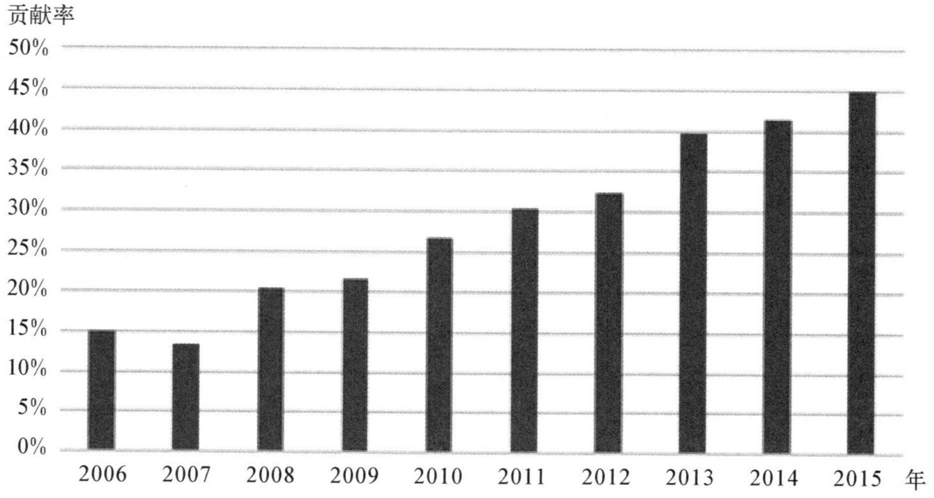

图 3　B 市 A 公司轨道交通建设项目对公共交通总客运量的贡献

（二）社会效益定性评价

轨道交通不断发展，这在一定程度上替代了传统地面交通方式。轨道交通高效、规模大，发挥着显著的客运分流作用，相对更少地出现交通事故。本文研究所采用的指标为轨道交通客运量和运营里程。B 市 A 公司轨道交通建设项目 2006—2015 年的相关指标如表 8 所示。

表 8　　地铁客运量、运营长度与交通事故发生率

年　份	运营里程（千米）	客运量（万人次）	道路交通事故数（起）
2006	114	70 306	5 808
2007	142	65 493	5 321
2008	200	121 660	3 943
2009	228	142 268	3 814
2010	336	184 645	4 279
2011	422	219 280	3 934
2012	465	246 162	3 196
2013	527	320 469	3 063
2014	554	338 668	3 268
2015	574	332 381	2 639

数据来源：B 市统计局、B 市公安局。

在自变量方面，本文研究主要选择了地铁运营里程和客运量；在应变量方面，本文研究主要选择了 B 市道路交通事故数，基于此来实现线性回归。

从图 4 可以看出，地铁运营里程在很大程度上关系到 B 市道路交通事故数，两者的关系即线性回归关系，在数据拟合度方面，本文给出的计算结果为 0.77。从数据上看，每增加 1 千米地铁运营里程，平均将减少 4.9 起道路交通事故。这意味着在地铁运营后，B 市道路交通事故会相对更少出现，使得 B 市有相对更高的交通质量。对其原因进行分析可知，B 市道路交通事故受多种因素的影响，如 B 市道路非常拥堵，拥有十分复杂的路况，这导致 B 市极容易发生交通事故。在这种背景下，很多人选择了轨道交通，这在一定程度上分流了公交车、出租车等，能够降低 B 市道路交通事故的发生率。

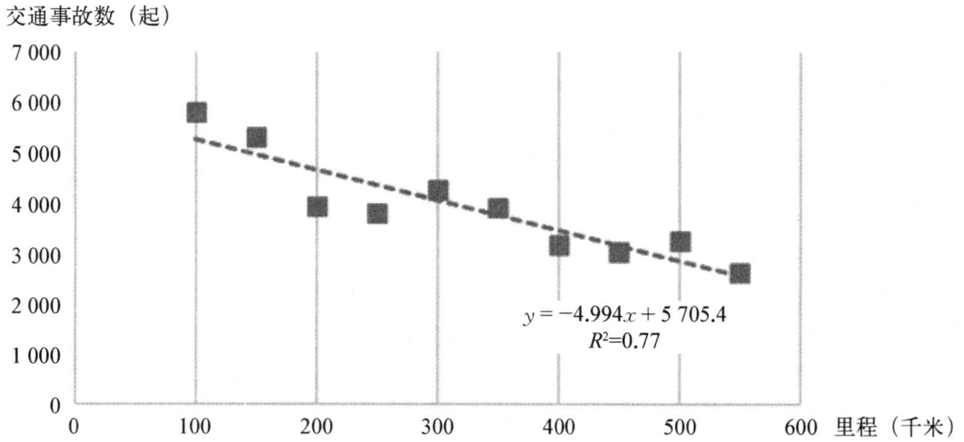

图 4　B 市道路交通事故数与地铁里程数的回归结果

分析图 5 能够了解到，地铁客运量与 B 市道路交通事故数也存在明显的线性回归关系，拟合度为 0.78。地铁客运量每增加 1 000 万人次，B 市道路交通事故数将减少 8 起。

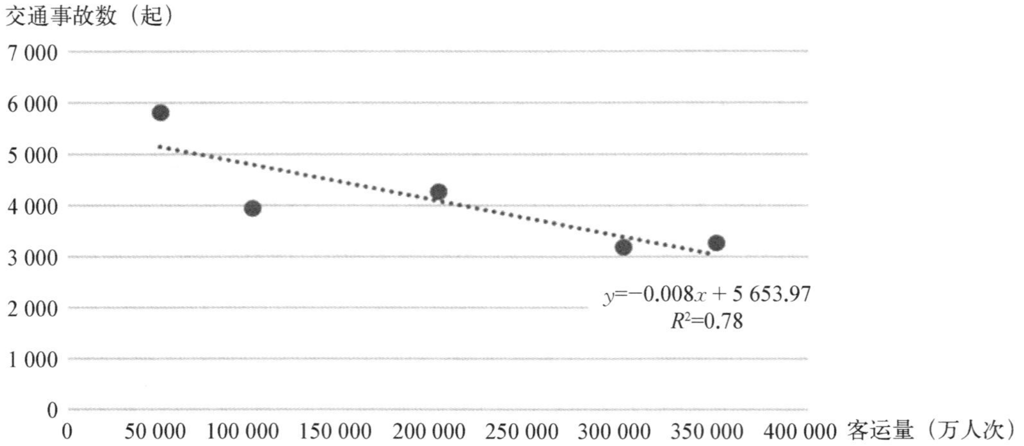

图 5　地铁客运量与 B 市交通事故发生数回归结果

在绩效审计中，对 B 市 A 公司轨道交通建设项目中轨道交通道路事故这个效率性指标进行衡量，结果表明轨道交通运营效率较高。经统计发现，轨道交通的发展对保障道路畅通起到积极作用；不过作用有限，必须要结合实际情况调整。

（三）环境效益定性评价

随着我国经济增速从高速增长转为中高速增长，经济的增长不再一味追求 GDP 的增长，而是在经济发展的同时兼顾环境效益。在 B 市 A 公司轨道交通建设项目中，环境效益是一个较为重要的参考指标，开发和提高轨道交通的建设和运营能力，一方面有助于缓解地面交通压力；另一方面有助于减少地面私家车的使用量，从而减少汽车尾气的排放量，缓解 B 市的空气质量问题。同时，从长远角度来看，建设城市轨道交通可以更好地提高城市资源的利用率，将地面闲置出来做其他方面的备用，也符合环境效益的要求。

四、B 市 A 公司轨道交通绩效审计定量评价举例

定量指标是指通过对已有数据的精确计算而取得评价指标。所有定量指标均有对应的预期值，以便与所计算的指标值相比较，从而寻求现有方案需要改进的地方。

以财政部规范性文件《财政支出绩效评价管理暂行办法》（财预〔2011〕285 号）为基础，构建财政专项资金绩效审计评价指标体系，所运用的定量指标具体如下：

财政专项资金到位率：财政专项资金到位率是指实际到位与计划到位的比值，是评价专项资金是否及时到位以及是否足额到位的一个重要参考指标，并进一步分析，若没有及时到位，对工程进度有何影响。

阶段实际资金使用率：在实施方案的不同阶段，专项资金的使用情况存在差异，该指标可对这些资金的使用情况进行评价，是财政专项资金整体使用的细化。

公用支出使用率：该指标在实践中可以对公用资产支出情况进行有效评价，可以对这部分支出的使用效率以及所达到的效果进行评价。

财政专项资金使用结余比：该指标在实践中可以对资金结余数和相应的比例进行评价，

同时反映项目的进度以及资金是否被合理利用。

财政专项资金的总体效益：该指标可以评价财政专项资金的总体使用效果。该指标为总括指标。

财政专项投入成本降低率：财政专项资金的实际使用额度在一定程度上偏离预期计划，该指标在实践中可以反映这一差额率。

总资产周转率：在财政专项实施阶段，净资产处于变化中，其与总资产存在一定的比率，该指标在实践中可以反映这一比率。

专项资金拨付比率：该指标在实践中可以对使用财政专项资金所达到的效果进行衡量，反映各部门拨付资金是否及时到位。

公众满意度：该指标是对财政专项资金使用的整体评价，包括项目决策、项目实施、项目管理等公众的满意度。

（一）财政专项资金绩效审计评价指标体系结构

综合前文讨论，接下来本文将构建财政专项资金绩效审计评价指标体系。

1. 实现通用评价指标体系的有效构建

对财政专项资金的实际运作情况进行充分考虑，对相应的环境效益等进行充分思考，在此基础上实现通用评价指标体系的有效构建（如表 9 所示）。

表 9　　财政部通用评价指标体系

阶　　段	评 价 指 标	评价目标
财政专项资金设立阶段	财政专项资金设立依据的充分性	经济性
	财政专项资金的合理性	
	财政专项资金的合规性	
	绩效目标设置的合规性	
	目标设立的合理性	
	项目的公共性	
	项目可行性论证的合格比率	
	专项资金管理制度的健全性	
财政专项资金立项阶段	管理制度的有效性	经济性
	重复交叉立项率	
	虚假立项率	
	项目招投标率	
	人力资源管理水平	
	财政专项资金使用效率： 财政、配套资金到位率 财政投入乘数 资金拨付进度符合率 项目资金运用率 项目进度比	

续表

阶　段	评 价 指 标	评价目标
财政专项资金运作阶段	财政项目运作效率： 项目成本节约率 采购绩效指标	经济性
	财政项目管理合规指标： 项目管理机构的健全性 项目管理制度的完备性 项目管理制度的执行性 项目调整变更的规范性 项目资金的违法违规率	
	管理合规指标： 验收合格率 项目工程结算率 项目数量	效率性
财政专项资金项目完成阶段	经济效果指标： 项目质量合格(优良) 项目投资回收期 项目财政贡献率	效果性
	社会效果指标： 项目的可持续性 群众收益率 社会满意度	
	环境效果指标： 综合污染指数	

2. 基本评价指标体系

以通用财政专项资金项目评价指标体系为基础，在设立阶段等实现财政专项资金项目基本评价体系的有效构建(如表10和表11所示)。

表10　　基本评价指标体系分阶段说明

评 价 指 标	具 体 指 标	指 标 说 明	指标属性
专项资金设立的决策制定	专项资金设立与计划的符合程度	专项资金设立与项目计划相结合	定性指标
	决策机制的科学有效性	评价财政专项资金的设立是否科学有效	定性指标
专项资金的分配	分配总额的真实准确性	评价财政专项资金是否按预期发放	定性指标
	分配总额的合理性	评价资金总额的分配是否公正合理	定性指标
	专项资金到位率	评价财政专项资金是否及时足额到位	定量指标
财政项目的执行	阶段实际资金使用率	评价财政专项资金每一阶段的使用情况	定量指标
	公用支出使用率	评价财政专项资金的使用效率和效果	定量指标
	专项资金使用结余比	评价财政专项资金使用的结余数量及比例	定量指标

续表

评价指标	具体指标	指标说明	指标属性
财政项目的执行结果	财政专项资金总体效益	评价财政专项资金的总体使用情况	定量指标
	财政专项资金成本降低率	评价财政专项资金的实际使用与预期计划的差额率	定量指标
	专项资金拨付比率	评价财政专项资金的使用效果	定量指标
	公众满意度	对财政专项资金使用的整体评价	定量指标

表 11　财政部财政专项资金绩效审计评价指标框架

一级指标	二级指标	三级指标	指标解释
项目决策	项目目标	目标内容	目标明确、量化
	决策过程	决策依据	是否符合年度工作计划
		决策程序	是否符合申报条件
	资金分配	分配方法	是否根据相关管理办法分配
		分配结果	分配结果是否合理
项目管理	资金到位	到位率	实际到位÷计划到位
		到位时效	资金是否及时到位
	资金管理	资金使用	支出依据是否合规
		财务管理	资金支出制度是否健全
	组织实施	组织机构	机构是否健全、分工是否明确
		管理制度	是否有健全的管理制度
项目绩效	项目产出	产出数量	产出数量是否达到绩效目标
		产出质量	产出质量是否达到绩效目标
		产出时效	产出时效是否达到绩效目标
		产出成本	产出成本是否达到绩效目标
	项目效益	经济效益	项目实施是否产生经济效益
		社会效益	项目实施是否产生综合效益
		环境效益	项目实施是否会对环境造成影响
		可持续影响	对人、环境是否有可持续影响
		服务对象满意度	服务对象对项目的满意程度

结合表 11，我们制定 B 市 A 公司轨道交通绩效审计评价指标体系层次结构模型（如表 12 所示）。

表 12　　B 市 A 公司轨道交通通用评价指标体系

目　标	维　　度	评 价 指 标
经济性评价	项目决策	目标设立
		决策依据
		决策程序
	项目管理	项目监督
		组织机构
		管理制度
	资金管理	资金到位
		资金使用
		财务管理
效率性评价	数量指标	轨道交通运营能力
		投入产出比率
		非高峰时段载客率
	成本指标	运营成本占收入的比率
	质量指标	轨道交通车辆维修率
效果性评价	经济效果	轨道交通净收入
	社会效果	受益群众数量
		带动周围基础建设发展
	生态效果	减少私家车出行数量
	受众对象满意度	公众满意度
		轨道交通项目单位满意度

结合已有文献，使用 yaahp 软件技术手段(限于本文篇幅原因，在此不做具体阐述)，得到财政专项资金绩效审计评价体系权重(如表 13 和表 14 所示)。

表 13　　B 市 A 公司轨道交通财政专项资金绩效审计评价指标体系权重

指　　标	权　　重
目标设立	0.10
决策依据	0.05
决策程序	0.05
项目监督	0.04
组织机构	0.01
管理制度	0.02
资金到位	0.01
资金使用	0.02
财务管理	0.03

续表

指　　标	权　　重
轨道交通运营能力	0.10
投入产出比率	0.02
非高峰时段载客率	0.03
运营成本占收入的比率	0.16
轨道交通车辆维修率	0.03
轨道交通净收入	0.16
受益群众数量	0.05
带动周围基础建设发展	0.01
减少私家车出行数量	0.08
公众满意度	0.02
轨道交通项目单位满意度	0.01

表 14　　B 市 A 公司轨道交通财政专项资金绩效审计评价体系各级指标权重

目　标	权　重	维　度	权　重	评 价 指 标	权　重
经济性评价	0.33	项目决策	0.2	目标设立	0.1
				决策依据	0.05
				决策程序	0.05
		资金管理	0.06	资金到位	0.01
				资金使用	0.02
				财务管理	0.03
		项目管理	0.07	组织机构	0.01
				管理制度	0.02
				项目监督	0.04
效率性评价	0.34	数量指标	0.15	轨道交通运营能力	0.10
				投入产出比率	0.02
				非高峰时段载客率	0.03
		成本指标	0.16	运营成本占收入的比率	0.16
		质量指标	0.03	轨道交通车辆维修率	0.03
效果性评价	0.33	经济效果	0.16	轨道交通净收入	0.16
		社会效果	0.06	受益群众数量	0.05
				带动周围基础建设发展	0.01
		生态效果	0.08	减少私家车出行数量	0.08
		受众对象满意度	0.03	公众满意度	0.02
				轨道交通项目单位满意度	0.01

根据B市A公司财政专项资金绩效审计评价指标体系权重进行加权计算，确定评分表分值(如表15所示)。

表15　B市A公司轨道交通财政专项资金绩效审计评价体系评分表分值

目　标	权　重	维　度	权　重	评 价 指 标	权　重
经济性评价	33	项目决策	20	目标设立	10
				决策依据	5
				决策程序	5
		资金管理	6	资金到位	10
				资金使用	2
				财务管理	3
		项目管理	7	组织机构	1
				管理制度	2
				项目监督	4
效率性评价	34	数量指标	15	轨道交通运营能力	10
				投入产出比率	2
				非高峰时段载客率	3
		成本指标	16	运营成本占收入的比率	16
		质量指标	3	轨道交通车辆维修率	3
效果性评价	33	经济效果	16	轨道交通净收入	16
		社会效果	6	受益群众数量	5
				带动周围基础建设发展	1
		生态效果	8	减少私家车出行数量	8
		受众对象满意度	3	公众满意度	2
				轨道交通项目单位满意度	1

在财政专项资金绩效审计体系中，有定量、定性指标。定量指标源自量化数据，不过实践中无法量化定性指标，相应的标准线很难制定。为了解决这一问题，审计人员必须进行主观判断，如何科学合理地对定性指标实施衡量对整个财政专项资金绩效审计显得尤为重要。为了更好地发挥定性指标在财政专项资金绩效审计中的作用，本文在查阅大量文献的基础上，加上实地调研，最终选择区间评分法，使定性指标数量化，从而使评价变得更加容易。评价指标的分值在此次研究中主要采用了百分制，在文献阅读的基础上划分评价指标的分数，详细如下：

(1) 比率类指标，囊括了资金分配率等。对相关文献进行阅读查找，检索相关记录，结合实践经验，从这一角度确定这一类指标。

(2) 管理类指标，囊括了项目监督等。对相关文献进行阅读查找，检索相关记录，结合实践经验，基于此来确定这一类指标，对指标评分标准进行设定。

(3) 项目决策指标，囊括了项目满意度等。可对结果是否有效匹配预期目标进行衡量，基于评分标准进行等级划分——符合、基本符合、不符合。若项目有所不同,评价就会有不同的界定。

(4) 经济效益指标,囊括了轨道交通净收入等。对相关文献进行阅读查找,检索相关记录,结合实践经验,确定这一类指标。

(5) 环境效益指标,包括减少私家车出行数量、非高峰时段载客率、轨道交通运营能力等。高峰时段载客率和轨道交通运营能力需要结合相关已有文献、记录和经验加以确定。减少私家车出行数量可以采用评级指标"达到绩效指标""基本达到"以及"未达到"加以衡量。

(6) 公众满意度,主要反映项目在实施过程中以及项目实施后受益公众对项目的满意程度,可以采用评级指标"满意""基本满意"以及"不满意"进行明确(如表 16 所示)。

表 16　　B 市 A 公司轨道交通评价指标评分标准

指　标	评分标准		
	0—60 分	60—80 分	80—100 分
目标设立	不符合要求	基本符合要求	符合要求
决策依据	不清晰	基本清晰	清晰
决策程序	不完整	基本完整	完整
项目监督	监管不到位	基本到位	到位
组织机构	机构不完善	基本完善	完善
管理制度	未履行相关制度	基本履行	履行
资金到位	低于 65%	65%—85%	85%以上
资金使用	低于 65%	65%—85%	85%以上
财务管理	核算混乱	基本合规	合规
轨道交通运营能力	未达到指标	基本达到指标	达到指标
投入产出比率	低于 65%	65%—85%	85%以上
非高峰时段载客率	未达到指标	基本达到指标	达到指标
运营成本占收入的比率	高于 90%	85%—90%	低于 85%
轨道交通车辆维修率	高于 15%	5%—15%	低于 5%
轨道交通净收入	低于 65%	65%—85%	85%以上
受益群众数量	低于 65%	65%—85%	85%以上
带动周围基础建设发展	低于 65%	65%—85%	85%以上
减少私家车出行数量	未达到指标	基本达到指标	达到指标
公众满意度	不满意	基本满意	满意
轨道交通项目单位满意度	不满意	基本满意	满意

资料来源:评审专家组打分。

财政专项资金绩效评价审计小组按照相应的评分标准,或是财政专项的现状,结合所学知识进行评分,最后按照已确定的权重得出分数 P 值,P 值与评分呈正相关关系,与财政专项资金绩效审计效果呈正相关关系。审计人员将结果做了明确划分:当 $P \geqslant 85$ 时,评价结果为良好；当 $65 \leqslant P < 85$ 时，评价结果为一般；当 $P < 65$ 时，评价结果为不合格。

前述各指标体系和权重都已构建，本文的具体评分采用专家问卷调查法。我们发放了100份专家意见征询表，其中3份存在问题未进行回收，其他全部回收，调查完整度较高。专家意见征询表确定了专业化程度较高的评价指标，因此，其调查对象是高校审计专业教学实力较强的老师与相关工作人员。结合调查数据来看，工作时间超过10年的占比为35%，工作时间在5至10年的比例达到45%，不超过5年的比例达到20%；博士学历人数占比达到15%，硕士学历人数占比达到60%，本科学历人数占比达到25%。

就整体专家意见调查数据可以发现，高校教师或审计人员提供了理论参考依据或相应的实践操作数据。调查人员应当具有较高的文化程度，并保证专家意见结果的准确度。

（二）经济性评价

经济性分析主要包括项目决策、资金管理和项目管理。以下是参与项目评价的专家对B市A公司轨道交通绩效审计项目关于项目决策、资金管理和项目管理的各项评分及其原因。

项目决策包括目标设立、决策依据和决策程序。从项目决策指标方面来看，B市A公司轨道交通建设项目是按照中央的指示，地区自主安排的方式，展现出了政府引导的重要性，提高了群众参与度。B市A公司在城市轨道交通项目建设过程中，目标明确，且建设目标切实根据B市交通实际情况。目标的设立应当保证财政专项资金的合理利用，制定科学决策，严格按照决策流程实施。就经济性分析项目决策这一点来看，评分区间为80—100分，最后的评分结果为86分。

B市A公司轨道交通绩效审计项目资金管理可分为资金到位、资金使用、财务管理三个方面。资金的到位和使用以及财务管理对项目的顺利开展意义重大。B市A公司轨道交通项目中，中央筹集的财政资金到位率达到100%，省级等各地区群众筹集的第三方资金到位率达到94.17%，地方群众筹资到位率为97.26%。以上所取得的资金主要用于B市A公司轨道交通项目工程建设。相关审计专家查看了B市轨道交通项目资金的使用情况，其财务管理的核算符合相关规范，就经济性分析项目管理这一点来看，评分区间为80—100分，最后的评分结果为88分。

B市A公司轨道交通专项资金绩效审计项目的项目管理维度的评价指标主要有组织机构、管理制度、项目监督。B市A公司轨道交通专项资金涉及全市的交通发展以及空间资源的利用效率，地区相对分散，无法采取集中管理的方式。因此，该公司以多层次管理方法为主，并加大监督力度。但使用逐层管理程序较为复杂，且中间层级较多，所以A公司轨道交通项目的组织结构只能属于基本完善，管理制度相对健全，项目监督有一定难度，就经济性分析项目监督这一点来看，评分区间为60—80分，最后的评分结果为72分。

因此，在B市A公司轨道交通项目专项资金绩效审计的评价指标体系中，经济性指标的总体得分为246分。

（三）效率性评价

效率性指标包括数量指标、成本指标和质量指标。其中，数量指标有轨道交通运营能力、投入产出比率、非高峰时段载客率。轨道交通运营能力是项目实施的重要参考指标之一，其体现的是整个项目的运营情况，其与非高峰时段载客率一同用于评价B市A公司轨道交通项目专项资金的整体使用效果。通过审计专家专项打分可以看到，B市A公司轨道交通项目的运营能力和非高峰时段载客率基本符合预期指标，其投入产出比率在88%左右，因此，就效率性分析数量指标评价这一点来看，评分区间为80—100分，最后的评分结果为83分。

对于成本指标，本文运用了运营成本占收入的比率加以衡量。运营成本对收入的占比是衡量B市A公司轨道交通项目盈利能力的重要参考指标，对于B市A公司轨道交通项目关于财政专项资金的使用的盈利能力，通过专家打分评估法，我们得到了其运营成本占收入的比率约为83%，因此，就效率性分析成本指标评价这一点来看，依据评分标准，认为该方面评分总体为80—100分，实际评分为85分。

对于B市A公司轨道交通项目质量的评价，我们使用轨道交通车辆维修率这个比率加以衡量。降低轨道交通车辆维修率一方面体现轨道交通工具的质量，另一方面可以通过降低维修率来提高轨道交通的运营能力。B市A公司轨道交通的维修率在3%左右，因此，就效率性分析质量指标评价这一点来看，依据评分标准，认为该方面的评分总体为80—100分，实际评分为89分。

因此，在B市A公司轨道交通项目专项资金绩效审计的评价指标体系中，效率性指标的总体得分为257分。

（四）效果性评价

效果性评价主要包括经济效果、社会效果、生态效果和受众对象满意度。经济效果主要通过轨道交通净收入这一指标来衡量。轨道交通净收入是B市A公司轨道交通盈利能力的体现，通过审计人员和高校教师的打分可知，其比率约为90%。因此，就经济性分析项目质量指标评价这一点来看，评分区间为80—100分，最后的评分结果为87分。

社会效果的衡量主要包括受益群众数量和带动周围基础建设发展。B市A公司轨道交通项目建设的社会效果同样十分重要，它是项目建成使用成果最直接的体现，通过专家的评估，其比率均在85%以上。因此，就效果性分析质量指标评价这一点来看，依据评分标准，认为该方面评分总体为80—100分，实际评分为82分。

对于生态效果方面，可以使用减少私家车出行数量来衡量。减少对私家车的使用，增加对轨道交通的使用，一方面可以减少汽车尾气对环境的影响，另一方面可以有效利用城市整体空间资源。B市A公司轨道交通的使用在减少私家车出行数量方面符合预期目标。因此，就效果性分析指标评价这一点来看，评分区间为80—100分，最后的评分结果为88分。

受众对象满意度包括两个部分：一是公众满意度，二是轨道交通项目单位满意度。其中，公众满意度是针对轨道交通外部的，而轨道交通项目单位满意度是针对轨道交通内部的。通过这两个指标加以衡量，可以全面地对B市A公司轨道交通的效果加以总结和分析。B市A公司轨道交通在受众对象满意度方面为满意，就效果性分析质量指标评价这一点来看，将评分标准作为参考依据，这一指标的分数大多处于80—100分，最后的评分结果为89分。

因此，在B市A公司轨道交通项目专项资金绩效审计的评价指标体系中，效果性指标的总体得分为346分。

表17是B市A公司轨道交通项目专项资金绩效审计评价结果表。

表17　　B市A公司轨道交通项目专项资金绩效审计评价结果

二级指标	三级指标	权重	实际分值	最终分值
项目决策	目标设立	0.20	86	17.20
	决策依据			
	决策程序			

续表

二级指标	三级指标	权重	实际分值	最终分值
资金管理	资金到位	0.06	88	5.28
	资金使用			
	财务管理			
项目管理	组织机构	0.07	72	504.00
	管理制度			
	项目监督			
数量指标	轨道交通运营能力	0.15	83	12.45
	投入产出比率			
	非高峰时段载客率			
成本指标	运营成本占收入的比率	0.16	85	13.60
质量指标	轨道交通车辆维修率	0.03	89	2.67
经济效果	轨道交通净收入	0.16	87	13.92
社会效果	受益群众数量	0.06	82	4.92
	带动周围基础建设发展			
生态效果	减少私家车出行数量	0.08	88	7.04
受众对象满意度	公众满意度	0.03	89	2.67
	轨道交通项目单位满意度			
	总分值			**84.79**

按照评价标准来看，超过 90 分、80—89 分、70—79 分、60—69 分、不超过 60 分的等级分别为优秀、良好、中等、合格、不合格。B 市 A 公司轨道交通的总体评价分数为 84.79 分，这意味着无论是从经济性评价、效率性评价还是效果性评价，其评价结果都较为良好。但是，在该项目的绩效审计过程中也发现了不足，其管理方面存在较大漏洞，组织机构较不完整，管理制度存在纰漏，项目缺乏监督体系。因此，B 市 A 公司轨道交通项目在效率性方面还有提升的空间。

五、B 市 A 公司轨道交通专项资金绩效审计结果

（一）经济性情况评价

B 市 A 公司各条地铁线路平均单位车公里运营成本为 21.8 元，运营收入为 17.2 元；平均单位人公里运营成本为 0.84 元，运营收入为 0.48 元。总体而言，A 公司轨道交通项目的资产管理较为规范，设立固定资产台账，依照板块核算资产。根据 B 市 A 公司地铁各期运营收入和成本的预测值进行盈亏平衡分析，在完全成本下，B 市 A 公司地铁 10 年内难以实现运营收支平衡。

在建设方面，A 公司的实际投资比概算节约了五十多亿元。国产化设备的应用降低了工程造价。地铁×号线平均每公里造价 5.37 亿元，高于每公里造价 4 亿—5 亿元的全国平均水

平。个别单项工程存在超概算、部分费用核算不规范、工程造价高估等问题，影响了项目资金的经济性和效率性。

根据B市×局《某地铁×号线一期还本付息资金方案》，地铁×号线的贷款由政府承担全部本息。因此，剔除利息成本，加上资源收益，地铁×号线2019年将实现运营收支平衡。

（二）效率性情况评价

在2011年后，地铁×号线等拆迁结余资金总共达到了14.26亿元，这些资金有一部分滞留在财政部门，未到A公司的账户，导致轨道交通建设资金的压力进一步增大。与此同时，已通车的线路中有一部分尾工未正常施工，×号线等6条线路存在321项尾工未正常施工的问题，还有249项尾工在一定程度上降低了运营效率。结合审计趋势可以发现，今后几年，轨道交通建设的财政投入需要加大，并发挥社会资本的重要作用，结合该地区制定的建设规划，或是投资进度进行测算，今后轨道交通建设财政投入资金缺口将会进一步变大。

（三）效果性情况评价

B市A公司负责的地铁线自开通试运营后获得全新的发展，尤其是设备、安全、维护等趋势良好，运营管理指标呈现不断上升的发展趋势。至2014年年底，B市A公司总共负责轨道交通18条线路，运营里程达到528.2千米，比2010年年底的336千米增加了57.2%；2014年运送客流33.9亿人次，比2010年的18.5亿人次增加了83.2%；B市市民的各种交通方式出行构成中，轨道交通出行的比例达到22.4%，比2010年的12.6%提高了近10个百分点。B市A公司负责的轨道交通建设得到了极大的发展。其中，社会效益显著，改善了当地交通条件，缓解了交通拥堵，方便了B市市民出行；经济效益明显，优化了路网布局，促进了B市的经济发展，促进了城郊之间人口和资源的流动；环境效益突出，环保措施得力，沿线生态环境基本得到保护，为节能减排、建设"绿色"城市起到了有力的推动作用；项目质量控制得较好，项目运转正常。

（四）审计处理及整改情况

B市政府收到了来自B市审计局针对A公司负责的建设项目的审计报告，B市政府从该报告的实际情况出发做出了相应批示。针对征地拆迁结余资金滞留问题，各主管部门、项目业主单位、设计建设等单位积极采取有效措施，研究制订专门方案，敦促各区将征地拆迁剩余资金退回；针对部分线路的外部股东资本金不到位的问题，B市重大办协助建设单位协调相关外部股东，使项目资本金尽快足额到位；轨道交通和快轨公司与运营单位积极沟通协调，安排实施相关尾工，消除或减小对运营效率的影响；针对建设内容进行调整，使得投资资本进一步扩大，对轨道交通建设阶段进行更加充分的方案论证。

根据审计过程中出现的问题，各部门采取相应的整改措施。现阶段，A公司滞留的拆迁结余资金为14.26亿元，已退回8.96亿元。未实缴到位的6.86亿元股东资本金中，6.58亿元全部归位，未实施的321项尾工已完成了206项。结合近段时间轨道交通建设财政投入力度不足的问题，B市政府通过相应的会议，结合本市轨道交通融资方案，进一步完善A公司的经营模式，划分政企的职责，根据市政府的指示，保证轨道交通项目建设工作的正常开展，根据市场需求，将不同融资工具相结合，统筹规划，进一步提高运营效率，充分发挥其他社会资本的重要作用。

六、案例小结

在B市A公司开展的轨道交通建设项目的绩效审计过程中，根据政府投资项目的社会性、宏观性等特征，对审计项目效果做出准确评估，以确保审计项目达到审计目标。审计的环节采取了不同的审计方法，包括审阅法、数据分析法等，有利于保证审计结果的真实性。就审计流程来看，反映了专项资金绩效审计的特性。在审计评价过程中，按照审计目标或相应的绩效审计评价标准，对这一项目的经济、社会、环境效益做出合理评价，并提出参考意见，取得了一定的社会反响。

七、参考文献

[1] 审计署贸易审计局课题组，虞伟萍，汪春贵，张玉竹.中央财政专项转移支付资金分配审计的思考——基于2011年内贸发展专项资金分配审计的探索[J]. 审计研究，2013(1).

[2] 宋夏云.我国政府绩效审计人员的能力框架研究[J].会计研究，2013(4).

[3] 孙玮.政府重大投资项目绩效审计研究[D].天津财经大学，2016.

[4] 覃易寒.财政专项资金绩效审计现状与改进[J].时代金融，2010(8X)：31—32.

[5] 王会金.国外后新公共管理运动与我国政府绩效审计发展创新研究[J].会计研究，2014(10).

[6] 王师情.公共服务专项资金绩效审计研究——以S市道路智能停车项目为例[D].南京审计大学，2018.

[7] 王亚军.中铁十二局项目绩效审计研究——以NB轨道项目为例[D].沈阳工业大学，2018.

[8] 王姿懿. 财政专项资金绩效审计研究——以深圳市产业转型升级专项资金绩效审计为例[D].天津财经大学，2017.

[9] 吴治理.如何深化财政专项资金绩效审计[J].中国审计，2014(17)：34—36.

[10] 王忠华.降低城市轨道交通工程造价的有效措施[J].铁路工程造价管理，2011(1)：50—52.

[11] 辛宝华.浅谈政府投资建设项目的绩效审计[J].现代经济信息，2014(11)：178.

[12] 杨亚军. 国家审计推动完善国家治理路径研讨会综述[J].审计研究，2013(4).

[13] 尹冯强.城市轨道交通业绩效审计标准的研究[D].浙江财经大学，2013.

[14] 尹淑平，吴立权.论完善财政专项资金绩效审计评价[J].财会月刊，2011(13)：39—41.

[15] 张军，孙永军，余应敏. 财政审计与现代财政制度构建——基于国家治理视角的分析[J].审计研究，2015(4).

[16] 张庆娟.城市轨道交通成本构成分析——以地铁四号线为例[D].交通大学，2010.

[17] 张庆龙，沈征. 政府审计学[M].北京：中国人民大学出版社，2015.

[18] 张生.城市基础设施项目绩效审计指标体系研究[D].哈尔滨工业大学，2010.

[19] 张英杰.浅议地方政府财政绩效审计模式[J].经营管理者，2011(5X)：265—265.

[20] 赵耿毅.绩效审计指南[M].北京：中国时代经济出版社，2011.

[21] 祝玥.我国地方政府绩效审计研究——以南京市为例[D].南京大学，2018.

案例使用说明书

1. 本案例需要解决的关键问题

当前我国已经进入经济发展的新常态，新形势下的经济社会发展为我国财政专项资金的发展带来了新一轮的创新驱动，伴随着国家政府对财政专项资金的重视程度和支出数额的逐年攀升，如何提升我国财政专项资金的经济效益性是当前我国政府工作的难点之一，也是对我国财政专项资金绩效审计工作提出的更高的时代要求。因此，随着我国政府投资建设项目的不断增加，针对政府投资项目的投资绩效也更受关注。本文介绍了我国财政专项资金绩效审计的发展现状，通过对全国和B市财政专项绩效审计现状的分析，讲述了审计目的以及存在的问题，并以B市A公司轨道交通建设项目为例进行案例分析。本案例主要介绍了依据搭建好的理论框架，项目专项资金绩效审计实施的情况，运用绩效指标做审计评价，最后得出审计结果。在案例研究的基础上，指出案例中存在的问题，提出了加强财政专项资金绩效审计的措施。

2. 案例讨论的准备工作

(1) 需要学生事先掌握财政专项资金的相关理论及概念。

(2) 需要学生事先掌握政府审计的相关理论及概念。

(3) 需要学生事先掌握绩效审计的理论背景、行业背景和制度背景。

3. 案例分析要点

(1) 需要学生识别的关键问题：全国及B市的专项资金支出现状和绩效审计开展情况，B市财政专项资金绩效审计目前的结果及存在的问题，了解B市A公司轨道交通绩效审计案例简介，B市A公司轨道交通绩效审计定性评价举例，B市A公司轨道交通绩效审计定量评价举例，B市A公司轨道交通专项资金绩效审计结果。

(2) 根据与案例相关的知识点提出解决问题的方案，并评价这些方案的利弊得失。

本案例只有一个方案，希望学生以B市A公司轨道交通项目为例进行案例分析。本案例主要介绍了依据搭建好的理论框架，项目专项资金绩效审计的实施情况，运用绩效指标做审计评价，最后得出审计结果。在案例研究的基础上，指出案例中存在的问题，提出加强财政专项资金绩效审计的措施。

(3) 推荐解决问题的方案及具体措施：用政府财政绩效审计理论加以解决，具体从经济性、效率性、效果性三个方面，从定量和定性两个角度加以评价。

4. 教学组织方式

(1) 问题清单及提问顺序、资料发放顺序

开讲前，学生预习，教师列出问题清单及提问顺序，并发放资料。

(2) 课时分配(时间安排)

阅读1个小时，讨论2个小时。

(3) 讨论方式

情景模拟、小组式、辩论式等均可。

(4) 课堂讨论总结

小组得出结论，老师总结。

5. 其他

无。

宝钢股份：股权激励与公司金融资产配置

杨慧辉　楼倩倩

专业领域/方向：财务管理

适用课程：财务管理

编写目的：本案例旨在引导学生关注股权激励对公司资产配置的影响。根据本案例资料，一方面，学生可以思考公司的经营资产与金融资产配置决策的影响因素，以便更深入地理解金融支持实体经济；另一方面，高管作为公司的决策者，对公司的发展具有重大的影响，学生可以关注股权激励这种从理论设计上可实现管理层与股东利益趋同的有效改善管理层自利这一代理问题的长期激励机制对公司在金融资产配置决策方面的影响。

知 识 点：公司治理、股权激励、资产配置决策

关 键 词：金融资产配置、公司治理、股权激励

中文摘要：当前，公司金融化现象日益凸显，越来越多的非金融公司积极涉足金融资产投资。高管作为公司的决策者，对公司的发展具有重大的影响。本文通过分析宝钢股份限制性股权激励方案对其金融资产配置的影响及其经济后果，探究金融资产配置的不断加强对宝钢股份的实体产业会带来怎样的影响，以及什么样的股权激励方案的设计能够促进公司更好地发挥金融资产配置的“蓄水池”效应，以支持主业的发展。

英文摘要：More and more non-financial enterprises are actively involved in financial asset investment. The executives have a significant impact on the development of the enterprise. Through the influence of Baosteel's restricted stock incentive scheme on its financial asset allocation and its economic consequences, we explore how the financial asset allocation will affect main business, and what kind of equity incentive scheme can promote enterprises to better play the reservoir effect of financial asset allocation and support the development of the main business.

案　　例

随着金融化程度的不断加深，金融在经济增长中发挥着越来越重要的作用，改变着公司的储蓄、投资及创新模式，最终影响经济增长。在经济增速有所放缓、产能过剩问题突出的宏观环境中，实体产业的投资回报率降低，金融行业的投资回报率一直保持在高位。大量非金融上市公司积极加大对金融资产的投资力度，越来越多的非金融公司设立金融公司或收购金融机构，以拓宽业务范围。

钢铁行业作为第二产业，是我国重要的基础工业部门，是经济建设的基石。近年来，该行业产能严重过剩，受“去产能”政策以及宏观经济不景气的影响，钢铁行业的发展遇到了“瓶颈”。在此环境下，宝钢股份进行了金融资产的配置，而且随着其推行管理层的股权激励，其金

融资产配置的比重在不断提高。那么，股权激励是否会影响高管对公司金融资产的配置行为？

现阶段，非金融公司加大金融业务投资对公司实体业务存在正向和负向两个方面的影响。一方面，公司可以盘活闲置资金，实现闲置资本的增值，调节主营业务发展过程中出现的资金短缺问题，增强公司资金的流动性，发挥了“蓄水池”的作用，此种动机下的金融化不存在“脱实向虚”问题；另一方面，公司逐渐加大金融资产配置会通过挤占资金，减少对固定资产或研发支出等投资的可能性，不利于主业的发展，此种动机与习近平在多次谈话中提到的“金融要服务于实体经济”的思想相违背，是不值得提倡的。

接下来，让我们探讨宝钢股份股权激励与金融资产配置的行为存在何种关联，金融资产的配置又会给公司主业的发展带来什么影响。厘清这些问题，有助于我们更深刻地理解公司金融化加速趋势背后的逻辑，给公司平衡主营业务和金融资产，使金融更好地为实体产业服务提供参考。

一、宝钢股份的基本情况

宝山钢铁股份有限公司(简称“宝钢股份”)的前身是上海新建钢铁厂工程指挥部。2000年2月，宝钢集团公司创立宝钢股份。2000年12月，宝钢股份在上海证券交易所上市(600019)，经过四十余年的发展，宝钢股份已成为全球领先的现代化钢铁联合公司，主要经营业务以钢铁为中心，生产了不锈钢、碳钢、特钢三种重点产品，现拥有上海宝山、南京梅山、湛江东山等主要生产基地，生产的商品主要应用于汽车、家电、机械制造等行业。宝钢股份实行以钢铁行业为主业，电子商务、金融、化工、贸易配送等多业务多元化发展的经营模式，下设梅山钢铁股份有限公司、欧冶云商股份有限公司等14个事业部及子公司和8个海外子公司，服务范围辐射全国和海外。宝钢股份注重创新能力的培育，积极探索先进的生产制造技术，坚持走创新、开放之路。随着“互联网＋”的不断发展，公司大力推进制造业与互联网的融合，推进智慧制造，加强钢铁生态圈平台化服务的建设，为广大客户提供了更好的综合性服务解决方案。公司的愿景是成为钢铁行业的翘楚，成为具有竞争力的钢铁公司和具有投资价值的公司。

(一) 宝钢股份的经营情况

宝钢股份上市之初的总资产仅为389.67亿元，经过近20年的发展，至2018年年底，总资产已达到3 351亿元，增长了7.6倍。宝钢股份的营业收入总体呈现增长趋势。2012—2014年由于实体经济疲软，钢铁行业出现产能严重过剩现象，宝钢股份的营业收入开始下滑，2014年的营业收入为1 874.14亿元。2012年以后，我国大规模以上钢铁公司数量出现大幅增长，达到10 000家以上，与此同时，亏损钢铁公司数量和亏损总额也同步增加。2012年亏损钢铁公司数量达到2 064家，亏损钢铁公司比例接近20%，亏损总额为773.69亿元。由此可见，钢铁公司众多，产品同质化现象较为严重，行业竞争异常激烈。同时，我国钢铁行业面临产能过剩的困境，严重阻碍了钢铁公司的发展。因此，为了激发公司活力、保持公司在行业内的优势地位、提高公司竞争力，宝钢股份实施股权激励计划有其必要性。

(二) 宝钢股份的公司治理情况

为了通过在资本市场采用市场化的运作方式达到整合资源的目的，提高国有资产的使用效率，宝钢股份于2005年进行了股权分置改革，77.86%的非流通股上市流通。

宝钢股份建立了符合钢铁行业特点、支撑公司战略发展、适应公司生产经营的具有自身特色的公司治理结构，严格按照《中华人民共和国公司法》《中华人民共和国证券法》《上市公司治理准则》和《上海证券交易所股票上市规则》等有关法律法规的要求，加强科学治理，创新互动沟通渠道，保持良好的投资者关系，不断完善内部控制制度和全面风险管理体系建设，严格履行信息披露义务，有效提高公司治理运行质量。

宝钢股份董事会现共有10名董事，其中独立董事4名，占比40%。宝钢集团外部董事由贝克伟担任，由国资委直接委派，兼任宝钢股份董事。独立董事在战略及风险管理委员会中占比近1/7，由董事长陈德荣担任主任。审计委员会由4名董事组成，独立董事占3/4，由独立董事、会计学教授黄钰昌担任主任。薪酬与考核委员会成员均是外部董事，其中4/5是独立董事，由独立董事黄碧娟担任主任。审计委员会和薪酬与考核委员会均由独立董事担任主任，这样的人员组成能够满足审计及考核独立、公正的要求，为其高效运行夯实基础。

正是基于其技术实力及管理基础的相对扎实，宝钢股份在2014年3月发布了《A股限制性股票激励计划的议案》，至此，宝钢股份成为我国首家在国企混合所有制改革过程中试水股权激励机制的大型央企。

二、宝钢股份的股权激励方案

股权分置改革后，为了进一步优化公司治理结构，健全激励机制，2006年，证监会出台《上市公司股权激励管理办法(试行)》，揭开了中国A股上市公司激励机制改革的大幕。作为国资委下属的大型钢铁公司之一，宝钢股份是首家实行股权激励的央企试点公司。宝钢股份已经具备了较完善的股权治理结构，所以其优先对高管实施激励计划是较为合理的。宝钢股份为了进一步完善公司治理结构，改善公司长期激励机制，支持公司长期发展，充分调动公司核心管理人员和员工的积极性，在2006年12月、2014年5月和2018年1月启动了三个股权激励计划，其中，2006年的股权激励计划以失败告终，在吸取第一次股权激励计划失败的教训后形成了第二次股权激励计划。2014年5月20日，宝钢集团董事会审议并通过了《公司A股限制性股票计划(草案)》等议案。该议案的主要内容如下：

(一) 定价基准

本方案授予限制性股票时，定价基准不低于下列价格中的较高者：(1) 本方案公布前1个交易日公司标的股票收盘价(3.81元/股)；(2) 本方案公布前30个交易日公司标的股票平均收盘价(3.70元/股)；(3) 公司标的股票的单位面值(1元/股)。

(二) 授予价格

本方案授予价格按照定价基准的50%确定(保留小数点后两位，向上取整)，即1.91元/股。

(三) 获授条件

宝钢股份首期股权激励计划的授予条件主要对比了授予年度的前一财务年度，即2013年。在利润总额、营业总收入增长率以及EOS三个方面设置了考核目标。宝钢股份2014年的业绩达到了限制性股票的授予条件。

(四) 激励模式

本方案所采用的激励工具为限制性股票，即宝钢股份以二级市场回购的A股流通股向激励对象授予4 745.82万股限制性股票，授予数量约占公司总股本的0.288 1%；实施计划的有效期是6年，禁售期是2年，禁售期满后3年内匀速解锁；当解锁条件成就时，激励对象可按本方案的规定申请获授限制性股票的解锁。

(五) 激励对象

本次的激励对象主要是公司董事、高管、对公司综合业绩和长远发展有直接影响的核心技术人才和管理骨干，共136人。公司独立董事、监事，以及由公司控股公司以外的人员担任的外部董事，不得参与本计划；持股5%以上的主要股东或实际控制人及其配偶、直系近亲属，非经股东大会批准，不得参与本计划。

（六）限制性股票解锁条件

宝钢股权激励计划中限制性股票的解锁条件如表 1 所示。

表 1　　宝钢股权激励计划解锁条件

考核指标	解锁条件
利润总额	2015 年、2016 年及 2017 年利润总额分别达到同期国内对标钢铁公司平均利润总额的 2.5 倍、2.8 倍及 3.0 倍
吨钢经营利润	吨钢经营利润位列境外对标钢铁公司前三名，并完成国务院国资委下达宝钢集团分解至宝钢股份的经济增加值(EVA)考核目标
营业总收入	2015 年、2016 年及 2017 年营业总收入较授予目标值分别同比增长 2%、3%及 5%，分别达到 1 848 亿元、1 866 亿元及 1 903 亿元 2016 年及 2017 年的营业总收入增长率不低于同期国内同行业 A 股上市公司营业总收入增长率的加权平均值的 105%(同期加权平均值为负时，不低于同期加权平均值的 95%)
EOS	2015 年、2016 年及 2017 年的 EOS[息税、折旧及摊销前利润(EBITDA)÷营业总收入]不低于 10%，且不低于同期国内同行业 A 股上市公司 EOS 的 75 分位值

资料来源：《宝钢集团 A 股限制性股票计划》。

（七）解锁比例

限制性股票数量与个人业绩指标挂钩，按照激励对象所适用的绩效考核办法，根据激励对象在最近一个年度的考核结果，符合解锁条件的限制性股票解锁数量按表 2 的比例解锁。

表 2　　宝钢股权激励计划解锁比例

个人绩效评价结果		解锁比例
董事、高级管理人员	其他激励对象	
A	AAA、AA	100%
B	A	100%
C	B	80%
D	C	0%

资料来源：《宝钢集团 A 股限制性股票计划》。

三、宝钢股份的金融资产配置及获利

宝钢集团按内部组织结构划分为钢铁制造、加工配送、信息科技、电子商务、化工及金融六个经营分部。从表 3 可以看出，占主营业务收入较大比例的依然是宝钢集团主营的钢铁制造、加工配送业务，其营业收入已经进入负增长，2014 年的净利润维持在前一年的水平。钢铁行业中的大部分公司处于发展“瓶颈”期，处于产能过剩、利润持续摊薄的窘境。传统钢铁制造业由于其自身行业特征以及地方保护主义的原因，常常缺乏寻求多元发展的积极性，宝钢集团也不例外。由表 3 可知，信息科技、电子商务及金融分部的主营业务收入增长率为正值，尤其是电子商务分部，营业收入增长率达到 330.90%，这是 2014 年宝钢集团为谋求更大的发展，保持行业领先地位而积极拓展的新领域，在部署战略方面从传统的钢铁产品制造和加工运输“两轮”驱动扩大到电子商务、金融等领域。

表 3 宝钢集团主营业务分行业情况

分行业	营业收入（百万元）	毛利率（%）	营业收入同比增减（%）	毛利率同比增减（%）
钢铁制造	120 608.00	10.00	(6.00)	0.50
加工配送	163 105.00	2.60	(8.70)	0.40
信息科技	4 072.00	28.00	13.70	4.20
电子商务	15 109.00	0.50	330.90	(0.60)
化工	9 219.00	8.90	(15.70)	(0.60)
金融	619.00	53.00	6.00	(0.60)

资料来源：宝钢集团年报。

宝钢财务公司是由宝钢股份持股 62.10%、宝钢集团持股 35.18%，在 1992 年成立的全国性非银行金融机构，业务范围包括委托贷款及委托投资、成员单位的存贷款、同业拆借、有价证券投资以及融资租赁等综合金融服务，紧密围绕产融结合，秉承“立足集团、服务集团”的宗旨。当时，钢铁行业处于“寒冬”阶段，受产能过剩问题的影响，普遍存在贷款难、融资难等问题。2014 年，宝钢财务公司充当“银行”，受理了下属控股子公司——宝钢德盛不锈钢有限公司的国债回购等理财业务，受托理财规模达 37.8 亿元，收取手续费 20.8 万元。除此之外，其向宝钢集团下属控股子公司一共提供贷款 97.3 亿元，贷款余额为 9.0 亿元，获取贷款利息收入 1.0 亿元，贴现 0.9 亿元，年末余额 3.8 亿元，获取贴现利息收入 0.4 亿元。

（一）宝钢股份 2010—2018 年资产配置情况

宝钢股份 2010—2018 年资产配置情况如表 4、表 5 和表 6 所示。

表 4 宝钢股份 2010—2018 年资产配置 单位：亿元

项目	2018 年	2017 年	2016 年	2015 年	2014 年	2013 年	2012 年	2011 年	2010 年
流动资产									
货币资金	169.6	178.6	140.2	78.17	121.0	128.8	88.51	143.8	92.01
以公允价值计量且其变动计入当期损益的金融资产	20.25	17.26	11.23	8.729	1.806	0.287 4	0.895 8	3.528	—
应收票据及应收账款	418.3	439.4	327.1	173.5	192.7	234.2	209.6	198.4	146.1
其中：应收票据	291.3	318.6	172.4	81.93	92.22	121.5	124.1	128.6	78.80
应收账款	127.0	120.8	154.7	91.58	100.5	112.7	85.51	69.84	67.29
预付款项	63.28	80.18	111.6	41.60	29.24	30.64	37.16	52.98	54.64
其他应收款合计	31.76	27.60	22.56	15.14	16.39	24.46	23.69	14.86	11.16
其中：应收利息	0.142 3	0.135 7	1.408	2.942	5.474	7.403	9.485	0.117 6	0.080 98
应收股利	0.164 3	0.450 4	0.711 2	1.629	0.113 0	6 089	0.336 4	2.466	0.192 0
其他应收款	31.46	27.01	20.44	10.57	10.80	16.45	13.87	12.28	10.89
买入返售金融资产	5.000	35.84	—	21.40	5.950	0.910 0	—	—	—

续表

项　　目	2018 年	2017 年	2016 年	2015 年	2014 年	2013 年	2012 年	2011 年	2010 年
存货	415.1	394.9	495.8	235.2	268.2	310.9	288.7	373.9	380.3
一年内到期的非流动资产	—	5.480	48.25	45.00	63.59	47.60	48.80	4.839	1.504
其他流动资产	77.68	153.7	210.9	80.33	44.99	2.770	—	—	—
流动资产合计	1 201	1 333	1 368	699.0	743.9	780.6	697.4	792.3	688.6
非流动资产									
发放委托贷款及垫款	55.81	39.42	33.18	22.38	29.49	30.72	27.63	34.10	39.32
可供出售金融资产	126.4	130.2	132.6	109.2	104.5	99.38	72.08	15.05	12.54
长期应收款	3.023	3.234	2.645	45.79	90.12	135.1	180.4	0.273 9	—
长期股权投资	189.9	172.9	104.8	50.10	49.63	47.52	47.99	44.98	44.32
投资性房地产	4.666	4.379	3.643	3.733	4.507	4.756	4.775	4.875	1.546
固定资产	1 507	1 542	1 639	910.7	829.0	862.2	794.5	1 154	1 177
在建工程	77.65	101.0	124.8	336.3	267.6	151.7	153.8	162.8	97.63
工程物资	—	1.201	6 270	0.554 3	1.730	2.323	1.112	8.058	5.041
无形资产	123.1	123.8	124.2	92.51	91.37	68.78	67.59	81.26	81.49
商誉	5.240	5.209	4.878	—	—	—	—	—	—
长期待摊费用	13.93	13.31	11.70	10.57	11.00	8.860	9.062	4 202	0.188 3
递延所得税资产	28.97	24.14	22.82	15.21	18.26	20.89	20.71	11.89	11.35
其他非流动资产	14.68	9.694	18.32	45.14	45.53	54.18	132.0	1.204	1.210
非流动资产合计	2 151	2 169	2 223	1 642	1 543	1 486	1 512	1 519	1 472
资产总计	3 351	3 502	3 591	2 341	2 287	2 267	2 209	2 311	2 161

资料来源：宝钢集团年报。

表 5　　宝钢股份 2014—2015 年部分金融资产情况　　单位：亿元

年　　份	2014 年 1—6 月	2014 年 6—12 月	2015 年 1—6 月	2015 年 6—12 月
以公允价值计量且其变动计入当期损益的金融资产	3.07	1.81	17.27	8.73
可供出售金融资产	12.26	104.48	106.10	109.24

资料来源：宝钢集团半年报。

表 6　　宝钢股份 2014 年可供出售金融资产情况

可供出售金融资产		占公司股权比例（%）	投资期限
证 券 代 码	证 券 简 称		
000983	西山煤电	1.35	
601699	潞安环能	0.51	

续表

可供出售金融资产		占公司股权比例（%）	投资期限
证券代码	证券简称		
600508	上海能源	0.77	
600997	开滦股份	0.38	
601001	大同煤业	0.22	
债券	政策性金融债		一年以上
	公司债		一年以下
	公司债		一年以上

资料来源：宝钢集团年报。

（二）宝钢股份 2010—2018 年收益情况

宝钢股份 2010—2018 年收益情况如表 7 所示。

表 7 宝钢股份 2010—2018 年收益情况 单位：亿元

项目	2018 年	2017 年	2016 年	2015 年	2014 年	2013 年	2012 年	2011 年	2010 年
营业总收入	3 052	2 895	2 464	1 641	1 878	1 900	1 915	2 229	2 024
营业收入	3 048	2 891	2 462	1 638	1 874	1 897	1 911	2 225	2 021
利息收入	4.108	3.927	2.391	3.216	3.716	3.345	3.716	3.463	2.601
手续费及佣金收入	0.145 8	0.121 5	0.125 6	0.060 19	0.038 04	0.030 49	0.049 71	0.055 62	0.041 99
其他经营收益									
公允价值变动收益	1.897	−1.841	1.028	0.056 58	0.233 5	0.275 9	−0.129 8	−0.073 06	0.120 6
投资收益	41.23	30.42	10.75	10.38	3.789	6.841	10.77	6.305	8.267
其中：对联营公司和合营公司的投资收益	13.59	6.726	316.2	0.780 2	1.549	1.748	0.688 6	2.602	4.449

资料来源：宝钢集团年报。

（三）宝钢股份 2010—2018 年投资支付情况

宝钢股份 2010—2018 年投资支付情况如表 8 所示。

表 8 宝钢股份 2010—2018 年投资支付情况 单位：亿元

投资活动现金流出小计	2018 年	2017 年	2016 年	2015 年	2014 年	2013 年	2012 年	2011 年	2010 年
购建固定资产、无形资产和其他长期资产支付的现金	127.6	132.8	149.4	239.8	216.1	139.6	141.6	150.7	132.5

续表

投资活动现金流出小计	2018年	2017年	2016年	2015年	2014年	2013年	2012年	2011年	2010年
投资支付的现金	729.3	1 064	781.8	309.7	49.28	57.15	127.6	43.41	59.77
取得子公司及其他营业单位支付的现金净额	—	—	0.157 4	0.036 53	—	−0.024 92	−0.014 23	−0.064 28	—
支付其他与投资活动有关的现金	0.586 1	1.826	1.834	6.484	1.229	9.242	15.57	0.029 77	0.417 1

宝钢股份布局互联网金融有其独特的优势和内部逻辑（如图1所示）。数据、资金、平台正是其成功的三大条件。“东方付通”是为宝钢股份客户提供大额支付服务的第三方支付通道，支持即时到账的B2B线上交易，从而提高交易效率和资金流通速度。“宝付通”是面向宝钢和宝钢产业链上下游客户设立的在线支付平台。宝钢财务公司由于与深圳发展银行、上海浦东发展银行等多家银行合作，因此具有面向多家银行的“万向节式”结算通道。“宝融通”旨在为宝钢产业链上下游客户提供在线供应链融资服务，除了可完成线上授信、融资及还款业务外，还可完成线上票据贴现、获得票据质押贷款，从而实现对现金流的高效管理。“宝利通”是通过资本市场为客户提供理财服务的金融平台。“宝利通”提供包括基金、信托等理财产品，是资金保值增值的通道。当钢铁行业交易不活跃时，客户可将闲置资金通过“宝利通”提供的接口选择购买理财产品。

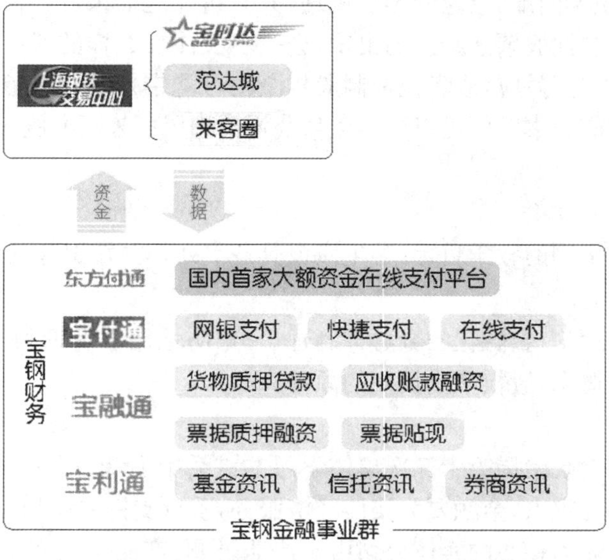

图1　宝钢股份金融布局情况

金融业务已经成为宝钢集团必不可少的一环，能起到“蓄水池”的作用，为宝钢发展别的业务板块提供资金支持。如今的宝钢已经从钢铁公司转变为金融控股集团。

宝钢布局金融始于1993年，那年宝钢集团成立财务公司，初建金融平台，先后投资华泰财险公司及新华人寿保险股份有限公司；1998年收购舟山市信托投资公司；2002年收购中国太平洋保险（集团）股份有限公司23%的股份，成为全国股份制商业保险公司的大股东。华宝投资有限公司成立于2007年，已形成包括银行、保险公司、信托公司、证券公司、期货公司、基金公司在内的金融链条,使宝钢金融产业市值达到与钢铁主业并驾齐驱的态势。在新常态下,财务公司已经不仅仅扮演着宝钢集团资金结算中心的角色,而是作为宝钢集团的金融平台和价值创造者。2009 年,宝钢通过二级市场出售所持中国太平洋保险股份,当年第四季度套现逾 10 亿元。自 2010 年以来,宝钢成为多家上市公司的大股东,间接参与五十多只投资基金,账面利润近 500 亿元,在二级市场上的运营资金达两百多亿元。截至 2015 年年底,华宝投资持有中国太保 14.17%的股份,持有华宝证券有限责任公司 83.07%的股份,持有法兴华宝汽车租赁(上海)有限公司 50%的股权。2017 年 9 月,宝钢股份出于"适度非钢投资"的目的拟收购澳大利亚和新西兰银行集团有限公司持有的上海农村商业银行股份有限公司 10%的股权,收购对价 45.95 亿元。宝钢进军金融业,是为公司下一次合并和收购埋下伏笔。控制金融公司不仅使其拥有 10 倍以上的资本控制权,而且使其拥有充足的并购资金和稳定的金融现金流。在钢铁行业不景气的情况下,金融业务的业绩对宝钢集团来说无疑是雪中送炭。尤其是在 2015 年,原宝钢集团钢铁主业亏损 84.5 亿元,而非钢业务盈利近百亿元。在近百亿元盈利中,华宝投资实现营业收入 56.67 亿元、利润 28.26 亿元(均不含"中国太保"),管理资产规模 7 630 亿元。

案例使用说明书

1. 本案例要解决的关键问题

本案例要实现的教学目标在于:引导学生关注高管激励特别是股权激励对公司金融资产配置的影响。根据本案例资料,一方面,学生可以思考股权激励对金融资产配置的两种效应,即"蓄水池"效应和"脱实向虚"效应的影响机理,并分析随之而来的经济后果;另一方面,学生可以从宝钢股份的限制性股票激励计划出发,进一步关注什么样的股权激励方案更容易引导金融资产配置的"蓄水池"效应,或者说抑制股权激励可能带来的金融资产配置挤占实体经营投资的"脱实向虚"效应。本案例可以让学生从公司治理层面来研究股权激励对公司金融资产配置的影响。

2. 案例讨论的准备工作

为了有效实现本案例的教学目标,学生应该具备下列相关知识背景:

(1) 理论背景

股权激励的相关理论,金融化的金融抑制理论、预防性储蓄理论和产融结合理论,经济金融化和公司金融化的概念,股权激励机制的原理。

(2) 社会背景

习近平在中共中央政治局第十三次集体学习的讲话中强调,深化金融供给侧改革要以金融体系结构优化调整为重点,金融要为实体经济服务,重点支持主业相对集中于实体经济的民营公司。我国以制造业为核心的实体公司由于产能过剩、产品利润率下降以及创新能力不足等原因,面临转型窘境。越来越多的实体公司选择将大量资金投入投资报酬率较高的金融领域来获得高额收益,导致实体公司金融化程度不断加深。

(3) 制度背景

国有控股公司和非国有控股公司股权激励政策的相关规定。

3. 案例分析要点

(1) 需要学生识别的关键问题

本案例需要学生识别的主要知识点包括:股权激励机制中的代理问题,公司配置金融资产的动机，股权激励对公司金融化的影响作用和经济后果。

（2）解决问题的可供选择方案及其评价

① 股权激励对公司配置金融资产的两种不同动机

本案例想提醒学生的是：在经济金融化的大背景下，公司配置金融资产并不一定是出于“脱实向虚”的目的，在不同的动机下，公司金融化的效应是不一样的。

一方面，股权激励可能强化储蓄动机。我们可以结合股权激励的代理理论、股东价值最大化理论、预防储蓄理论、产融结合理论等进行分析。如果股权激励的目的是促进他们更好地为股东的利益工作，降低自利行为，提高公司的价值，则此种股权激励方案是出于激励型动机而制订的。与实体投资相比，金融投资可以在较短的时间内获得较高的回报，给公司带来更多可供支配的资金来应对未来可能发生不确定性的风险，缓解公司融资压力。当资本水平较高时，公司可以利用生产经营过程中产生的利润来购买短期交易性金融资产，在增加资产流动性的同时实现资本的保值增值；当资金水平较低时，公司可以通过变现这些短期交易性金融资产来解决不确定情况下的资金短缺问题。由此可见，持有部分金融资产可以起到调节资金水平的“蓄水池”作用，为生产和技术创新提供良好的支持。而实业部门的发展又会反过来促进金融部门的扩张，有效的资本市场有利于公司金融资本和产业资本的供给与需求趋于平衡，避免公司过度金融化而忽视主业的发展。因此，产融结合促进了市场成为金融资本和产业资本互相调节融合的最佳场所，这样，“产融结合”能得到市场的积极反馈，使得公司利润增加，资本升值，达到互利共赢的平衡状态。

另一方面，股权激励可能强化投机动机。不合理的激励方式和较低的业绩指标只能产生短期效应，尤其会加重高管“不求有功，但求无过”的心态。在互联网金融蓬勃发展和金融工具日益创新的背景下，信息科技与大数据在迅速崛起，其中的套利空间被管理层看重，巨大的盈利落差使公司管理层改变了其治理观念。管理层可能会为追逐短期利益而损害公司的长期发展。例如，上市公司的高管可能会因为金融行业相对较高的利润而进行大规模的金融资产投资，把资金从获利能力艰难的产业部门撤出，转向金融市场。通过参与金融活动，利用金融投资收益来解决自身危机，又可以提高公司获利能力来迎合部分机构投资者的需求，通过金融手段达到股权激励行权或解锁的业绩考核指标。与此同时，公司的创新投资活动由于具有周期长、风险高的特点，当这些投资活动无法获取稳定的资金流支持时，公司的创新活动将会被抑制，难以继续发展。这种偏离主业发展的金融化是国家政策所不提倡的。

② 在两种不同动机下配置金融资产的经济后果

本案例想提醒学生的是：虽然大量研究集中在公司过度加大金融资产投资会挤占实体投资，但是我们不能忽视适度比例地持有金融资产会促进主业发展，发挥“产融结合”的正向作用。

上市公司是基于何种目的来实行股权激励计划的，我们不得而知，但是激励往往通过行为来反映，并通过行为来实现目标，这对股权激励动机的识别和划分提供了一定的借鉴意义。从长期指标来看，若配置金融资产能够挤入实体经营，则固定资产和研发支出的费用会增加，主营利润增加，表现为投资回报能够反哺主业投资，提高公司的资产配置效率。

③ 如何进行治理机制设计来引导金融资产配置的“蓄水池”效应

本案例想提醒学生的是：高管激励方案的制订，如不同业绩指标的设计，禁售期、有效期等的不同会影响公司配置金融资产的效果。

学生可以进一步研究公司不断加大对金融资产配置以后的实体经营投资会呈现怎样的变化，在此基础上，若出现正向影响，分析什么样的治理机制更容易引导金融资产配置产生“蓄水池”效应；若出现负向影响，则分析如何进行治理机制设计，以抑制金融资产配置挤占实体经营投资的“脱实向虚”效应。

（3）推荐解决问题的方案

① 股权激励对金融资产配置的影响

目前，公司对于金融资产配置的内涵和程度尚未得出统一的结论，不同学者对公司金融资产配置的度量标准和方法不尽相同。众多学者大致从资产构成（资金运用）、权益构成（资金来源）和利润分配（资金去向）的角度对非金融公司金融资产配置的程度进行了度量。学生可以参考这种度量方式。

一是宝钢股份金融资产配置情况。本案例大致将实体公司配置金融资产的种类分为四类：第一类是交易类金融资产，主要包括交易性金融资产、持有至到期投资、可供出售金融资产、长期债券投资、衍生金融资产和短期投资；第二类是投资性房地产，房地产由于其特有的虚拟性和独立性使之成为一种特殊的金融资产，在对金融资产的投资中占据重要地位；第三类是长期股权投资，大多是对联营、合营公司的投资；第四类是委托理财，主要包括理财产品、信托产品投资和委托信贷，可以从报表附注中的“其他流动资产”明细中获得具体数据。宝钢股份的理财产品为持有的非保本浮动收益，到期期限在一年内，故将其作为“其他流动资产”科目列报。

对于宝钢股份来说，长期股权投资中少部分以参股的形式投资于金融机构，能获取金融利润高涨带来的分红，但是由于大部分上下游公司是与实体经营有关的产业链公司，其持有的目的是生产经营、扩大公司规模和战略投资，因此本文中的金融资产不包含长期股权投资。除此之外，货币资金分为金融用途货币资金和经营用途货币资金，很难剥离，所以本案例中的金融资产也不包含货币资金。不考虑货币资金和长期股权投资会造成对公司金融资产配置程度的低估。对于投资性房地产而言，若其采用公允价值作为后续计量属性，则公允价值的变动会体现为资产负债表上价值的增加以及利润表上收益的增加。在这种情况下，投资性房地产应作为金融资产纳入公司金融资产总和中。但是，从宝钢股份的报表中可以发现，其投资性房地产是以历史成本作为计量属性，不会形成金融资产账面价值的增长和浮盈浮亏，所以对宝钢股份整体的金融资产进行相加时不把投资性房地产考虑在内，把股权激励方案颁布的2014年记为T，则股权激励实施前的年份分别为T－1、T－2、T－3、T－4，实施后的年份记为T＋1、T＋2、T＋3、T＋4，其中，T＋1、T＋2、T＋3为限制性股票的解锁期（如表9所示）。

$$
\begin{aligned}
\text{公司金融资产持有比例} &= \frac{\text{公司金融投资}}{\text{总资产}} \times 100\% \\
&= [\text{以公允价值计量且其变动计入当期损益的金融资产} \\
&\quad + \text{持有至到期投资} + \text{应收利息} + \text{应收股利} \\
&\quad + \text{可供出售金融资产} + \text{发放贷款及垫款净额} \\
&\quad + \text{其他流动资产(理财产品)} + \text{买入返售金融资产}] \div \text{总资产}
\end{aligned}
$$

表9　宝钢股份2010—2018年金融资产占比情况　单位：亿元

项　目	T－4	T－3	T－2	T－1	T	T＋1	T＋2	T＋3	T＋4
应收利息	0.08	0.12	9.49	7.40	5.47	2.94	1.41	0.14	0.00
应收股利	0.19	2.47	0.34	0.61	0.11	1.63	0.71	0.45	0.00

续表

项　目	T－4	T－3	T－2	T－1	T	T＋1	T＋2	T＋3	T＋4
以公允价值计量且其变动计入当期损益的金融资产		3.53	0.90	0.29	1.81	8.73	11.23	17.26	20.25
可供出售金融资产	12.50	15.00	72.08	99.38	104.50	109.20	132.60	130.20	126.40
发放贷款及垫款净额	39.30	34.10	27.63	30.72	29.49	22.38	33.18	39.42	55.81
其他流动资产（理财产品）	0.00	0.00	0.00	2.77	31.35	50.88	143.54	107.62	46.33
买入返售金融资产	0.00	0.00	0.00	0.91	5.95	21.40	0.00	35.84	5.00
金融资产小计	55.10	55.49	110.44	142.08	178.68	217.16	322.67	330.93	253.79
总资产	2 160.00	2 311.00	2 209.00	2 267.00	2 287.00	2 341.00	3 591.00	3 502.00	3 351.00
金融资产占比（%）	2.55	2.40	5.00	6.27	7.81	9.28	9.00	9.45	7.57

数据来源：宝钢股份年报。

从2010—2018年宝钢股份的资产负债表上提取出来的各项金融资产持有情况来看，2010—2013年的金融资产占总资产的平均比重为4%，2015—2018年金融资产的平均占比为8.82%，增长121%。股权激励方案授予之年——2014年前后持有数量发生较大变动的金融资产主要是可供出售金融资产、其他流动资产（理财产品）和买入返售金融资产。从表9中可以看出，2015年的金融资产占比与2014年相比有较大的增长，涨幅达10%，其中以公允价值计量且其变动计入当期损益的金融资产从2014年的1.81亿元飞速上涨到了2015年的8.73亿元，增长了380%。买入返售金融资产的涨幅位居第二，从5.95亿元上涨到21.4亿元。宝钢股份从2014年开始，其他流动资产（理财产品）金额猛增，从前些年的几乎为零上涨到31.35亿元，且2016年和2017年有急速上涨的势头。2014年因钢材供大于求且钢材的价格有较大幅度下降，宝钢股份的主营业务收入也同比下降，处于微利经营状态，同时由于资金问题、成本问题较为突出，业绩不如预期。与之相反，金融资产的收益较高，宝钢股份增大对金融资产的投资规模，对公司的整体盈利状况有所帮助。

从表5可以看出，自2014年上半年该限制性股票激励方案公布以后，2014年下半年，可供出售金融资产的规模迅猛发展，从12.26亿元大幅上升到104.48亿元，增长了8.5倍。除此之外，2015年上半年以公允价值计量且其变动计入当期损益的金融资产从2014下半年的1.81亿元猛增至17.27亿元，在一定程度上表明2014年上半年公布的限制性股票激励计划对宝钢股份金融资产的配置产生了一定的影响。

除了与实施限制性股权激励的前后四年进行纵向对比外，学生还可以选取股票激励方案中的对标公司之一——华菱钢铁进行横向对比。华菱钢铁在此期间未实行过股权激励且是这八家对标公司中金融资产种类与宝钢股份相当的一家。从表10中可以看出，其2010—2013年的平均金融资产占比为1.1%，2015—2018年的平均金融资产占比为1.4%，占比很小且波动不大。其中，以公允价值计量且其变动计入当期损益的金融资产呈现先减少、后增加的趋势，与宝钢股份的涨幅接近400%相比微不足道；可供出售金融资产的规模也在0.7亿元上下波动，没有出现较大的涨幅。与华菱钢铁的横向对比也可以反映股权激励对宝钢股份进行金融资产配置具有促进作用。

表 10 华菱钢铁 2010—2018 年金融资产占比情况 单位：亿元

项目	T－4	T－3	T－2	T－1	T	T＋1	T＋2	T＋3	T＋4
应收利息	0.15	0.19	0.13	0.15	0.08	0.21	0.29	0.43	0.00
应收股利	0.02	0.09	0.03	0.04	0.04	0.04	0.04	0.04	0.00
以公允价值计量且其变动计入当期损益的金融资产	0.00	1.45	1.59	3.44	2.08	4.97	6.13	7.62	11.30
可供出售金融资产	16.48	4.46	0.91	0.75	0.71	0.65	0.67	0.74	0.67
发放贷款及垫款净额	1.00	1.00	0.40	0.00	0.00	0.00	0.00	0.00	0.00
买入返售金融资产	0.00	0.00	0.00	0.00	1.23	0.00	1.99	6.00	2.12
金融资产小计	17.66	7.19	3.07	4.38	4.13	5.87	9.12	14.83	14.08
总资产	747.20	859.70	656.40	707.90	730.90	765.00	709.50	761.20	752.40
金融资产占比(%)	2.36	0.84	0.47	0.62	0.57	0.77	1.29	1.95	1.87

数据来源：华菱钢铁年报。

二是宝钢股份金融收益情况。随着公司金融化的发展，金融资产在总资产中的比例和金额越来越大，财务业绩逐步改善。金融收益的增加必然带来公司总收益的增加，因此非金融公司的金融资产绩效可以反映在公司的利润表中。从公司的收益来源情况分析，公司的金融投资收益主要包括三个部分：利息收入；投资收益，包括持有、处置、重分类金融资产产生的投资收益和持有金融机构股权获得的分红；公允价值变动损益(如表 11 所示)。

$$\text{金融收益比率}=\frac{\text{金融投资收益}}{\text{净利润}}\times 100\%$$

$$=\frac{\text{利息收入}+\text{投资收益}+\text{公允价值变动损益}}{\text{净利润}}\times 100\%$$

表 11 宝钢股份 2010—2018 年金融收益占比情况 单位：亿元

项目	T－4	T－3	T－2	T－1	T	T＋1	T＋2	T＋3	T＋4
利息收入	2.6	3.5	3.7	3.3	3.7	3.2	2.4	3.9	4.1
投资收益(扣除合营企业、联营企业)	3.8	3.7	10.1	5.1	2.2	9.6	10.7	23.7	27.6
公允价值变动收益	0.1	(0.1)	(0.1)	0.3	0.2	0.1	1.0	(1.8)	1.9
金融收益小计	6.5	7.1	13.7	8.7	6.2	12.9	14.1	25.8	33.6
营业利润	166.5	88.4	31.1	76.8	76.4	17.6	119.2	249.2	281.8
金融投资收益占比(%)	3.9	8.0	44.0	11.3	8.1	73.2	11.9	10.3	11.9

数据来源：宝钢股份年报。

根据宝钢股份 2014 年年报数据，宝钢股份全年实现营业收入 1 877.89 亿元，同比下降 1.18%，全年净利润为 60.91 亿元，与上年基本持平。2014 年宝钢股份电商金融服务深入发展，在在线支付业务方面，与财务公司对接，全年第三方支付平台“东方付通”结算流量突破300亿元，同比增长5倍多。2015年公司实现营业总收入1 641.29亿元，比上年同期下降12.60%。归属于上市公司股东的净利润为9.61亿元，比上年同期下降83.40%。从利润表中可以看出，以2014年股权激励方案授予之年为节点，前后的金融收益增幅明显。2015年投资收益剧增，总营业利润只有17.6亿元，投资金融资产所获得的收益占了总营业利润的73.18%，也就是说，2015年的利润主要依靠金融资产的收益。2015年是宝钢股份股权激励计划解锁期业绩考核的第一年，自2014年上半年公司完成首期限制性股票授予工作后，2014年下半年金融收益翻倍，达到6.19亿元。2015年下半年扣除联营、合营公司取得的投资收益后的投资收益增幅达到183%。非钢业务的利润明显高于钢铁业务，可以使宝钢股份在低盈利的情况下维持生产。

2016年和2017年解锁的条件为年度利润总额达到同期国内对标钢铁公司平均利润总额的2.8倍和3.0倍，尽管解锁期的开局不佳，但是2016年和2017年的业绩实现了大幅攀升，公司的市值也有了稳步提升，限制性股权激励顺利解锁，实现了公司与激励对象的“双赢”。我们以未实行股权激励的华菱钢铁作为参照对象（如表12所示），进一步说明股权激励的作用。

表12　　华菱钢铁2010—2018年金融投资收益情况　　单位：亿元

项　目	T−4	T−3	T−2	T−1	T	T+1	T+2	T+3	T+4
利息收入	0.38	0.55	0.57	0.51	0.65	0.87	1.26	1.24	1.48
投资收益	1.70	6.66	0.50	3.65	0.12	0.60	0.57	0.64	0.87
公允价值变动收益	0.22	(0.22)	0.00	(0.03)	0.05	0.08	0.25	(0.28)	(0.04)
金融投资收益小计	2.30	6.99	1.08	4.12	0.82	1.55	2.08	1.60	2.32
营业利润	−25.30	−10.08	−33.80	−1.05	−0.03	−43.27	−17.63	53.54	94.41

数据来源：宝钢股份年报。

三是宝钢股份投资支付现金情况。非金融公司的投资活动反映在现金流量表中，主要有投资支付的现金，购建固定资产、无形资产和其他长期资产支付的现金等。因此，从现金流量表的角度，可以用金融投资率来衡量非金融公司金融资产配置的水平及其发展趋势。金融投资率越高，说明公司的金融资产配置程度越高。

$$\text{金融投资率}=\frac{\text{投资支付的现金}}{\text{投资活动现金流出小计}}\times 100\%$$

“投资支付的现金”是指除现金等价物以外的投资，包括交易性金融资产、持有至到期投资、可供出售金融资产、长期股权投资（不包括取得子公司支付的现金），以及支付的佣金、手续费等交易费用，能很好地反映公司对金融资产的投资情况（如表13所示）。

表13　　宝钢股份2010—2018年投资支付现金占比情况　　单位：亿元

项　目	T−4	T−3	T−2	T−1	T	T+1	T+2	T+3	T+4
投资支付的现金	59.8	43.4	127.6	57.2	49.3	309.7	781.8	1 064.5	729.3
投资活动现金流出小计	192.7	194.1	284.8	206.0	266.6	556.0	933.2	1 214.5	863.2
金融现金流(%)	31.0	22.4	44.8	27.7	18.5	55.7	83.8	87.6	84.5

从宝钢股份的现金流量表中可以看出，股权激励前，金融现金流基本控制在 20%—30%，而在 2014—2016 年，投资支付的现金占投资活动现金流出的比重逐年增加，从 18.48%上升至 83.78%，2017—2018 年的金融现金流与 2016 年基本持平，达到 85%左右，维持在一个很高的占比。从图 2 中我们可以看出，2014 年宝钢股份实行股权激励后，在 2015—2017 年的 3 年考核期内，投资支付的现金占投资活动现金流出小计急速上升，达到了 80%左右，而这 3 年华菱钢铁的投资支付现金占比不断下降，进一步表明宝钢股份实施限制性股权激励计划对金融化的加强具有一定的影响。

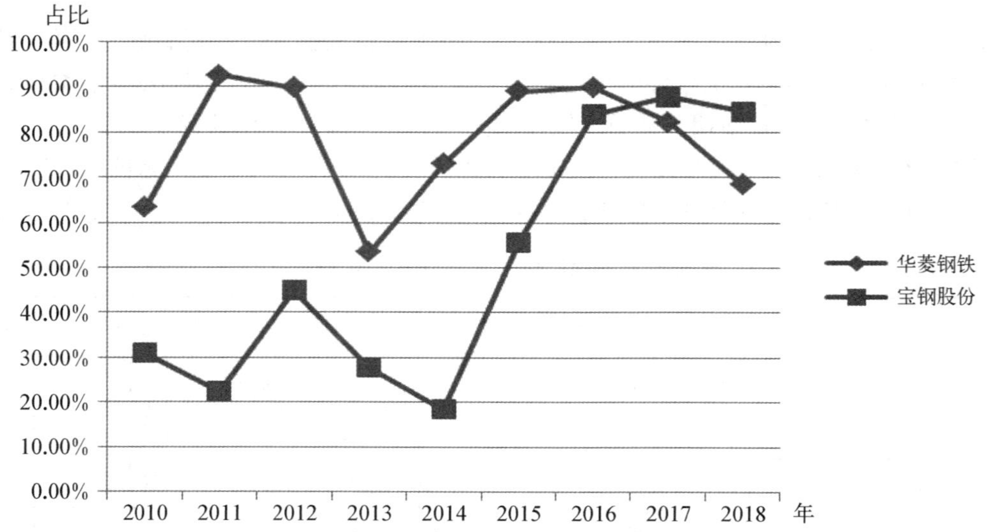

图 2　宝钢股份和华菱钢铁各年投资支付现金占比情况

综上所述，经过对宝钢股份实施限制性股权激励前后的金融资产占比、金融收益占比、投资支付现金占比的纵向对比，以及与华菱钢铁的横向对比发现，股权激励对非金融公司加强金融资产配置有一定的促进作用。

② 在两种不同动机下配置金融资产的经济后果

为探究宝钢股份配置金融资产的经济后果，学生可以从经营效率、投资活动和融资成本等方面探究其不断加大对金融资产的配置是否会反过来促进公司实体业务的发展；除此之外，还可以从“影子银行”等视角探究金融投资活动加剧会给公司带来怎样的风险。

一是产融结合提升经营效率。在过去的 5 年里，宝钢集团多次增资华宝信托，增加了金融业的比重，使金融业能够平复行业波动。即使钢铁行业的盈利能力下降，从整个集团的营业利润和营业净现金流来看也可以保持稳定，说明金融业对宝钢集团的利润具有支持作用。而对于宝钢股份来说，在 2016 年 9 月 18 日通过了宝武重组方案并上报国务院，核心内容是宝钢吸收合并武钢，而在宝钢股份的股权激励方案中，规定 2014—2016 年为业绩考核期，2015—2017 年为解锁期，可以排除宝武合并对于“产融结合”效果的影响。从图 3 可以看出，2010—2013 年，宝钢股份对固定资产的投资有变缓的趋势，从 2015 年开始快速上涨，说明宝钢股份增大金融资产的投资促进了其对固定资产的投资，推进了实体产业的发展，反哺主业。而华菱钢铁对固定资产的投资在 2010—2018 年几乎没有波动。公司的金融化水平增强，在一定程度上意味着公司通过金融渠道的获利能力增强，与之对应的公司的盈利能力提高，从而改善公司的资产负债表，对于公司的融资后再投资是有利的。

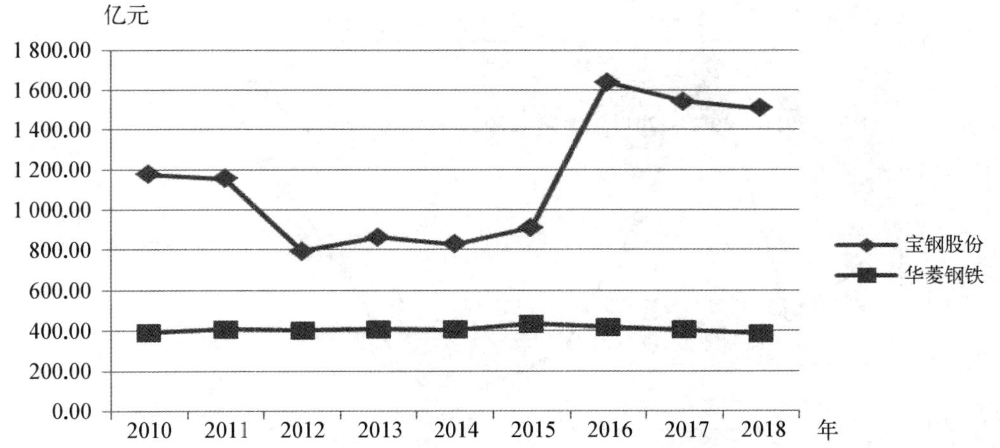

图 3　宝钢股份和华菱钢铁各年固定资产投资情况

由图 4 可知，从 2015 年开始，宝钢股份的主营业务利润呈加速上涨趋势，说明投资金融资产可以缓解融资约束，有利于主营业务的投资和创新，为集团把握机会适时扩张提供了充裕的资金支持。与之相比，华菱钢铁的主营业务利润在 2016 年虽有较大的增长，但是增长幅度远远不及宝钢股份。公司股权激励强度的提升会促使高管的投资决策越来越偏好长期回报率更高的投资项目，减少短期金融套利行为，更多地关注公司的长期发展，进而提升公司价值。

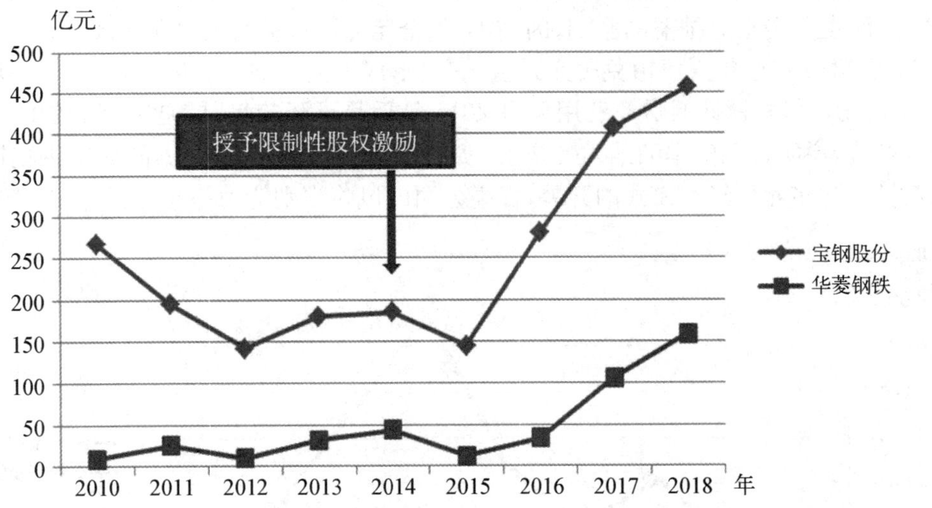

图 4　宝钢股份和华菱钢铁各年主营业务利润变化情况

二是“产融结合”提升经营效率。自 2007 年以来，宝钢集团走上了并购之路，致力于提高产品质量，走上了由大到强的联合重组之路。但从投资活动产生的净现金流来看（如图 5 所示），宝钢集团的对外投资 2014—2016 年呈扩张态势。2014 年投资支出显著增长主要是由于湛江项目投资支出的增加。宝钢集团的投资比例在金融产业中不断增加，股息收入、债务利息收入和投资收入也随之增加，这为宝钢集团的并购扩张奠定了基础，缓解了现金流不足的问题。而华菱钢铁在 2010—2018 年的投资情况趋近于一条直线，进一步表明“产融结合”的模式能促进实业投资。

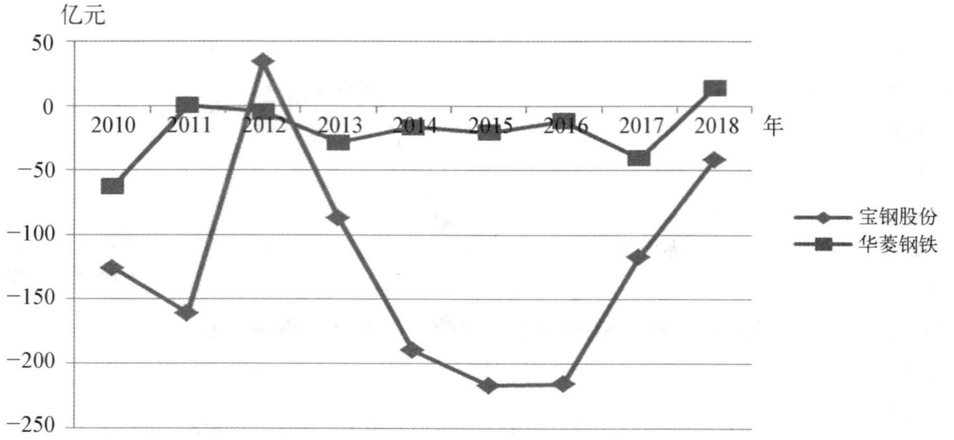

图 5　宝钢股份和华菱钢铁各年投资活动产生的现金流量净额

三是"产融结合"降低融资成本。钢铁行业的发展面临利润微薄和自筹资金的阻碍，使得其向银行借贷相对来说比较困难，银行出现"惜贷"现象，这也使得钢铁行业面临转型，由传统制造业转型成为以钢铁产业为主、其他产业多元化发展的行业。宝钢集团就在外部融资困难的情况下从内部供血上解决面临的融资困难，通过金融平台的搭建，如依托与银行的合作获得融资渠道，得以借助银行资金形成杠杆，共同提供钢铁行业供应链金融服务。整体来看，宝钢集团的财务费用率比行业平均水平低，利息收入可以从财务费用中扣除，当利息收入逐渐增加时，财务费用会下降。从宝钢股份自身来看，其 2014 年财务费用率直线上升，财务费用同比增加 10.3 亿元，主要受汇兑损益的影响，因 2014 年全年人民币兑美元贬值 0.4%形成汇兑损失 0.9 亿元，而 2013 年全年人民币兑美元升值 3.1%形成汇兑收益 9.6 亿元，两年相差增加财务费用 10.4 亿元。华菱钢铁的财务费用率自 2015 年后呈下降趋势，但是宝钢股份的财务费用率呈上升态势，说明金融资本的纳入带来了一定的风险(如图 6 所示)。随着宝钢集团资产规模的不断扩大和多元化经营模式的开展，提高公司的风险识别能力势在必行。

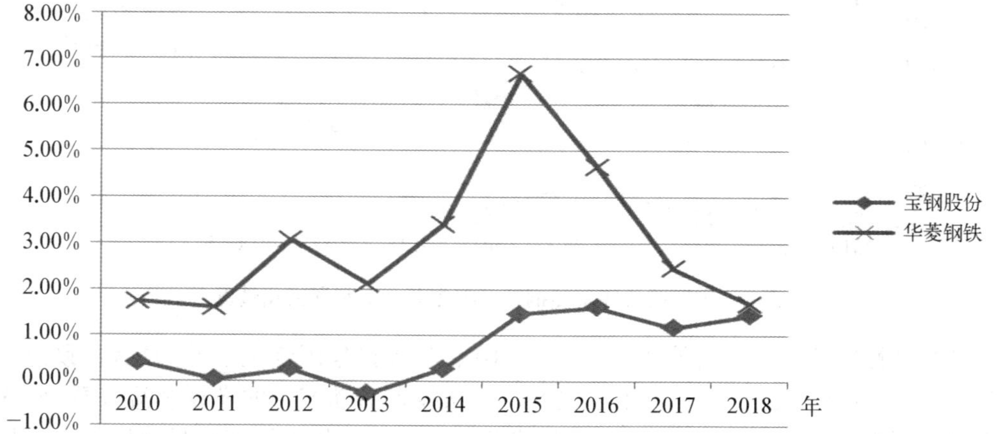

图 6　宝钢股份与华菱钢铁各年财务费用率对比

虽然宝钢股份实现"产融结合"整体上没有给集团带来净现金流的大幅度上升，管理机制和运营效率可能需要进一步改进，以促进协同效应的出现，但总体而言，产业资本向金融资本的渗透对宝钢集团的金融活动产生了积极的影响，适当参与金融活动有助于公司节约成本、分散风险、缓解融资约束。宝钢集团作为典型的工业公司，对传统工业公司的发展战略具有示范作用。

③ 进行治理机制设计来引导金融资产配置的“蓄水池”效应

通过激励和约束公司的经营来对公司的投资行为产生影响，进而使公司得到较好较快的发展，这需要充分了解公司的生产经营状况和行业发展状况，在综合考虑两者的情况下设置合理的股权激励方案。

一是股权激励业绩考核。为了防止公司在行业环境不好的背景下进行过度的金融资产配置以达到利润增长的目的，在行权指标的设计上可以有所改进。管理用资产负债表由于对公司的经营活动和金融活动进行了划分，从而能更真实、准确地反映公司的财务状况。可以把公司的金融资产分为金融资产和经营资产，把负债分为金融负债和经营负债，利润可分为来自经营活动的利润和来自金融活动的利润，更多地使用与经营收益相关的指标。除此之外，大多数公司的股权激励方案中综合性指标和成长性指标使用得较多，主营业务收益质量等指标使用得较少。所以在实际的行权条件中，也要考虑到各类指标的综合运用来更合理地评价公司业绩。

二是股权激励授予数量。在制订股权激励计划时，要对授予的股权数量和股权比例进行合理的规定，授予的数量过高或过低都不利于股权激励计划的完美实行。如果授予的股权比例较低，对于经营者的激励作用就会比较小。因为如果收获的利益比较小，可能会导致在实施投资计划时出现短期投机等伤害公司的行为，自然会影响公司的投资质量和投资效率。

三是股权激励期限。目前，我国上市公司的股权激励计划普遍存在有效期设定较短的现象，远低于《上市公司股权激励管理办法(试行)》中规定的 10 年上限，短期的股权激励计划会增加高管人员的短视行为，难以为公司的长期发展做出贡献，况且许多对公司长期经营发展有利的投资项目在公司财务报表中难以在短期内体现。除了长期发展项目外，公司的核心技术人员对公司研发方向的研究在短期内无法展示，这样就会导致公司的核心管理者难以达到行权条件，其为公司做出的贡献难以从回报中体现。所以，将有效期制订得较长会让公司的经营者更加严谨地对公司的投资项目进行评估，从而提高投资的成功率和效率。为了有效达到股权激励计划目标，应当将有效期限设置在 5 年左右，最长不超过 10 年，这有利于公司设置更符合发展趋势的解锁条件。制订持续的激励计划是一个很好的选择，它可以激励管理层在整个激励期内保持提高公司绩效的积极性。为了防止激励对象在被授予股权激励后在短时间内向二级市场出售来赚取差价的投机行为，股权激励方案通常会设置等待期或禁售期。时间限制的长短同样影响管理者做出经营决策。当时限过短时，管理者为了在短时间内获得更大的利益，往往会选择能在短期内获得更大利益的项目，这个项目可能对公司的长期发展不利。为了防止此类现象的出现，公司大多指定的等待期或禁售期为 1 年，存在普遍偏短的现象，所以建议适当延长等待期或禁售期，但也不应过长，高管的收益具有极大不确定性也会影响激励效果，可以 2 年为限。在这个期限内，不得行使股票期权，不得出售限制性股票，有助于激励高管人员专注于有利于公司长期利益的投资项目，提高公司的长期经营业绩。因为在短期内，高管的决策难以体现出优势，可能在短时间内从财务指标上看并不乐观，但是从长期来看会有利于公司的发展。

4. 教学组织方式

(1) 问题清单及提问顺序、资料发放顺序

本案例讨论的题目依次为：

① 分析股权激励对金融资产配置的“蓄水池”效应和“脱实向虚”效应的影响机理。

② 分析宝钢股份股权激励对金融资产配置所产生的经济后果的影响。

③ 分析宝钢股份的股权激励方案，探讨怎样的股权激励方案设计更容易引导金融资产配置的“蓄水池”效应。

④ 如何进行治理机制设计，以抑制股权激励可能带来的金融资产配置挤占实体经营投资的“脱实向虚”效应？

本案例的参考资料及其索引在讲授有关知识点后一次性布置给学生。

(2) 课时分配

① 课后自行阅读资料：约 3 个小时。

② 小组讨论并提交分析报告提纲：约 3 个小时。

③ 课堂小组代表发言，进一步讨论：约 3 个小时。

④ 课堂讨论与总结：约 0.5 个小时。

(3) 讨论方式

本案例可以采用小组式进行讨论。

(4) 课堂讨论与总结

课堂讨论与总结的关键是：归纳发言者的主要观点，重申其重点及亮点，提醒学生对焦点问题或有争议的观点进行进一步思考；建议学生对案例素材进行扩展研究和深入分析。

5. 其他

无。

“存贷双高”背后的百亿财务造假
——康得新债券违约案例研究

张天舒

专业领域/方向：财务会计

适用课程：财务会计理论与实务

编写目的：本案例通过介绍康得新拥有百亿元货币资金却由于15.6亿元债务造成实质性违约这一事件，引发学生对上市公司财务造假、大股东掏空行为的思考。案例首先介绍了康得新的发展概况、业务板块以及经营情况，让人不禁为其高速增长的业绩而惊叹，然后回顾了康得新债券违约事件的经过，最后证监会的调查结果发布，康得新财务造假得到证实，业绩持续高速增长的背后是4年虚增119亿元利润的财务造假行为，公司股票也因此停牌而面临退市风险。案例分析包括以下四个方面的内容：第一，要求学生查阅相关资料，了解上市公司财务造假的动机及常见的财务造假手段，帮助学生建立对公司财务造假的基本认知。第二，了解大股东掏空行为的基本理论，引发学生关注本案例中康得新的实际控制人——钟玉对上市公司的掏空行为。第三，引导学生分析康得新的财务报表，寻找其财务造假的线索，提升学生的财务分析能力，并加深对上市公司财务报告以及会计准则的理解。第四，学生应在本次案例学习中思考我国资本市场为何频频出现上市公司财务造假事件，且造假金额如此巨大，未来的监管应如何加强，方向在哪里。

知 识 点：大股东掏空、财务造假

关 键 词：财务造假、存贷双高、股权质押、债券违约

中文摘要：多年来，在我国资本市场，上市公司财务造假事件从未停止，而且有愈演愈烈的势头，康得新是其中颇具代表性的公司之一。从财务造假手段来看，康得新4年共计虚增利润119亿元，与此同时，关联交易、违规披露、股权质押、大股东掏空等行为康得新全占了。因此，本案例从财务视角出发，探讨康得新在上市之后为何进行财务造假，通过哪些手段达到财务造假的目的，以及在报表中有哪些可疑迹象表明康得新存在财务造假嫌疑。在分析的过程中，提升学生的财务知识及分析问题的能力，引发学生思考，此类事件为何频频发生，未来该如何禁止，并提出相关建议，为监管层制定相关法规提供参考。

英文摘要：Over the years, financial frauds of listed companies in the China capital market have never stopped, and there is a growing trend of financial frauds happening. KDX is one of the representative enterprises involving in financial frauds. KDX manipulated a total of 11.9 billion yuan of profit in four years. Further, KDX engaged in related transactions, illegal disclosure, equity pledges and large shareholder tunneling. This case discusses why KDX committed financial frauds after listing, through which means KDX did the earnings manipulation, and what signs in its financial reports indicate financial frauds by KDX. This analysis process enriches students' financial knowledge and improves students' ability to analyze problems. Finally, the case helps students think about why financial frauds occur frequently in the China capital market, how to stop their happening in the future, and put forward relevant suggestions to the regulatory authorities for the future regulations.

案　　例

一、引言

2019年1月15日,康得新连发两条公告声明:由于公司流动资金紧张,于2019年1月15日、2019年1月21日到期的“18康得新SCP001”“18康得新SCP002”债券本息存在兑付不确定性。之后的事实也证明,这两个本息合计15.6亿元的债券未能按期足额偿付,构成实质性违约。然而,康得新披露的2018年中报显示,公司账上拥有货币资金167.8亿元。这样一家货币资金超150亿元、市值一度近千亿元的我国A股市场“白马股”却因区区15.6亿元债务违约,这一事件立刻引起了整个资本市场的高度关注和质疑。深圳证券交易所随即对此展开问询,证监会也立刻展开立案调查。

康得新是一家材料高科技公司,主要从事先进高分子材料的研发、生产、销售,其主营业务由新材料、智能显示以及碳纤维三部分构成。上市以前,康得新已经在行业内占据领先地位,2010年7月在深圳上市后,公司发展得更为迅猛,业绩不断攀升。2010年营收5.24亿元,2015年、2016年、2017年营收分别为74.59亿元、92.33亿元和117.89亿元,同比增速分别达到43.23%、22.11%和27.69%。自2010年登陆资本市场以来,康得新8年间的复合增长率高达56.0%。2017年最顶峰时,康得新在蓝筹“牛市”中创下历史新高,市值一度接近1 000亿元大关,被誉为“中国的3M”。然而,就是这样一家A股明星公司,由于15.6亿元债券违约事件经证监会6个月的调查后,结果一经披露,让整个资本市场大跌眼镜。

证监会的调查结果显示,康得新从2015年就开始财务造假,2015—2018年连续4年虚增利润共计119亿元,报表中的业绩高增长均为假象,实际这4年的净利润均为负值。同时,大股东康得集团侵占上市公司资金,隐瞒康得新为康得集团提供的违规担保,并且变更募集资金用途,回流给康得集团,达到为集团公司输送利益的目的。财务造假、关联交易、利益输送、违规披露、大股东“掏空”……种种违法行为康得新几乎都占了。证监会指出,康得新所涉及的信息披露违法行为持续时间长,涉案金额巨大,手段极其恶劣,违法情节特别严重。最终,康得新的28位高管集体受到证监会处罚,其中原董事长、实际控制人钟玉被罚款90万元,并终身禁入资本市场;同时,公司股票于2019年7月8日起停牌。

债券违约引发市场对康得新业绩的质疑,由此揭开了康得新通过财务造假一步步造出“白马股”的丑闻。此次事件的发生不禁引起我们的反思,康得新为何要进行财务造假?其是如何进行财务造假的?监管层、审计机构、广大投资者为何被蒙蔽4年之久?康得新之前披露的财务报表完全没有可疑迹象吗?我们应从该案例中得到什么启示?未来中国资本市场又该如何避免“康得新事件”的再次发生?

二、公司概况

康得新的前身为北京康得新印刷器材有限公司,成立于2001年8月21日,由北京市康得新机电发展总公司和澳中技术发展有限责任公司分别出资75%和25%,初始注册资本为400

万美元，2008 年 1 月 29 日改制为股份有限公司并更名为北京康得新复合材料股份有限公司，2010 年 7 月登陆深圳中小板上市，2014 年 8 月更名为江苏康得新复合材料股份有限公司，2016 年更名为康得新复合材料集团股份有限公司(简称"康得新")。经过多次增资扩股和资本公积转增资本后，截至 2018 年 12 月 31 日，公司注册资本增至 35.4 亿元，康得集团为第一大股东、持有公司 24.05％的股权，自然人钟玉通过持有康得集团 80％的股权间接持有上市公司 19.24％的股份，是康得新的实际控制人。图 1 是康得新的股权结构。

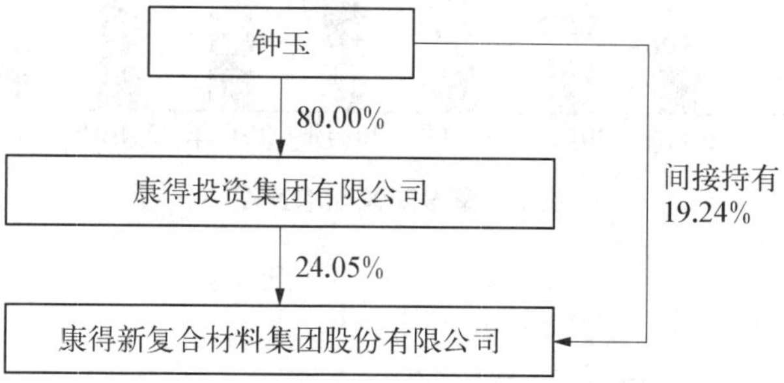

图 1　康得新的股权结构图(2018 年 12 月 31 日)

于 1950 年出生的钟玉，有着北京航空航天大学系统管理工程硕士研究生的高学历。在创业前，他曾是一名特种部队士兵，后来在中航工业的前身——曙光电机厂从事了近 20 年的技术工作。在他的主持下，歼七Ⅲ、歼八Ⅱ型战斗机主发电机寿命从 150 小时提高到了 500 小时，达到国际先进水平。38 岁时，钟玉放弃"铁饭碗"开始创业。他和 4 名技术人员一起成立了康得投资公司。一开始，公司的经营遇到很多问题，几次濒临破产，直至 1998 年进入涂膜领域，钟玉才真正发家。这个产品的技术门槛很高。当时，中国没有一家公司能生产这种产品，所有产品都是依靠进口。钟玉抓住了这个机会，带领公司团队自主研发了涂膜技术，整整耗时 4 年才研发出中国第一条涂膜生产线，很快就打开了市场。经过 8 年的高速发展，钟玉把康得集团打造成了全球领先的涂膜生产商。

早在上市前，康得新就处于赛道领先位：2002 年 10 月，康得新建成中国首条预涂膜生产线；2007 年，康得新首次私募融资大获成功，并于同年在张家港生产基地开辟了第二条预涂膜生产线；2009 年，公司再次通过私募融资获得大笔资金，在北京建成了两条预涂膜生产线；2009 年 8 月，为扩大规模效应和集群效应，康得新在张家港生产基地新建了公司的第五和第六条预涂膜生产线并投产。自此，康得新在中国预涂膜行业独占鳌头。

2010 年 7 月，康得新顶着"全球最大预涂膜生产公司"的光环在深圳中小板上市。上市后，公司发展得更为迅猛，业绩攀升的速度令人惊叹。其 2010 年营收 5.24 亿元，净利润 1.31 亿元；2011 年营收 15.26 亿元，同比增速为 191.11％，净利润 1.67 亿元，同比增速为 102.14％。上市后的第二年，康得新实现营收两倍增长，净利润翻倍，并且在之后的几年里一直维持业绩的高速增长态势，2015 年、2016 年、2017 年的营收分别为 74.59 亿元、92.33 亿元、117.89 亿元，同比增速分别达到 43.23％、22.11％、27.69％。上市 8 年，康得新的市值从最早的 30 亿元飙升至近 1 000 亿元，涨幅 30 倍以上。这样耀眼的成绩在资本市场上可谓风光无限，是当之无愧的 A 股"白马股"。图 2 是康得新营收增速图，图 3 是康得新净利润增速图。

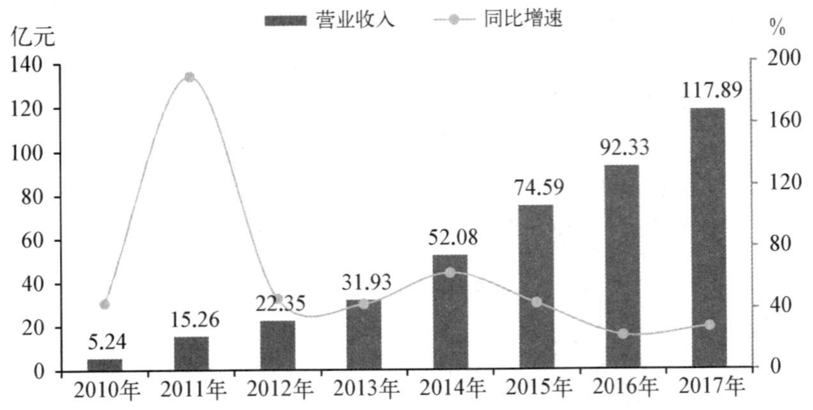

图 2　康得新营收增速图

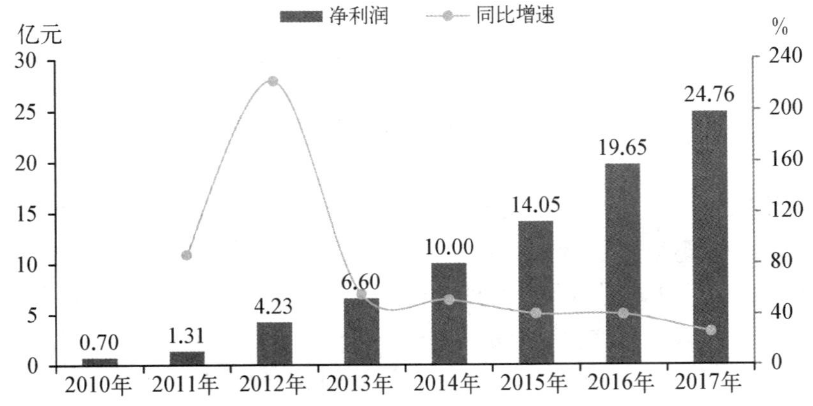

图 3　康得新净利润增速图

三、业务简介

康得新主要从事先进高分子材料的研发、生产和销售，聚焦消费、交通、新兴行业、新能源、医疗、智慧城市和智慧生活六大核心场景，打造围绕新材料系统解决方案提供商和服务商的平台体系。截至 2018 年年末，公司拥有四大生产基地，下辖三十余家子公司，分支机构遍布 8 个国家，产品出口至全球八十多个国家和地区，既是全球预涂膜的领导公司，也是世界光学膜的领军公司。

公司的主要产品及生产基地包括：

第一，预涂材料，产品包括印刷包装功能基材、全系列环保预涂膜（通用型预涂膜、功能型预涂膜）、3D 图像产品、覆膜设备等，广泛用于书籍、烟酒、化妆品及奢侈品的印刷、包装、制袋等领域。公司可为客户提供全套绿色覆膜、印刷包装解决方案，产品销往全球八十多个国家和地区，“康得・菲尔”“KDX”已成为预涂膜国内外知名品牌。预涂材料产业群包括北京、张家港康得菲尔两大产业基地，拥有 10 条预涂膜现代化生产线，年产能 4.4 万吨。自 2012 年起，康得新超越印度 COSMO 成为全球第一大预涂膜生产商。

第二，光电材料。康得新作为全产业链、全系列的光学膜领军公司、国际主流供应商，设有挤出、涂布、成型、模具、溅射、树脂、窗膜、大屏触控、柔性材料等多个事业部的全产业链平台，并通过突破传统的差异化开发及前沿材料开发，从进口替代走向光学膜新材料的前沿开发，以技术创新驱动公司发展。公司的光学膜生产基地在江苏张家港，总占地面积超过 1 000 亩，其中，康得新光学膜一期项目总投资约 45 亿元，项目年产 2 亿平方米光学薄膜，已经建成投产。光学膜二期项目于 2016 年 4 月正式开工奠基，目前项目建设尚未全部完成。

从公司历年的业务发展轨迹来看，2001 年成立的康得新印刷器材主营预涂膜；2010 年上市，募投建设 1.8 万吨预涂膜项目，产能规模提升至 4.4 万吨；2011 年启动光学膜项目，产能 4 000 万平方米/年：2012 年定向增发募集资金投资光学膜产业集群项目（一期）；2013 年收购汽车窗膜公司；2014 年发起设立基金，投向新材料、新能源电动车，首期规模 20 亿元；2014 年设立康得新碳纤维复合材料、石墨烯应用科技公司；2015 年开始涉足裸眼 3D 行业；2016 年启动光学膜二期项目，再次定增募集资金投资 1.02 亿平方米先进高分子膜材料及 1 亿片裸眼 3D 模组产品项目。从康得新的业务板块发展来看，自 2014 年以来的投资项目基本上是跟着行业热点，如碳纤维、裸眼 3D、柔性材料等。

表 1 是康得新收入结构表。从收入结构来看，康得新的营业收入并未按照细分板块进行分类，而是全部纳入印刷包装类用膜、光学膜进行统计。2014 年康得新光学膜营收 35.02 亿元，印刷包装类用膜营收 15.36 亿元，其他业务营收 1.70 亿元，分别占当年营收总额的 67.24%、29.49%、3.26%。后续光学膜营收持续高速增长，占比逐年提高。2018 年年末，光学膜营收占比 85.21%，印刷包装类用膜营收占比 13.17%（如图 4 所示）。

表 1　康得新收入结构表　单位：亿元

年　份	光学膜	印刷包装类用膜	其他业务	总营业收入
2014	35.02	15.36	1.70	52.08
2015	58.07	13.66	2.86	74.59
2016	75.16	15.24	1.94	92.34
2017	98.31	18.25	1.33	117.89
2018	77.97	12.05	1.48	91.50

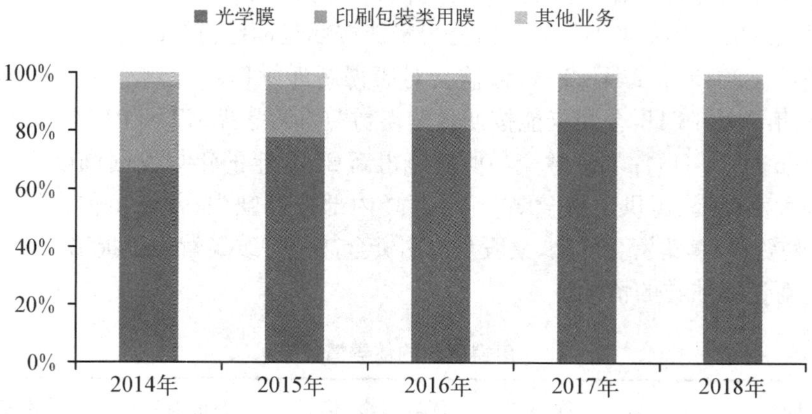

图 4　康得新收入结构图

四、债券违约回顾

（一）监管层早有质疑

早在 2017 年 8 月 25 日，康得新就收到深圳证券交易所下发的“关于对 2017 年半年报的问询函”，针对其“存贷双高”的合理性、是否存在关联方占用上市公司资金的情形、毛利率的合理性、费用的合理性(运杂费用增幅大幅低于营收增长)、经营活动现金流增幅、应收账款周转天数持续增加以及大额对外投资等事项进行了询问。

2018年5月10日，深圳证券交易所又对康得新2017年年报下发问询函，针对“存贷双高”的合理性、资金存放地点及真实性、是否存在关联方占用上市公司资金的情形、经营性现金流量净额增幅、投资活动现金异常流出、控股股东质押比例高达99.51%、季度净利率波动的合理性、客户和供应商集中度高是否存在关联关系、募投项目进展缓慢、外币货币性项目余额大、2年以上大额预付账款、非经常性损益、产品销量大幅低于营收增长、大额以公允价值计量的金融资产项目、康得碳谷科技有限公司项目大股东投资款迟迟未到位、关联方资金占用事项、大额坏账计提、其他应收款中往来款存疑、大额对外担保19个问题进行了详细的问询，并要求审计机构出具专项解释报告。

(二) 债券评级下调

2018年9月21日，“18康得新SCP002”中债隐含评级从AA下调至AA－。2018年10月29日，证监会对康得新涉嫌信息披露违法违规行为展开立案调查。自2018年11月起，康得新在市场上的存量债券被大量售卖，售卖价格大幅偏离估值。2018年11月22日，深圳证券交易所依据相关法规对公司高管徐曙依法给予公开批评处分。2019年1月2日，上海新世纪下调康得新主体评级至AA，前次评级为AA＋，同时，将康得新主体列入负面观察名单。2019年1月3日，“18康得新SCP002”中债隐含评级从AA－下调至A＋。2019年1月10日，上海新世纪连续下调康得新主体评级至BBB，前次评级为AA，同时将“17康得新MTN001”和“17康得新MTN002”的债券信用等级由AA下调至BBB，并将公司及其发行的“17康得新MTN001”和“17康得新MTN002”列入负面观察名单。

(三) 实质性违约

2019年1月15日，康得新发布公告称，因公司流动资金紧张，应于2019年1月15日、1月21日到期的“18康得新SCP001”“18康得新SCP002”本息存在兑付不确定性，公司目前正在积极筹措偿债资金。2019年1月16日，公司未能按期足额偿付“18康得新SCP001”的本息，构成实质性违约。2019年1月22日，公司未能按期足额偿付“18康得新SCP002”的本息，构成实质性违约。2019年1月22日，证监会对康得新涉嫌信息披露违法违规的行为展开立案调查。2019年2月16日，公司未能按期足额偿付“17康得新MTN001”的利息，构成实质性违约。2019年5月14日，深圳证券交易所对康得新2018年的年报发问询函，针对销售退回、应收账款坏账大额计提、可供出售金融资产、存货内部控制缺失、预计负债、或有事项(重大诉讼)、递延所得税资产、募集资金异动、大股东占用资金甚至持续经营假设提出了全面质疑。表2反映的是康得新违约债券的情况。

表2　　康得新违约债券情况

发生日期	名　称	债券本金(亿元)	票面利率(%)	本息合计(亿元)
2019年1月15日	18康得新SCP001	10	5.5	10.4
2019年1月21日	18康得新SCP002	5	5.83	5.2
2019年2月15日	17康得新MTN001	10	5.5	0.6
2019年7月15日	17康得新MTN002	10	5.48	0.5

（四）尘埃落定

2019年7月5日，康得新收到证监会调查结果及处罚告知书。经调查，康得新2015—2018年连续4年净利润实际为负，触及《深圳证券交易所上市公司重大违法强制退市实施办法》规定的重大违法强制退市情形，公司股票可能被实施重大违法强制退市。公司股票自2019年7月8日起停牌，并依法对钟玉、王瑜、张丽雄、徐曙等28位高管做出行政处罚及采取市场禁入措施。

五、参考资料

本案例除了正文部分提供的背景资料外，具体分析需要查阅康得新所披露的公告内容，包括证监会、深圳证券交易所对康得新下发的相关问询、处罚结果等文件。除此之外，分析康得新财报的同时，需结合同行业其他可比公司的财报进行对比，可比公司包括但不限于激智科技、万顺股份、航天彩虹等。

六、参考文献

[1] Jian, M., and T. Wong. Propping through Related Party Transactions[J]. Review of Accounting Studies, 2010(15): 70—105.

[2] Lee, C., G. Jiang, and H. Yue. Tunneling through Inter-corporate Loans: The China Experience[J]. Journal of Financial Economics, 2010(98): 1—20.

[3] 李增泉，余谦，王晓坤.掏空、支持与并购重组——来自我国上市公司的经验证据[J].经济研究，2005(1).

[4] 吕长江，肖成民.民营上市公司所有权安排与掏空行为——基于阳光集团的案例研究[J].管理世界，2006(10).

[5] 罗党论，唐清泉.市场环境与控股股东“掏空”行为研究——来自中国上市公司的经验证据[J].会计研究，2007(4).

案例使用说明书

1. 本案例要解决的关键问题

本案例通过介绍康得新拥有百亿元货币资金却因15.6亿元债务造成实质性违约这一事件，引发学生对上市公司财务造假、大股东“掏空”等行为的思考。案例首先介绍了康得新的发展概况、业务板块及经营情况，让人不禁为其高速增长的业绩而惊叹，然后回顾了康得新债券违约事件的经过，最后证监会调查结果发布，康得新财务造假得到证实，业绩持续高速增长的背后却是4年虚增119亿元利润的财务造假行为，公司股票因此停牌，面临退市风险。

案例分析包括以下四个方面的内容：第一，要求学生查阅相关资料，了解上市公司财务造假的动机及常见的财务造假手段，帮助学生建立对公司财务造假的基本认知。第二，了解大股东“掏空”行为的基本理论，引发学生关注本案例中康得新的实际控制人——钟玉对上市公司的“掏空”行为。第三，引导学生分析康得新的财务报表，寻找其财务造假的线索，提升学生的财务分析能力，并加深对上市公司财务报告以及会计准则的理解。第四，学生应在本次案例学习中思考我国资本市场为何频频出现上市公司财务造假事件，且造假金额如此巨大，未来的监管应如何加强，方向在哪里。

2. 案例讨论前的准备工作

（1）理论背景

在正式分析康得新财务造假案例之前，学生应当掌握公司治理的基础理论——委托代理理论，以便更好地理解现代公司经营过程中所有权与经营权分离这一特点。同时，在本案例中，钟玉作为康得新的大股东、实际控制人，质押了自身持有的康得新100%的股权，并且多次利用上市公司进行关联交易，违规披露相关信息，以此达到“掏空”上市公司为康得集团输送利益的目的。因此，学生应当充分了解大股东“掏空”行为的相关理论，对大股东“掏空”行为的动机、手段、影响和抑制方法有一定的认知。在具体分析康得新财务造假的手段及可疑迹象时，学生应该对公司财务报表有较为深入的认知，具有扎实的财务功底，能够通过对康得新历年财务报表的纵向对比发现其财务报表中一些可能存在问题的关联项目，并通过将康得新与同行业内其他可比公司进行横向对比，发现康得新的不同寻常之处。在进行相关分析时，学生应当理解会计准则对公司会计信息的影响以及会计信息对利益相关方的影响，加深对会计准则的理解和运用。因为本案例涉及综合性知识的运用及财务分析的内容较多，所以要求学生能够灵活运用所学理论与知识，体现自身扎实的财务素养与分析能力。

（2）宏观经济背景

2018年我国GDP增速为6.6%，完成了政府全年6.5%的经济增速目标，且超额完成0.1%，但GDP增速已经连续三个季度处于下降状态，超额完成率亦从0.2%降至0.1%。由此可见，经济新常态下我国经济增长压力仍旧巨大，且近期经济下行压力受到中美贸易战、欧美经济开始进入衰退期等因素的影响。在投资方面，2018年全国固定资产投资（不含农户）63.56万亿元，比2017年增长5.9%，增速与1—11月份累计增速持平，比上年同期回落1.3%。在消费方面，2018年社会消费品零售总额38.10万亿元，比2017年增长9.0%，比1—11月累计增速略低0.1个百分点，2017年增速为10.2%。其中，限额以上单位消费品零售额145 311亿元，增长5.7%。在进出口方面，2018年我国外贸进出口总值30.51万亿元，比上年增长9.7%。其中，出口16.42万亿元，增长7.1%；进口14.09万亿元，增长12.9%；贸易顺差2.33万亿元，顺差较2017年收窄18.3%。在制造业方面，2018年我国制造业PMI均值为50.9%，表明全年制造业总体保持增长势头，但从全年来看，PMI一直处于缓慢下行状态。受国际贸易摩擦加剧、全球经济增长放缓等多重因素的影响，12月制造业PMI最终回落至荣枯线以下，制造业出厂价格指数从9月的54.3%快速下滑至12月的43.3%，说明我国制造业正在承受巨大的经济下行压力。

总体来看，自2018年以来，随着全球贸易保护主义抬头、部分发达国家货币政策趋紧，以及地缘政治紧张带来的不利影响，全球经济增长动力有所减弱，不确定因素增加，经济复苏进程整体有所放缓，区域分化更加明显。在日益复杂的国际政治经济环境下，我国经济增长面临的下行压力有所加大。

（3）制度背景

自2012年以来，银行理财快速发展，通过非银机构产品流入股市、债市、楼市等领域，可以将其理解为银行表外加杠杆的过程。在这个过程中，一方面银行能够获得高于表内资产收益率的超额收益，将风险隔离，不占用资本金；另一方面，公司获得融资，促进生产经营规模的扩大。但是，表外理财多层嵌套、期限错配的特点无疑加大了监管难度，掩盖了潜在风险。自2017年以来，金融监管趋严。监管机构先后出台了一系列规章制度来整顿银行业乱象，表内外信用扩张受到约束，导致公司融资趋紧。具体来看，2017年4月银监会为整治银行业乱象，针对同业杠杆和资金空转等行为,开展"三三四十"系列专项治理行动,即"三违反、三套利、四不当、十问题",要求银行自查,银行表外运作和信用扩张行为管理趋严;2017 年 11 月央行出台《关于规范金融机构资产管理业务的指导意见(征求意见稿)》,对期限错配等不规范行为做出了系列规定;2018 年 4 月底《关于规范金融机构资产管理业务的指导意见》正式落地,理财持续高速发展的时代结束,银行表外资产逐渐回归表内,原有通过非银机构的途径流入实体公司的渠道受阻。在金融严监管的环境下,信用环境明显收缩,公司再融资压力加大。

3. 案例分析要点

(1) 需要学生识别的关键问题

本案例需要学生识别的知识点主要包括:上市公司财务造假的动机以及常见的财务造假手段,大股东"掏空"行为的相关理论基础,康得新财务造假的方式及其财务报表中的不合理之处,对企业会计准则的理解与运用。以上知识点的考察着重于学生分析财务报表的能力,财务报表分析的核心强调对格式财报中诸多会计科目的理解,以及对纵向、横向对比法的运用,在对比中发现问题,在逻辑悖论中识别疑点。

(2) 案例分析

① 上市公司财务造假的动机包括哪些?有哪些财务造假的常用手段?

上市公司财务造假的动机包括:

一是契约动机。为了抑制现代公司经营权与所有权分离带来的代理问题,很多上市公司高管的薪酬与公司当年财务报表的会计信息直接挂钩,如营业收入、净利润等,在经济利益的驱使下,公司高管有了粉饰财务报表的动机。此外,公司为了能向银行等金融机构贷款,塑造一个经营业绩良好的形象,也存在粉饰财务报表的动机。

二是维持上市动机。《中华人民共和国证券法》规定,上市公司连续 3 年亏损,证券交易所应对其股票实施停牌,并可以在停牌后 5 个工作日做出暂停上市的决定。在此背景下,一些经营状况不佳的公司为维持其上市资格,就有动机通过某些手段来达到虚假提升其业绩的目的。

三是保持估值动机。对于二级市场的众多投资者以及分析师而言,公司财报的经营业绩会在很大程度上影响市场对公司的估值,所以公司有动机通过不正当手段来粉饰财务报表,向市场释放公司经营良好或者业绩持续向好的信号,继而达到维持公司较高市场估值的目的。

公司财务造假的其他助推因素包括:

一是内部控制薄弱。内部控制薄弱是指公司内部控制制度不完善,或者公司建立了比较完善的内部控制制度却不执行而沦为摆设,只停留在"纸上文章"或应付检查层面,未对公司的内部控制产生实际作用。

二是大股东"一股独大"。公司董事会、监事会及股东大会组成的权力制衡机制失效,甚至出现"一股独大"的情况,大股东掌握绝对的控制权和话语权,因而中小投资者处于权力缺失和信息不全的劣势地位,合法利益受到损害。

三是处罚力度不够。在原《证券法》中,对于财务造假事件,作为直接负责的主管人员最高罚款不过 30 万元,实际控制人最高罚款不过 60 万元。这不到百万元的罚款与动辄几十亿元的财务造假金额相比实在不值一提,由此也给公司提供了财务造假的土壤。2020 年 3 月 1 日开始施行的《中华人民共和国证券法》对相关处罚进行了修改,直接负责人的罚款在 50 万到 500 万元之间,实际控制人的罚款在 100 万到 1 000 万元之间,处罚力度加大,相信未来对公司财务造假事件会有所遏制。

公司财务造假的手段包括:

一是虚增收入。对于上市公司而言，营业收入、净利润、归母净利润等指标经常被市场用来评价这家公司是否具有竞争力、是否具有投资价值。而收入的确认过程存在一定的主观性以及较大的人为操纵空间，也因此常常成为上市公司进行财务舞弊的一种手段。

虚增收入的方式很多，比较常见的有以下四种：a. 虚构客户、虚构合同。公司通过虚构客户、虚构合同，同时伪造相关业务的订单、出库单、银行单据等各类经手票据来实现当期营业收入总额的增加。b. 虚增销量、单价。公司通过在真实客户、真实订单的基础上人为地增加销售数量或者虚增销售单价，从而达到扩大销售额和虚增收入的目的。c. 关联交易虚增收入。有的公司会利用隐蔽的关联方，通过虚构与关联方的销售业务来增加收入，资金方面则由公司、股东及其关联方等提供资金从而形成销售回款。d. 提前确认收入。公司为了隐瞒当期业绩不达标的情况，通过提前确认部分收入，把未进行的服务或还没有实现销售的产品虚假确认为当期收入，到了后一个会计期间，再将其作为销售退回冲减收入。

二是虚减成本和费用。在损益表中，成本和费用是影响公司利润的另一类重要项目，部分公司为了使报表的利润数据更好看，在虚增收入的同时，虚减成本、少计费用，以直接提高毛利率。毛利率这一指标可以体现公司的核心竞争力，也可以反映公司自身在本行业内的地位与实力。通过提高毛利率，可以向外界展现公司具有较优的投资前景，呈现良好的盈利预期，有助于提高资本市场对公司的估值水平。在实际操作过程中，虚减成本和费用的方式主要包括漏计或少计成本、调整存货计价方式、推迟确认日常费用、将不符合资本化条件的日常费用资本化、不按要求计提存货跌价准备等减值准备、账外资金冲减费用等。

三是利用关联交易操纵利润。利用关联交易操纵利润的方式使用起来较为简单且比较隐蔽，是上市公司常用的一种财务造假方法。有的公司向关联方低价买入原材料或高价销售商品，将自己的费用转嫁给关联方，以达到降低成本、提高自身盈利的目的。有的公司以高出公允价值的价格将经营不善的子公司转让给母公司或其他关联方，这样的操作一方面剔除了子公司经营不善造成的经营亏损，另一方面能获得投资收益，进一步虚增公司的营业利润。有的公司则通过将不良资产或相关业务委托给关联方，然后收取相对固定的费用，既增加上市公司的利润，又规避不良资产所造成的亏损。由于大多数关联交易涉及较为复杂的双方、三方或多方的关联，目前我国监管部门在进行关联交易审核时，多多关注的是交易程序是否符合有关规定，而大多数关联交易在形式上是合规、合法的，因此关联交易的认定非常困难，关联交易的价格是否按照市场公允价值计量具有较大的隐蔽性和弹性。

四是虚增资产或虚减负债。上市公司在美化自身利润表的同时免不了要粉饰资产负债表，这样既可以使虚增收入后的报表看起来更合理，又可以给投资者留下公司实力强、资金雄厚、投资安全的印象。比如，当公司虚增销售收入时，需虚构销售回款，在这种情况下通常就会采取虚增货币资金、虚增应收账款等方式虚增资产。很多公司会倾向于选择虚增应收账款的造假方式，这样应收账款可以直接与销售收入对应，而且不必配合现金流量的增加，在以后的会计期间可以通过计提坏账准备冲销虚挂的应收账款。除此之外，公司还可以购买资产后多计资产金额，甚至直接列入不存在的资产来达到虚增资产的目的。最容易动手脚的就是“存货”科目，农、林、牧、渔行业由于具有存货数量不易盘点及不能确定内在公允价值等特征而成为财务造假的“重灾区”。另外，原本应该费用化的项目资本化也是虚增资产的常用手段。

公司如果要虚减负债，一般会采用以下三种方式：a. 不按照规定对外披露银行借款；b. 将公司开出的银行承兑汇票、应付账款列入预付账款；c. 不按要求将其他应付性质的款项计入资本公积等。

② 常见的大股东“掏空”行为有哪几种？本案例中，钟玉通过哪些方式对康得新进行了“掏空”？

大股东“掏空”，是指当上市公司大股东所持有的股权比例较大或者持股比例不大但有绝对控制权时，大股东由于个人利益的驱使，通过各种隐蔽的违规操作，将上市公司资产、利益转移到自身手中。

常见的大股东“掏空”行为有以下几种：

一是分红。分红本身是上市公司在自身盈利后回报投资人的一种方式，然而，如果在上市公司经营业绩不好的情况下，大股东仍然进行大额股权派息，那么分红就成了大股东“掏空”上市公司的一种手段。

二是关联交易。控股股东以其控股地位实施不公允的关联交易，以低于市场的价格购买公司优质资产或以高于市场的价格向公司出售资产或商品，以获取私利。

三是注入垃圾资产。大股东向上市公司注入劣质资产或者虚增注入资产的实际价值，以此为手段侵占上市公司利益。

四是资金占用。当上市公司从中小投资者身上筹集大量资金后，大股东为了达到使其自身利益最大化的目的，可能会通过多种方式直接或间接占用上市公司资金，主要表现为上市公司为大股东承担费用或偿还债务、提供委托贷款、以公司名义借款、为其开具无真实交易背景的商业承兑汇票等。

五是定向增发。大股东操纵上市公司进行长时间停牌，成功地将定价基准日前的股票价格锁定在较低水平，从而压低定向增发价格，实现对大股东的低价发行。这种低价定向增发是大股东利用控制权谋取私利的手段，对中小投资者的利益进行了侵占。

六是关联担保。上市公司为大股东的借款提供连带责任担保，当控股股东无法如期归还借款时，上市公司承担还款义务。

本案例涉及的大股东“掏空”行为如下：

一是占用资金。2014 年，康得集团与北京银行股份有限公司西单支行签订了现金管理服务协议，对康得集团控制的下属公司在北京银行开立的银行账户进行统一管理。根据协议，西单支行负责为康得集团提供资金归集服务，上市公司康得新及其合并财务报表范围内的 3 家子公司的 5 个银行账户资金被实时归集到康得集团账上，康得集团统筹使用这些资金，上市公司沦为大股东——康得集团的资金“输血池”。

二是关联担保。2016 年 1 月 22 日、11 月 14 日及 2017 年 1 月 17 日，康得新的子公司——张家港康得新光电材料有限公司（简称“光电材料”）与厦门国际银行股份有限公司北京分行签订了 3 份存单质押合同；2018 年 9 月 27 日，光电材料与中航信托股份有限公司签订了存单质押合同。前述存单质押合同均约定以光电材料大额专户资金存单为康得集团提供担保。

③ 证监会的调查结果显示，康得新实施了哪些违法行为？

一是在年度报告中虚增利润。2015 年 1 月至 2018 年 12 月，康得新通过虚构销售业务的方式虚增营业收入，并通过虚构采购、生产、研发、产品运输费用的方式虚增营业成本、研发费用和销售费用。通过上述方式，康得新 2015 年年度报告虚增利润总额 23.81 亿元，占年报披露利润总额的 144.65%；2016 年年度报告虚增利润总额 30.89 亿元，占年报披露利润总额的 134.19%；2017 年年度报告虚增利润总额 39.74 亿元，占年报披露利润总额的 136.47%；2018 年年度报告虚增利润总额 24.77 亿元，占年报披露利润总额的 722.16%。上述行为导致康得新披露的相关年度报告财务数据存在虚假记载（如表 3 所示）。

表 3　　康得新虚增利润情况　　单位：亿元

年　份	虚增利润总额	当年实际披露利润总额	虚增利润占实际披露利润的比例	当年实际利润
2015	23.81	16.46	144.65%	−7.35
2016	30.89	23.02	134.19%	−7.87
2017	39.74	29.12	136.19%	−10.62
2018	24.77	3.43	722.16%	−21.34

数据来源：中国证监会公告。

经过测算，康得新 2015—2018 年连续 4 年的实际利润总额均为负值，其中，2018 年的利润总额为−21.34 亿元，与康得新披露年报中业绩的高增长完全是两个极端，可以说造假情节恶劣至极。

二是未披露大股东侵占上市公司资金的关联交易情况。2014 年，康得集团与北京银行股份有限公司西单支行签订了现金管理服务协议，对康得集团控制的下属公司在北京银行开立的银行账户进行统一管理。根据协议，西单支行负责为康得集团提供资金归集服务，上市公司康得新及其合并财务报表范围内的 3 家子公司的 5 个银行账户资金被实时归集到康得集团账上，康得集团统筹使用这些资金，上市公司沦为大股东——康得集团的资金“输血池”。

实现该协议主要分三个步骤：首先，开立集团总账户和子账户。康得集团在北京银行股份有限公司西单支行开立集团账户，这是起到统领作用的总账户。上市公司康得新及其合并财务报表范围内的 3 家子公司（康得新光电、康得菲尔和康得新功能）开立子账户。然后，资金划转和账户运行。按照协议规定，在此模式下，当康得新作为子账户发生收款时，账户资金实时向上进行归集，资金将进入集团账户，子账户同时记录累计上存资金余额。当子账户发生付款时，自康得集团账户实时向下拨付资金完成支付，同时扣减该子账户上存资金余额。账户余额按照零余额管理，即各子账户的资金全额归集到康得集团账户。最后，账面余额的呈现。按照协议的规定，各子账户的实际余额为 0，但北京银行提供的银行对账单上不显示母子账户间自动上存、下划等的归集交易，显示余额为累计上存金额扣减下拨金额后的余额，该余额可理解为应有余额。然而这一计量结果没有任何意义，资金已经全部归集到康得集团账户，各子账户已经失去对资金的控制权。

根据规定，康得新合并范围内的 5 个银行账户的资金被实时归集到康得集团，实质上系康得新向关联方——康得集团提供资金、康得集团非经营性占用康得新资金的行为，构成康得新与康得集团之间的关联交易。据调查，康得新与康得集团发生的关联交易金额：2014 年为 65.23 亿元，占最近一期经审计净资产的 171.75%；2015 年为 58.37 亿元，占最近一期经审计净资产的 120.92%；2016 年为 76.72 亿元，占最近一期经审计净资产的 83.26%；2017 年为 171.50 亿元，占最近一期经审计净资产的 109.92%；2018 年为 159.31 亿元，占最近一期经审计净资产的 88.36%（如表 4 所示）。

表 4　　康得新关联交易情况　　单位：亿元

年　份	关联交易金额	当年年报净资产	关联交易占最近一期审计净资产的份额
2014	65.23	37.98	171.75%
2015	58.37	48.27	120.92%

续表

年　份	关联交易金额	当年年报净资产	关联交易占最近一期审计净资产的份额
2016	76.72	92.15	83.26%
2017	171.50	156.02	109.92%
2018	159.31	180.29	88.36%

三是隐瞒关联担保情况。2016年1月22日、11月14日及2017年1月17日，光电材料与厦门国际银行股份有限公司北京分行签订了3份存单质押合同；2018年9月27日，光电材料与中航信托股份有限公司签订了存单质押合同。前述存单质押合同均约定以光电材料大额专户资金存单为康得集团提供担保，而康得新在相关年报中均未对上述情况进行披露。

四是变更募集资金用途。2015年12月，康得新以每股17.57元的价格非公开发行17 074.56万股，募集资金29.8亿元，用于向光电材料增资，建设年产1.02亿平方米先进高分子膜材料项目。2016年9月，康得新以每股16.32元的发行价再次募集资金47.8亿元，用于向光电材料增资，建设年产1亿片裸眼3D模组产品项目、前述先进高分子项目及归还银行贷款。

2018年6月10日，康得新利用与中国化学赛鼎宁波工程有限公司（简称"化学赛鼎"）、沈阳宇龙汽车集团有限公司（简称"宇龙汽车"）签订采购委托协议，约定由康得新确定下游设备供应商，化学赛鼎和宇龙汽车按照康得新的要求与指定供应商签订供货合同，并按照康得新的要求将收到的货款转付给指定供应商。按照上述协议，2018年7月至12月期间，康得新累计将24.53亿元从募集资金专户转出，以支付设备采购款的名义分别向化学赛鼎、宇龙汽车支付21.74亿元、2.79亿元。转出的募集资金经过多道流转后，主要资金最终回流至康得新，用于归还银行贷款、配合虚增利润等，变更了募集资金的用途。

然而，康得新在2018年年报中披露，报告期内已使用募集资金总额36.88亿元，全部用于建设年产1.02亿平方米先进高分子膜材料项目和年产1亿片裸眼3D膜组产品项目，报告期不存在募集资金变更用途情况。

④ 结合康得新历年年报披露的财务数据，从哪些地方可以看出康得新存在财务造假的迹象？

一是"存贷双高"。"存贷双高"指的是公司在账面拥有大量货币资金的同时，有息负债处于较高水平。货币资金包括库存现金、银行存款和其他货币资金。有息负债包括短期借款、长期借款和应付债券。从康得新近5年的财务报表看，其存在典型的"存贷双高"表现。2010年康得新挂牌上市，账面拥有货币资金6.64亿元、有息负债1.80亿元。此后4年间，康得新由于发行债券、定增融资，货币资金、有息负债均有大额增长。2011—2014年，其货币资金分别为6.84亿元、34.46亿元、26.75亿元、41.93亿元，有息负债分别为6.58亿元、24.25亿元、33.74亿元、42.35亿元。截至2014年年底，康得新的货币资金、有息负债虽然数额较大，但"存贷双高"现象还不是非常明显。2015年康得新通过定向增发与发行债券的双向融资，货币资金开始翻倍增长。其2015年的货币资金为100.87亿元，有息负债为50.59亿元，货币资金近乎有息负债的2倍。此后两年，康得新的货币资金、有息负债依然维持高速增长，2016年和2017年的货币资金同比增速为52.56%和20.24%，有息负债的同比增速为12.77%和92.90%。截至2017年年底，康得新的货币资金为185.04亿元、有息负债为110.05亿元，财务报表明显存在"存贷双高"现象，有关情况见图5与图6。

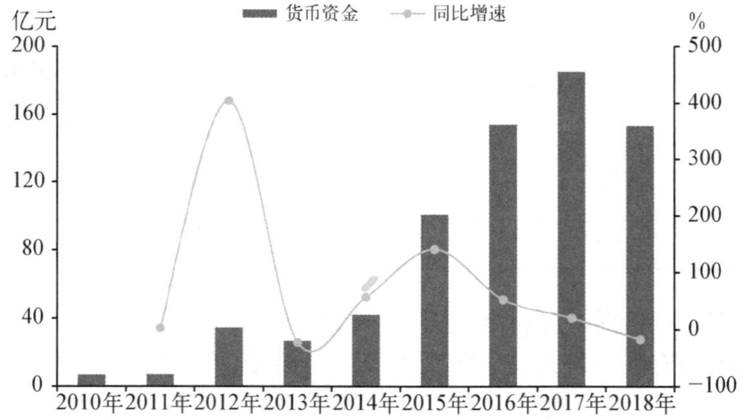

图 5　康得新货币资金增速

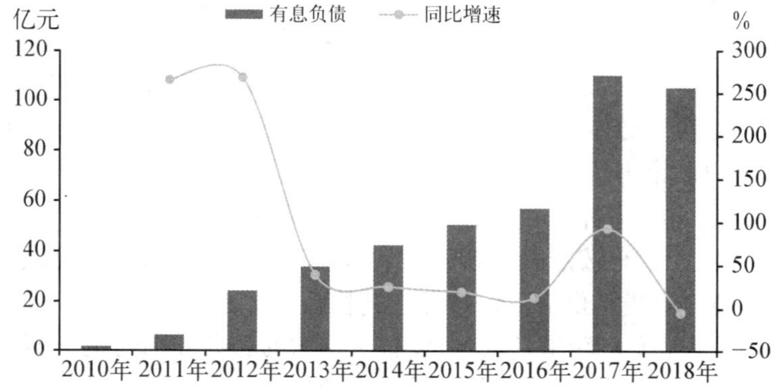

图 6　康得新有息负债增速

"存贷双高"现象的不合理性主要源于其利息支出与收入的不对称性。从财务报表可以看到，尽管康得新账面上一直存在大额货币资金，但其每年的利息收入却很少。其 2015 年的货币资金超百亿元，却只有 0.25 亿元利息收入，且需支付 3.54 亿元利息费用。同理，其 2018 年利息收入 2.20 亿元，利息支出 6.99 亿元。公司既然账面上有大量闲置资金，为何不直接还债，而是每年发行大量债券，偿还高额利息？这不得不让人对康得新报表中货币资金的真实性生疑。有关情况见图 7。

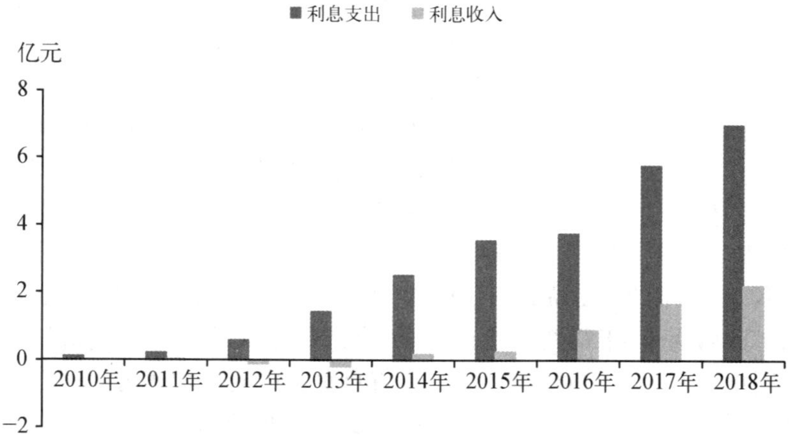

图 7　康得新利息收支情况

即使康得新真的拥有大量货币资金,账上的资金一般也会做现金管理,但是根据康得新披露的投资收益科目明细可以发现,其2010—2014年完全没有理财收益: 2015年货币资金100.87亿元,理财收益3.6万元;2016年超过150亿元货币资金的理财收益仅有3万元,以年化4%的理财收益率计算,也不过75万元的理财投资总额,超过150亿元货币资金却只有75万元在理财,这让人如何相信? 2017年8月9日,康得新披露的《关于使用自有资金进行风险投资的公告》显示,公司拟使用不超过45亿元进行风险投资,投资范围包括境内外股票、基金、信托、衍生品、委托理财等。2017年年报显示,康得新账上有185亿元,扣除募集基金的34.3亿元受限资金后还有150.7亿元现金可供支配,但从康得新回复深圳证券交易所的问询函中得知,其2017年购买理财产品的现金只有8.5亿元,理财获得的投资收益只有3 000万元,按照年化收益率1%、投资半年算, 8.5亿元理财现金能获得超过4 000万元的理财收益。而且,纵观理财收益的变化,从2015年的3.6万元到2016年的3万元,再到2017年的3 000万元,康得新到底对账面的货币资金是如何安置的? 这不应是一家上市公司对账面大量货币资金的管理水平(如表5所示)。

表5 康得新理财收益情况 单位: 万元

年份	理财收益
2015	3.6
2016	3.0
2017	3 054.0
2018	6 872.5

从康得新大股东——康得集团的股权质押比例来看,康得集团有动机非法侵占上市公司资金,从而侧面反映康得新财务报表中的货币资金并非真实。2010年8月,康得集团首次将持有的2 600万股康得新股票质押给南京银行股份有限公司北京分行,质押股份占总股份的16%,以此获得2亿元银行授信。之后的多年里,康得集团不断质押康得新的股权以获得融资。截至2019年4月,康得新控股股东——康得集团持有康得新股份8.51亿股,占总股本的24.05%,其中质押股份8.51亿股,占康得集团持有康得新股份的100%,占康得新总股本的24.05%。一般来说,大股东通过股权质押方式融资通常在资金紧张且其他融资渠道存在困难时才会使用,由此可见,康得集团资金链紧张,存在占用上市公司货币资金的动机,上市公司货币资金的真实性进一步存疑。

综上所述,在货币资金充裕的情况下,康得新大量新增借款且承担高额利息费用存在不合理性,而公司对巨额的货币资金进行的现金管理效率极低,只产生微薄的利息收入,且前后理财收益差别巨大,再结合大股东对公司股权大量质押以获得融资来看,康得新账上货币资金的真实性存在问题。

二是毛利率畸高。在对公司盈利能力进行分析时,应观察公司的毛利率指标。从2014年开始,康得新更改了收入确认口径,不再按照预涂膜、光学膜、BOPP原材料、覆膜机等来划分收入,而是将收入统一划分为光学膜、印刷包装类用膜两个主要板块。从收入结构看,2016—2018年公司连续3年光学膜的营业收入占比超过80%,印刷包装类用膜营业收入占比在15%左右。从毛利率看,公司光学膜的毛利率一直维持在超高水平,2016—2018年连续3年均在40%以上，印刷包装类用膜毛利率最近3年呈明显下降趋势，尽管逐年下降，其2018年的毛利率依然接近30%，有关情况见表6。

表6 康得新经营情况 单位：亿元

年 份	2014年	2015年	2016年	2017年	2018年
营业总收入	52.08	74.59	92.33	117.89	91.50
光学膜(占比)	67.24%	77.85%	81.39%	83.39%	85.21%
收入	35.02	58.07	75.16	98.31	77.97
成本	20.71	35.54	44.29	58.15	45.27
毛利	14.31	22.53	30.87	40.16	32.71
毛利率	40.86%	38.80%	41.07%	40.85%	41.95%
印刷包装类用膜(占比)	29.49%	18.31%	16.50%	15.48%	13.17%
收入	15.36	13.66	15.24	18.25	12.05
成本	9.85	8.73	9.21	11.79	8.52
毛利	5.51	4.94	6.02	6.46	3.53
毛利率	35.87%	36.14%	39.53%	35.38%	29.32%

从年报和官网了解到，光学膜板块的产品主要包括增亮膜、扩散膜、ITO导电膜、汽车窗膜等，印刷包装类用膜板块的产品主要是预涂膜产品。根据产品类型来看，上市公司激智科技(300566.SZ)的主营业务也是光学膜，与康得新的业务具有可比性；上市公司航天彩虹(002389.SZ)的主营业务包括光学膜，与康得新的业务具有可比性；上市公司万顺股份(300057.SZ)的主营业务包括导电膜，属于光学膜产品之一，与康得新的业务具有可比性。

从图8可以看到，2016—2018年，行业内其他可比公司的毛利率水平均有不同程度的波动，然而康得新光学膜的毛利率连续3年均维持在40%以上的高位，呈小幅上升趋势，而且大幅领先于同行业的其他可比公司。2018年其他三家可比公司的毛利率均在25%—27%，具备行业共性，而康得新的毛利率却高居41.95%，领先于行业均值约16个百分点。

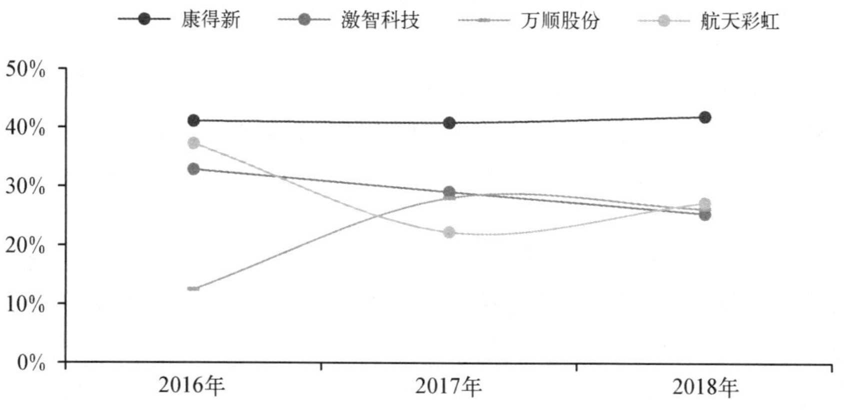

图8 康得新光学膜毛利率及同行业对比

从理论上讲,随着行业内竞争者扩大产能,产品毛利率应该有所下降,但康得新的毛利率离奇地维持高位,并且呈现一定的增长趋势,让人不得不对其毛利率情况生疑。

从一般的商业逻辑出发,毛利率高意味着公司在产业链中拥有较高的议价能力,行业地位较高,此时,一家正常的公司会尽量占用上下游公司的资金,减少每年的应收账款,增强自身资金的流动性。然而,从横向对比来看,2016—2018 年康得新的应收账款周转率并不匹配其超高毛利率所应有的行业地位。万顺股份的毛利率与康得新的完全不具备比较资格,但是其应收账款周转率却显著优于康得新(如图 9 所示)。

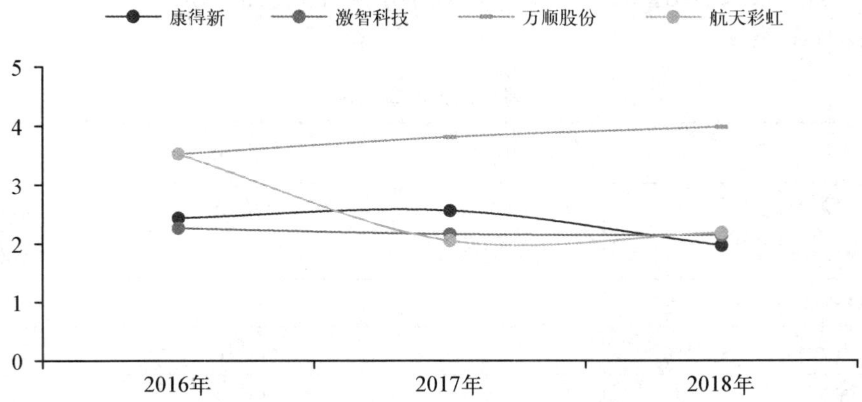

图 9　康得新应收账款周转次数及同行业对比

从图 9 和图 10 康得新自身应收账款的变化情况看,2010 年其应收账款周转率为 12.6,2011 年达到峰值 17.29,此后应收账款情况持续恶化,应收账款周转率逐年递减,截至 2018 年已降到 1.97,大约半年应收账款才周转一次。可以看出,超高的毛利率和大幅降低的应收账款周转率存在明显的矛盾。

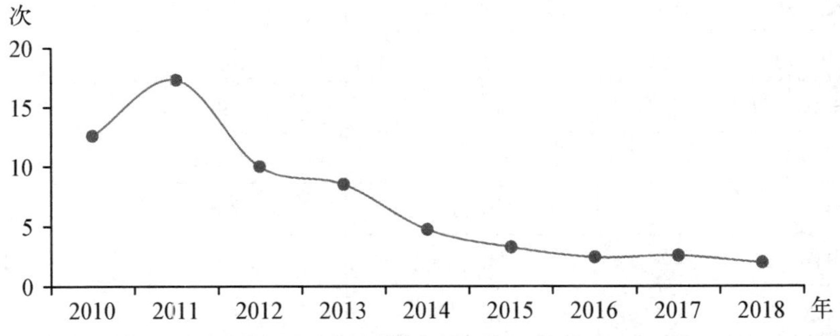

图 10　康得新应收账款周转率变化趋势

三是收入确认。在分析了康得新毛利率畸高且不匹配应收账款周转率,存在造假嫌疑后,再来看一下康得新的营业收入情况。

在收入确认上,康得新要比激智科技激进得多。康得新的收入确认原则为:内销产品按转移商品所有权凭证或交付实物的时间为收入确认时点,外销产品在完成海关报关手续并确认相关货款能收回时确认收入。激智科技的收入确认原则为:在内销情况下,公司将产品发运并交付购货方,购货方收货,验收合格并与公司就数量、金额核对确认后,确认销售收入;在一般贸易方式外销的情况下,以货物出口装船离岸时点作为收入确认时间,根据合同、提单、出口报关单等资料，开具发票并确认收入；在深加工结转方式外销的情况下，公司将产品发运并交付客户，购货方收货，验收合格并与公司就数量、金额核对确认后，确认销售收入。简单来说，激智科技必须等到对方收货、验收或者海外提单后才确认收入，而康得新只要交付就可以确认收入。

康得新 2017 年年报披露其海外业务有 42.9 亿元，出口至八十多个国家和地区。这些基本要靠海运，需要一段时间客户才能收到货并确认收入。其国内业务有 75 亿元，靠陆路运输，也需要一段时间客户验收后才能确认收入。这段时间的商品即"存货"科目里的发出商品，然而其在康得新的年报里却占比极小。另外，康得新的海外地区收入占比虽然高于激智科技，但其运输费用占营业收入的比重常年小于 1%，远小于同业其他公司的水平，不符合商业逻辑，有关情况见表 7 和表 8。

表 7　　康得新海外经营情况

项　目	2016 年	2017 年	2018 年
存货——发出商品(万元)	11 495	10 848	12 063
海外收入(亿元)	31.8	42.9	32.6
发出商品÷海外收入	3.61%	2.53%	3.70%
运杂费(万元)	6 504	7 387	7 734
收入(亿元)	92.3	117.9	91.5
海外收入占比	34.45%	36.39%	35.63%
运杂费÷收入	0.70%	0.63%	0.85%

表 8　　激智科技海外经营情况

项　目	2016 年	2017 年	2018 年
存货——发出商品(万元)	651	837	1 538
海外收入(亿元)	1.45	1.91	2.26
发出商品÷海外收入	4.49%	4.38%	6.81%
运杂费(万元)	1 136	1 431	1 722
收入(亿元)	6.11	7.38	9.08
海外收入占比	23.73%	25.88%	24.89%
运杂费÷收入	1.86%	1.94%	1.90%

据此可以推断，康得新的收入应该没有报表显示的那么高，特别是海外业务。一般来说，海外业务的审计难度较大，诸多上市公司是通过在海外收入上造假从而虚增利润的，康得新也存在这种可能性。

四是存货异常。一般情况下，为应对突发情况，制造业公司会有 1 至 3 个月的备货。同时，随着公司规模的不断扩大，存货的规模应该同比例甚至更快增长。从康得新自身的纵向对比看，其 2011 年有存货 1.55 亿元，占资产的比例为 8.17%，此时为存货占资产比例的峰值，此后，从 2013 年开始到 2018 年，其存货金额的增长很少，但存货占资产的比例逐年下降，到 2018 年已经下降到 1.77%的极低情况。从与同行业的其他公司横向对比看，从 2010 年开始，康得新的存货占资产的比例没有处于领先地位过，从 2015 年开始就显著低于其他可比公司（如图 11 所示）。

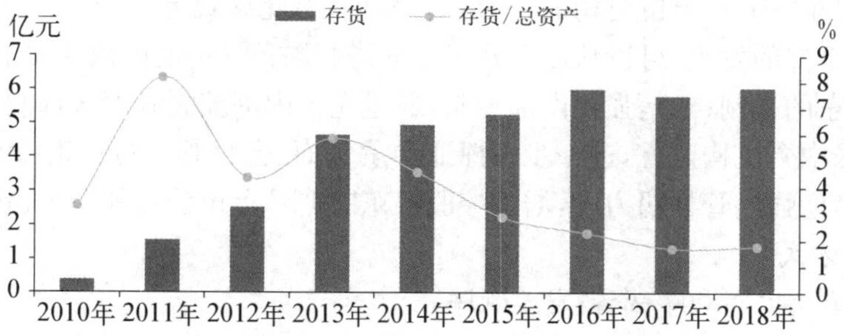

图 11　康得新存货变化情况

此外，从存货周转天数来看，康得新 2017 年、2018 年存货的周转天数分别是 30 天和 39 天，这意味着，其存货 1 至 1.3 个月周转一次，而同行业其他公司基本在 3 个月左右。随着公司的发展，存货周转天数越来越多才是正常现象。根据康得新 2018 年年报明细，其库存商品只有 2.49 亿元，占存货的 41%左右。如果按存货周转天数是 40 天来算的话，意味着一个月的时间可以卖出去 4.55 亿元产品，其中接近一半的产品还没有来得及生产，明显不符合商业常理（如图 12 所示）。

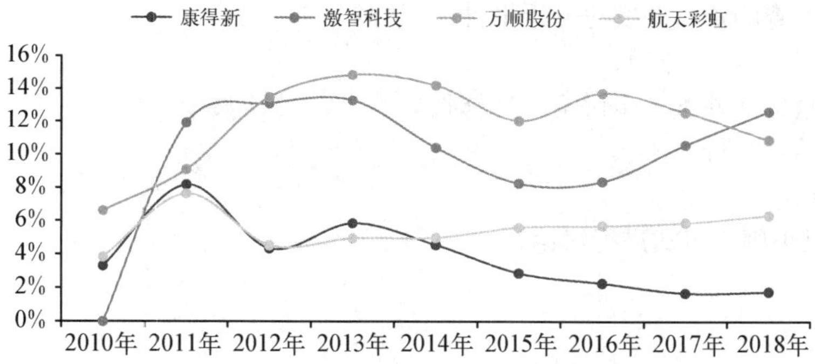

图 12　康得新存货占比及同行业对比

从存货金额占比和存货周转率两项指标来看，康得新与同行业的对标公司差异大，而且不符合商业逻辑，因此，基本可以推断出，康得新在虚增收入和资产的时候，为了防止会计师事务所通过盘点察觉，没有虚增太多存货，从而导致存货的规模没有与收入规模一起增长（如图 13 所示）。

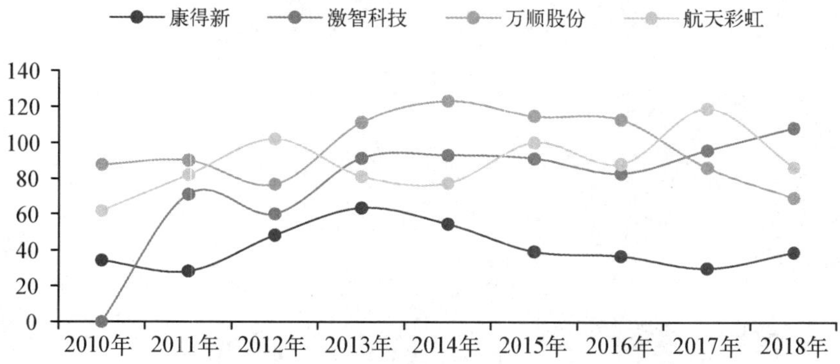

图 13　康得新存货周转天数及同行业对比

⑤ 从本案例中你得到了什么启示？未来应该如何减少此类事件的发生？

从康得新的案例中可以看出，在我国资本市场上，由于大股东“一股独大”，加之监管处罚力度不够，控股股东“掏空”上市公司的行为时有发生，由此导致上市公司财务造假事件频发。未来为减少该类事件的发生，可以从以下几个方面进行防范：一是加强公司治理，在公司内部形成制约控股股东的机制；二是强化内部控制，通过完善内部控制制度来抑制大股东对公司的“掏空”；三是增强中介机构监督，进一步发挥证券承销商、会计师事务所对上市公司信息披露的监督作用；四是增强监管处罚力度，增加控股股东“掏空”上市公司和财务造假的成本。

4. 教学组织方式

(1) 问题清单及提问顺序、资料发放顺序

① 上市公司财务造假的动机包括哪些？有哪些财务造假的常用手段？

② 常见的大股东“掏空”行为有哪几种？本案例中，钟玉通过哪些方式对康得新进行了“掏空”？

③ 在证监会的调查结果中，康得新实施了哪些违法行为？

④ 结合康得新历年年报披露的财务数据，具体分析从哪些地方可以看出康得新存在财务造假的迹象。

⑤ 从本案例中你得到了什么启示？未来应该如何减少此类事件的发生？

(2) 课时分配

① 课前小组讨论并分工：1 学时。

② 课前小组查阅资料并撰写分析报告：5 学时。

③ 课堂小组报告：4 学时。

④ 课堂小组提问并进一步讨论：2 学时。

⑤ 报告总结：1 学时。

(3) 讨论方式

本案例可以采用小组式进行讨论。

5. 其他

无。

沃尔玛信息系统内部控制案例

臧慧萍

专业领域/方向：审计/内部控制

适用课程：内部控制与内部审计

编写目的：使学生对信息系统内部控制的重要性有更深刻的认识，并对如何进行系统控制有初步了解。

知 识 点：信息系统内部控制的总体要求、关键控制点、一般控制、应用控制

关 键 词：沃尔玛、信息系统、内部控制

中文摘要：沃尔玛的物流信息系统从20世纪80年代建立至今，一直与时俱进，为沃尔玛提供强大的技术支持，成为其经营成功的秘诀之一。其信息系统控制是在COSO委员会内部控制整体框架"五要素"的指导思想下运作的，并随着环境的变化持续改进。进入互联网时代后，沃尔玛又建立了在线电子商店、移动设备客户端等多种平台，满足不同年龄段、不同消费偏好的人们的个性化需求。可以说，内部控制保证了信息系统的高效运作，在一定程度上奠定了沃尔玛成功的基础。

英文摘要：Since its establishment in 1980s, the logistics information system of WalMart Inc. has been keeping pace with the times, providing strong technical support and has become one of the secrets of its success. Its information system control is operated under the guidance of 'five elements' of COSO committee's internal control framework, and continues to improve with the change of environment. After entering the Internet era, WalMart Inc. has established a variety of platforms, such as online e-stores and mobile device clients, to meet the personalized needs of people of different ages and consumption preferences. It can be said that internal control ensures the efficient operation of the information system and lays the foundation for WalMart's success to a certain extent.

案　　例

一、引言

沃尔玛由美国零售业的传奇人物山姆·沃尔顿于1962年在阿肯色州创立。经过五十多年的发展，沃尔玛已经成为全世界最大的私人雇主和连锁零售商，多次荣登《财富》世界500强企业榜首并当选最具价值品牌。

公司致力于通过实体零售店、在线电子商店以及移动设备客户端等不同平台和不同方式帮助世界各地的人们随时随地节省开支，且生活得更好。每周，超过2.75亿位顾客和会员光顾该公司在27个国家拥有的58个品牌下的一万多家分店以及电子商务网站。沃尔玛2019财年的营业收入达到5 144亿美元，全球员工总数超220万名。沃尔玛还将继续在可持续发

展、公司慈善以及就业机会领域担任领军者的角色。

沃尔玛之所以能获得今天的成功，源于其从不对公司现状自满。它非常珍视自己的过去，并善于从中总结经验教训，但不会停滞不前。尤其值得称道的是它的物流信息系统，从20世纪80年代建立至今，一直与时俱进，为沃尔玛提供强大的技术支持，成为其经营成功的秘诀之一。沃尔玛早在20世纪80年代就已形成“四个一”：“天上一颗星”——通过通信卫星传输市场信息；“地上一张网”——有一个便于用计算机网络进行管理的采购供销网络；“送货一条龙”——通过与供应商建立的计算机化连接，供应商自己就可以对沃尔玛的货架进行补货；“管理一棵树”——利用计算机网络把顾客、分店或山姆会员店和供应商像一棵大树一样有机地联系在一起。如此庞大的物流信息系统，沃尔玛正是在COSO委员会内部控制整体框架“五要素”的指导思想下运作的，并随着环境的变化持续改进。进入互联网时代后，沃尔玛又建立了在线电子商店、移动设备客户端等多种平台，满足不同年龄段、不同消费偏好的人们的个性化需求。可以说，内部控制保证了信息系统的高效运作，在一定程度上奠定了沃尔玛成功的基础。

二、20世纪80年代的商用卫星通信系统

20世纪80年代初期，沃尔玛的高层管理人员拥有远见卓识，耗资7亿美元建成了计算机和卫星通信系统。在当时，一家公司建立一个商用卫星系统几乎是不可想象的，但正是这一系统为沃尔玛的物流管理提供了强有力的技术支持，令其在短短几十年内不断壮大，超越对手，坐上世界零售业的头把交椅。沃尔玛的前任总裁大卫·格拉斯这样总结：“配送设施是沃尔玛成功的关键之一，如果说我们有什么比别人做得好的话，那就是配送中心。”然而，这一系统的建立并非一蹴而就，而是一个基于风险评估的、循序渐进的过程。下面，我们以COSO内部控制整体框架“五要素”理论为框架，对沃尔玛的物流信息系统内部控制进行详细分析。

（一）控制环境

控制环境是内部控制的核心，是内部控制其他要素的基础，也是决定内部控制能否发挥作用的关键因素。在诸多环境要素中，对沃尔玛卫星系统的建立起关键作用的是公司文化和公司治理结构。在世界的任何地方，沃尔玛始终坚持“服务顾客、尊重个人、追求卓越、诚信行事”四大核心价值观，专注于开好每一家店，服务好每一位顾客，履行公司的核心使命，以不断地为顾客、会员和员工创造非凡。

尽管当时公司的信息系统已经使沃尔玛在同业中处于领先地位，但公司高层有着极强的竞争意识和冒险精神，他们意识到，沃尔玛要想获得长久的成功，除了源源不断地为顾客提供低价位的商品外，还必须超越顾客对优质服务的期望。要想做到这一点，就需要不断提高管理水平，投资新技术将有助于这一目标的实现。他们想使用世界上最大的私人卫星来运作其电脑网络，控制各分店的销售和存货，以便及时补充商品。在公司高层提出要建立自己的卫星系统时，山姆·沃尔顿是不赞成的。山姆·沃尔顿在美国经济大萧条时期长大，第二次世界大战时期曾在军中服役，他一直以勤奋、诚实、友善、节俭的原则要求自己，不愿意斥巨资构建卫星系统。而其他高层，包括几位董事和技术总监，深知投资新技术对公司降低成本、提高管理效率的重要性，他们不断地向山姆·沃尔顿施压，同时以大量数据资料论证了建立卫星系统的可行性以及系统投入使用后将给沃尔玛带来的巨大效益，最终，他们成功地说服了山姆·沃尔顿。

（二）风险评估

风险评估是公司内部控制成功与否的关键，沃尔玛在引进每项新技术时都保持谨慎的态度。每当有主管想建立新系统，山姆·沃尔顿总会要求他认真评估应用该系统后可能带来的风险，并且谨慎地选择系统的应用范围，循序渐进，逐渐推广。

1981年，沃尔玛开始试验利用商品条码和电子扫描器以实现存货自动控制。公司先选定几家商店，在收款台安装读取商品条码的设备，2年后试验范围扩大到25家店，3年后实验范围扩大到70家店，4年后才宣布将在所有商店安装条码识别系统。直至20世纪80年代末，沃尔玛所有商店和配送中心都安装了电子条码扫描系统。这样，一个系统从试验到全面应用差不多经历了10年的时间，其风险意识之强显而易见。

对无线射频识别技术的应用也是一样谨慎。射频识别技术是一种非接触式的自动识别技术，它通过射频信号自动识别目标并获取相关数据，识别工作无须人工干预，可在各种恶劣环境中工作。2004年，沃尔玛要求其前100家供应商在2005年1月之前向其配送中心发送货盘和包装箱时使用无线射频识别技术，2006年1月前在单件商品中投入使用，逐步扩大使用范围。供应商电子标签的使用每年可为沃尔玛节省大量资金，大幅降低成本，且使跟踪物流、查询存货、销售都更为便利。

（三）信息与沟通

一个良好的信息与沟通系统能够提高内部控制的效率和效果。对于沃尔玛来说，与供应商共享信息是与他们建立合作伙伴关系，实现互利共赢的前提。因此，沃尔玛的信息不仅在其内部沟通，以确保员工恰当地履行其职责，而且在各分店及供应商之间共享。20世纪80年代末，沃尔玛的物流链已经远远超出本公司的范围，供应商也被包括进来，通过计算机联网和电子数据交换系统，通信卫星每天将各销售点的数据资料快速、直接地传递给供应商，以便他们及时了解其商品在沃尔玛各分店的销售情况、库存变动情况以及市场需求等信息，据此调整供应商产品的生产和发货，这样既提高了效率，又降低了成本。厂商的经营成本降低了，也成就了沃尔玛的低价销售策略，真正实现了互利共赢。沃尔玛的低价能够带动其所在市场的价格水平下降。巴斯克(2005)使用面板数据对沃尔玛进入前后的零售价格进行分析后发现，除了在药店出售的阿司匹林、香波等特色商品外，沃尔玛进入后，短期内平均价格会下降1.5%至3%，而长期内则会以4倍的速度明显下降。杰里·豪斯曼和艾法莲·莱布塔格(2005)也认为，沃尔玛能比传统超市提供平均价格低15%至25%的相同食物；沃尔玛的进入能通过给消费者提供更低的价格来对所进入的市场创造直接的价格压力，而且还能通过愈加激烈的竞争间接影响传统超市降价。这样，消费者也可以在沃尔玛的竞争对手那儿买到与沃尔玛相同的廉价商品了。显然，这大大增加了消费者的福利，同时也成就了沃尔玛的辉煌。

（四）控制活动

控制活动是合理保证内部控制目标得以实现的政策和程序，在建立了商用卫星通信系统后，沃尔玛针对这个交互式的通信系统重新设定了一系列控制活动。在沃尔玛总部，高速电脑与各个发货中心及各家分店的电脑连接，商店付款台上的激光扫描器会把每件货物的条形码输入电脑，再由电脑进行分类统计。当某一货品库存减少到一定数量时，电脑会发出信号，提醒商店及时向总部要求进货。总部安排货源后，送往离商店最近的发货中心，再由发货中心的电脑安排发送时间和路线。这样，从商店发出订单到接到货物并把货物提上货架销售，一整套工作的完成只要36个小时。可见，卫星通信系统保证了沃尔玛在拥有巨大规模的同时保持高效。

当然，沃尔玛连锁店的分布也很科学。福尔摩斯(2008)对沃尔玛的动态选址问题进行了研究，认为沃尔玛分店的分布有利于管理、商品配置和销售。相近商店的管理相对更加容易，每家分店距离配置中心的路程皆在1天之内，有利于调配商品、减少库存；同时，这样的分布有利于顾客在相近城镇间的口碑传播，分享广告效应，拓展相近城镇的客源。他还利用人口、商店特色、依赖于商店水平的雇佣数量的成本函数和商店离最近的配置中心的距离，建立了一个需求结构的模型，得出结论："在其他条件不变的情况下，商店距离配置中心少于100英里时可以节约178 000至519 000美元。"①

(五) 监督

监督是保证内部控制制度得以实施的必要程序，沃尔玛的卫星系统可以监控整个集团的所有店铺、配送中心及其经营的所有商品，包括与商品有关的购、销、调、存等信息。通过统一的商品代码——UPC(Universal Product Code)，经理们选择任何一件商品，扫描一下UPC，不仅可以知道商场目前有多少这种商品、订货量是多少，而且可以知道有多少这种商品正在被运往商店的途中、会在什么时候到，因为每辆运输车上也装有卫星定位系统。在确定运输车还需多久可以到达商店后，经理们通常会安排卸货人员先去做其他工作，以最大限度地提高劳动生产率，降低公司成本。另外，由于所有数据都通过主干网和通信卫星传输到数据中心，管理人员不但能对销售情况、物流情况等实时监控，而且可以知道当天回收了多少张失窃的信用卡、信用卡认可体系是否正常工作，并监督每天的交易数量。为实现快速反应的供应链管理，沃尔玛的数据中心还与供应商的信息系统相连接，沃尔玛的主要供应商都在沃尔玛的总部附近设有固定的办公室。厂商通过运营系统可以进入沃尔玛的电脑分销系统和数据中心，直接从销售终端上得到某供应商的商品流通动态信息，如不同店铺及不同商品的销售统计数据、沃尔玛各仓库的调配状态、销售预测、电子邮件与付款通知等，以此作为安排生产、供货和送货的依据。通过这个信息系统，管理人员能及时掌握第一手资料，对日常运营与公司战略做出分析和决策。

三、大数据时代沃尔玛信息系统内部控制的主要特色

(一) 机器学习语义搜索引擎"北极星"

互联网改变了商业的运作方式，也改变了消费者对零售商的期望。为满足新的消费趋势，沃尔玛专门组建了一个团队来负责电子商务。他们工作的重点就是创造新的方式来满足这部分消费者的需求。此外，他们还努力探求如何使目前的商场网络、物流系统等更好地与新业务无缝结合，共同服务好顾客。

在零售模式多元化且快速迭代的当下，随着线上线下消费边界的逐渐模糊，广大消费者开始追求高品质的生活。随着收入水平的提高，消费者不仅想省钱，而且希望节省时间，享受更加便捷的、个性化的服务。鉴于此，商家开始强强联合、互通有无，形成多渠道、全方位融合的经营模式，逐步打破线上线下边界、客群边界、供应链边界、时效边界、平台边界和地域边界，让顾客能够真正随时、随地、随心购。在此背景下，沃尔玛基于每个月4 500万的网络购物数据，并结合社交网络上有关产品的大众评分，开发机器学习语义搜索

---

① Holmes(2008)还将特大购物中心作为两家商店来估计，如果5 000家沃尔玛距离它们的配置中心超过100英里，保守估计成本要上升10亿美元。

引擎“北极星”，方便在线购物者浏览，在线购物人数增加10%至15%。沃尔玛还通过对消费者的购物行为进行深入分析，了解顾客的购物习惯，分析适合搭配售卖的商品，优化商场的布局和货架的排列。例如，通过数据分析，沃尔玛的营销人员发现，婴儿纸尿裤与啤酒的销售增幅极为相近，增长曲线几乎吻合，而且发生时段基本一致。为此进行的卖场调查显示，很多年轻父亲被妻子打发出来给孩子买纸尿裤，而这些年轻父亲大多有喝啤酒的习惯，所以每次都会顺便买啤酒。因此，沃尔玛将这两件商品陈列在一起，大大促进了这两件商品的销售额。

(二) 商品文件合规评估系统

商品文件合规评估系统向沃尔玛的全体供应商提供了一个便利的、与沃尔玛商品合规检查部门进行即时交互的平台，便于公司选择资质优良的商品供应商。基于此系统，供应商可以向沃尔玛在线提交新商品的资质文件，在售商品的法规文件补证、续证等材料，以创建安全、有序、合规销售的“双赢”零售环境。其中，必须提交的内容包括供应商资质文件和商品资质文件。供应商资质文件是政府部门针对供应商的某种经营范围或行为而颁发的资格文件；商品资质文件是政府部门或有公信力的权威机构针对供应商的某个具体商品或某个品牌的商品或某种具体的商品的质量、声誉、要求而颁发的资格文件。两者最大的区别在于：前者针对的通常是一个范围或某种行为，相对抽象；后者则有具体所指。例如，“食品生产许可证”针对的是生产厂家的生产流程、卫生状况，是供应商资质文件；而“绿色食品证书”是针对某具体厂家生产的具体品牌的具体类别商品，是商品资质文件。某些时候，供应商资质文件和商品资质文件可能会体现在同一份文件上，如某卡通品牌授权书、授权某供应商的经销资格等。所提交的法规文件，包括标签在内的资料，应真实、清晰和完整，并与商场售卖的产品信息相匹配。如果申报不准确或商场实售货品与这些资料不吻合，则有可能影响彼此之间的合作关系。所以，完整、真实的信息申报非常重要。如果商品信息发生更改，供应商应主动联系采购员沟通处理方案。

(三) 合作伙伴交易信息管理平台

合作伙伴交易信息管理平台(PIE)是供应商和沃尔玛之间的财务信息共享合作平台，它于2010年开始投入使用。该系统是零售链系统的扩展，沃尔玛通过此在线平台为其合作伙伴提供更好的服务和更高效的沟通。

合作伙伴交易信息管理平台的主要功能有：

1. 发票信息事先录入及匹配

PIE系统具有良好的鉴别能力，PIE用户的问题发票比率只有3%，非PIE用户的问题发票比率高达10%。

2. 发票信息批量上传

PIE系统具有发票信息批量上传功能，能够节省单笔发票信息录入的时间。

3. 检查订单状态和发票是否已经付款

PIE系统具有自动检查发票状态和发票是否已经付款的功能，为供应商提供一个财务信息查询的渠道，同时提高了服务标准，加速了问题反馈。

4. 自动获取培训通知、财务结款政策变化和其他信息

自助培训手册位于PIE系统中的“在线服务”→“培训园地”→“培训资料查询”。供应商共享服务中心定期举办供应商付款培训，包括PIE系统培训。

图1是沃尔玛的PIE系统。

资料来源：www.wal-martchina.com。

图1 沃尔玛的PIE系统

（四）零售链决策支持系统

零售链决策支持系统是联系沃尔玛及其供应商之间的一座“桥梁”，供应商可以通过零售链网站（https：//retaillink.wal-mart.com），实现如下功能：轻松地上传商品的法规文件，轻松地从网上获取订单信息，轻松地提取商品销售/库存数据，轻松地实现网上财务对账。访问零售链网站须申请授权，有关情况见表1。

表1 沃尔玛零售链系统相关权限的申请流程

<table>
<tr><th>权　限</th><th>要求及方式</th><th>申请表</th><th>联系人</th><th>联系方式</th></tr>
<tr><td>零售链系统权限</td><td>已成为沃尔玛的供应商，与沃尔玛签订购货合同后递交零售链系统权限申请表即可</td><td>零售链互联网表</td><td rowspan="3">零售链小组</td><td rowspan="3">超市零售链小组：
cnrlregister@wal-mart.com
山姆零售链小组：
samsrl@wal-mart.com</td></tr>
<tr><td>网上下载订单权限</td><td rowspan="2">① 已成为沃尔玛的供应商，并已签订购货合同
② 已开通零售链系统权限后递交申请表即可</td><td>补充协议</td></tr>
<tr><td>财务对账系统权限</td><td>信息服务协议</td></tr>
<tr><td>法规文件管理权限</td><td colspan="2">① 已成为沃尔玛的供应商，并已签订购货合同
② 已开通零售链系统权限后直接联系商品法规文件合规小组开通即可</td><td>商品法规文件合规小组</td><td>chinagarorc@wal-mart.com</td></tr>
</table>

资料来源：www.wal-martchina.com。

（五）沃尔玛中国公司的开放创新合作平台Omega8

在极客公园IF2019大会上，沃尔玛中国电子商务与科技公司高级副总裁霍斯博在演讲中重点提及Omega8，这标志着该平台在中国正式公开亮相（如图2所示）。演讲结束后，霍斯博接受了媒体采访，还原一个更加真实的Omega8。

资料来源：www.wal-martchina.com。

图 2　沃尔玛中国电子商务与科技公司高级副总裁霍斯博在演讲

1. *为什么是 Omega8?*

“8”这个数字对于沃尔玛有着重要的意义。一方面，山姆·沃尔顿在其著作中讲述，沃尔玛在创立初期，曾在第八家门店内进行大刀阔斧的改变，去检验大胆创新的效果。另一方面，沃尔玛在 2017 年成立了科技创新孵化器，名为“8 号店”(Store No.8)，主要用于关注能够重塑零售体验的技术变化，如虚拟现实、无人驾驶汽车、无人机速递和个性化购物等。

关于“Omega”，霍斯博表示，“Omega”(Ω)是希腊字母，形状看起来像桥梁，数字化技术达成了类似的目的：让这个世界更加扁平、更加紧密。Omega8 团队的愿景就是通过对创新的扶持，进一步把零售世界紧密相连，让沃尔玛在国内的创新有机会很快地横向扩展到沃尔玛在全球各地的门店，甚至服务于其他的合作伙伴。

2. *Omega8 的理念和功能*

Omega8 平台的出现让初创公司有了一位零售行业的“导师”，它能够直接扶持初创公司，通过沃尔玛多年的经验，迅速判断是要帮助这些公司做横向的扩展，还是给它们提供项目试验的环境，帮助它们直接对接决策，完善技术落地的场景。

此外，Omega8 平台还能够为初创公司提供线下零售的信息和洞察。霍斯博表示，沃尔玛会带初创公司深入零售一线考察门店运营情况，这样有助于加深初创公司对于零售行业的认知。“沃尔玛可以很快地培育初创公司，在 Omega8 平台上做一些决策，实现两个效果：一是能够帮助创新更快地触及市场；二是让初创公司开展试验的成本大大降低，5 年后就有可能大展身手。”霍斯博这样阐述 Omega8 项目的初衷。

在霍斯博关于 Omega8 的讲述中，多次提及创新，这或许也是沃尔玛在零售行业能够保持领先的原因。纵观国内的零售行业，多数参与者选择依附于互联网巨头，利用它们提供的技术以及营销方式完成数字化转型；沃尔玛则拥有数字化升级的“自驱力”，通过对初创公司的扶持，让沃尔玛门店能够拥有更浓厚的科技感。例如，沃尔玛“扫码购”小程序的用户量在2018年年底已经突破2 000万户，目前是美国零售商超行业用户数量排名第一的小程序。

3. Omega8上线初期的效果

据霍斯博介绍，Omega8选择在极客公园大会正式亮相是源于希望能够吸引更多初创公司的注意力，共同进行零售数字化的探索。在Omega8推出的4个多月内，已经开展了15个项目的概念证验测试。他列举了其中的三个例子——热绝缘技术、线上订单线下配送方案以及图像识别。

(1) 热绝缘技术

具体来说，热绝缘技术的项目是由沃尔玛的食品安全中心挖掘出来的，能够降低冷链运输成本，还能够帮助沃尔玛赢得消费者的信赖，这种信赖包括冷链系统的稳健性以及食品的安全性。

(2) 线上订单线下配送方案

线上订单线下配送方案能够帮助沃尔玛门店更好地分拣、配送商品。该方案能够释放分拣人员的双手，通过手环以及语音辅助系统等更快地找到需要分拣的商品进行配送。面对如今线上订单量增长的趋势，对门店的运营效率的要求越来越高，类似技术会不断迭代升级。

(3) 图像识别

图像识别方案能够自行查找冷藏冷冻柜里的陈列或者库存错误，并将错误信息输送给相关人员以让其及时做出纠正。该技术可以很好地辅助门店提高效率。

4. Omega8的未来展望

可以看到，Omega8平台上的项目并非空谈的数字化升级技术，而是能够落到沃尔玛门店内探索，立足于提高顾客信赖度，帮助门店提高运营效率的技术。相信未来会有越来越多的初创公司加入Omega8，让更多数字化升级技术在沃尔玛落地开花。

四、沃尔玛信息系统成功的秘诀

(一) 良好的公司文化是基础

沃尔玛是在山姆·沃尔顿所倡导的原则上建立起来的。这些原则已体现在员工每天的辛勤工作及待客服务中，成为沃尔玛独特的公司文化，使沃尔玛更具竞争力。

1. 服务顾客

把服务顾客作为员工最重要的工作。山姆·沃尔顿说过：“所有员工都是在为购买我们商品的顾客工作。事实上，顾客能够解雇我们公司的每一个人。他们只需到其他地方去花钱就可以做到这一点。衡量我们成功与否的重要标准就是看我们让顾客——我们的老板满意的程度。让我们都来支持盛情服务的方式，每天都让顾客百分之百地满意而归。”沃尔玛尽其所能使顾客感到在沃尔玛连锁店和山姆会员店购物是一种亲切、愉快的经历。著名的“三米微笑原则”是指同事要问候所见到的每一位顾客，而“保证满意”的退换政策则使顾客能在沃尔玛连锁店和山姆会员店放心购物。

2. 尊重个人

沃尔玛尊重每位员工提出的意见，重视和认可每位员工的贡献，经理们被看作“公仆领导”，通过培训、表扬及建设性的反馈意见帮助新的员工认识、发掘自己的潜能。公司管理层以聆听员工、分享信息的方式进行沟通，使用“开放式”的管理哲学，在开放的气氛中鼓励员工多提问题、多关心公司，要求员工做到：对自己的工作负责，保持紧迫感，互相帮助。

3. 追求卓越

沃尔玛鼓励员工大胆创新，尝试新的工作方式，持续提升，发挥团队精神，互相帮助，寻求支持。为此，沃尔玛连锁店和山姆会员店的员工分享使顾客满意的承诺，在每天营业前，员工们会聚集在一起高呼沃尔玛口号，查看前一天的销售情况，讨论当天的目标。“日落原则”要求员工有一种急切意识，对当天提出的问题必须在当天予以答复。

4. 诚信行事

沃尔玛秉持诚信、客观的经营理念，对员工、供应商及各利益相关方力求做到公开、公正。公司要求员工做到实话实说、信守承诺，以沃尔玛的利益为一切决策的出发点，一切经营活动均应合法并符合公司政策的要求。

（二）恰当的员工激励制度是保障

1. 多种薪资制度相结合

沃尔玛在薪资给付方面，针对员工本身的特点和工作情况，采用了多种计酬方式：

（1）固定薪资制。按照高于同业普遍认可的职位价值核定给薪标准，不断吸引优秀人才加入沃尔玛。

（2）薪资加奖金制。除固定薪资外，另行增加销售奖金或目标达成奖金的付薪方式。

（3）单一奖金制。薪资所得完全来自奖金，没有保障薪资，奖金的多少完全决定于销售成绩或达成目标的状况。

（4）钟点计薪制。以工作时数作为薪资计算标准，主要用于吸引兼职人员。另外，这一付薪方法也对工作累计达一定时数的员工产生了持续的激励作用。

（5）计件工资制。

$$工资=生产件数\times每件工资额$$

沃尔玛把它应用于包装工人，极大地提高了员工的工作效率和积极性。

2. 奖金及福利制度

（1）固定奖金方式。沃尔玛采用固定月数的年终奖金，消除了员工的担心和紧张。

（2）依公司营运状况决定方式。沃尔玛员工的一部分奖金依公司年度营运状况而定，将员工绩效表现及员工职级列入发放的参考指标。

（3）依部门目标达成状况决定方式。依照部门目标设定预先拨付款项金额，每月或每年目标达成即发放给员工。

（4）保险。这包括劳工保险、公司团体保险、员工意外险及汽车保险等。

（5）休闲。这包括国内外旅游招待或补助、休闲俱乐部会员卡、社团活动、员工休闲中心等。

（6）补助。这包括子女教育补助、急难救助、紧急贷款、生日礼物、购物折扣等。

（7）进修。这包括在职进修、岗内培训等。

（8）奖励。这包括分红奖金、员工入股、资深职工奖励、退休金等。

3. 晋升制度

（1）明确的晋升渠道。员工进入一家公司后最关注的问题是未来的升迁和职业发展。沃尔玛将晋升路线制度化，并让员工充分知悉这一制度，使员工对其职业生涯发展有明确的依循方向。

（2）公平的评选方式。沃尔玛晋升的选拔完全取决于员工的个人业绩及努力程度，而非上级主管的喜好。

（三）持之以恒的技术创新是关键

对一般的零售商来说，产品创新、组织创新等都是常用的创新方式。产品创新确实可以实现产品差异化，吸引不同的消费者；组织创新以及资源配置创新可以降低零售商的商品运输成本、仓储成本；市场创新即开拓新市场能增加其利润来源。但是，在零售商遍布全世界的今天，单一的产品、组织、技术、资源配置乃至市场方面的创新都已无法满足竞争的需要。“多位一体”的创新模式将取代单一的创新方式，成为下一阶段竞争的主要形式。这其中最重要的是信息技术创新。信息技术的研发和使用是随科技发展而逐渐应用于零售服务业的，能否成功运用信息技术实现对五大创新活动的整合将是竞争的关键。因为，信息网络技术在零售各环节的充分使用能将五大创新方式重新整合，大大降低公司的运营成本；此外，规模经济和范围经济的辅助作用也将更加明显。“沃尔玛现象”正是这一点的突出表现。

传统零售服务业是劳动力密集型行业，而在技术性创新的推动下，它将向资金密集型甚至技术密集型转变。零售商的核心竞争力将向信息技术创新转移，零售服务业的理论也将在创新层面获得极大的发展。新的创新模式要求大量的先期投入，因此，大型零售商的优势愈发显著。信息技术的不断创新极大地降低了沃尔玛的成本，而日渐壮大的规模又充分发挥了规模的经济效应。① 同时，信息技术的创新也为消费者偏好的调查打下了技术性基础，从而能从细微处入手不断进行产品和服务的创新，形成独特的风格。沃尔玛正是利用信息技术实现了五大创新活动的整合，使其生产率领先于整个零售业，效率得到大幅度改善，而在价格上也有更大的空间与对手展开竞争。② 同样，信息技术的不断创新也为沃尔玛的全球布局及采购创造了可能，并使其获得了详细的数据资料，成功地将产品创新、技术创新、市场创新、资源配置创新及组织创新更有效地融合起来。在这一系列创新活动的作用下，开拓新市场也就顺理成章了。此外，五大创新活动的整合使沃尔玛的商品和服务产生了明显的差异化，大大增强了成本优势，在零售业市场上具有强劲的竞争力，再加上长期发展形成的巨大规模，令沃尔玛具备了较强的谈判能力，能够大幅压低供货商的利润空间。沃尔玛的强势还影响着供货商的组织结构乃至对先进技术的采用。

沃尔玛还在环保、可持续发展等方面做了很多创新。譬如，沃尔玛提出百分之百使用可再生能源、“零”浪费、出售有利于保护资源和环境的商品等。他们把省下来的成本回馈顾客，降低产品价格。正如史蒂文·克莱伯和伊丽莎白·格雷迪(1990)所言，最大的厂商总是更容易获得可行的最低成本。沃尔玛有能力向上游厂商施压，将其利润空间转移给消费者，也能强迫其配合使用相关技术，还能在劳动力市场压低薪资水平，降低自身的成本，从而获得价格优势。

五、参考文献

[1] 速途网 www.sootoo.com.

[2] 沃尔玛官网 www.wal-martchina.com.

[3] 财政部官网 www.mof.gov.cn.

[4] 上海国家会计学院.内部控制与内部审计[M].北京：经济科学出版社，2012.

① Basker(2007)认为，沃尔玛的规模可有效分摊固定成本，如与供应商签订合同等一系列成本，又可降低销售的边际成本。Basker and Van[12](2007)曾用沃尔玛的数据计算出关于销售总量的单位额外销售量的边际成本弹性近似为−0.2，即销售量增加1%，则边际成本下降0.2%。

② Basker(2007)统计得出，1982—2002年，沃尔玛的生产率增长了55%，而整个日常用品部门仅增长35%。McKinsey Global Institute[13](2001)也调查得出，在20世纪80年代后期和90年代，沃尔玛每个员工的附加现值比其他日用商品零售商高出40%。

案例使用说明书

1. 本案例需要解决的关键问题

通过本案例的学习，加深学生对信息系统内部控制重要性的认识，了解信息系统内部控制的主要流程和操作原理，并从本案例中挖掘可供其他公司借鉴的经验。

2. 案例讨论的准备工作

（1）了解内部控制的概念和要素

内部控制是由董事会、监事会、经理层和全体员工实施的，旨在实现控制目标的过程，应从以下几个方面理解：一是内部控制的发展，二是内部控制是动态的管理过程，三是内部控制只是对实现内部控制目标提供合理保证。

内部控制的基本要素：内部环境、风险评估、控制活动、信息与沟通、内部监督。

（2）掌握信息系统内部控制的基本原理

信息系统的关键控制包括：一是权责分配和职责分工应当明确，重大信息系统事项应履行审批手续；二是信息系统的开发、变更和维护流程应当清晰，授权审批程序应当明确；三是建立访问安全制度，操作权限、信息使用、信息管理应当有明确规定；四是硬件管理事项和审批程序应当科学、合理；五是会计电算化流程应当规范，制度应当完备。

系统开发和变更过程中的不相容岗位或职责一般包括：开发或变更审批、编程、系统上线、监控。系统访问过程中的不相容岗位或职责一般包括：申请、审批、操作、监控。

3. 案例分析要点

（1）需要学生识别的关键问题：沃尔玛良好的内部控制环境对其内部控制的影响，沃尔玛信息系统内部控制的特色。

（2）沃尔玛人力资源政策的利弊。

（3）沃尔玛信息系统内部控制的借鉴意义。

4. 教学组织方式

在案例讨论的一周前，教师将案例发给学生，把班级分成若干个讨论组，并布置每个讨论组需要回答的问题；同时，教师会事先给学生一些案例分析的提示，如引导学生对照内部控制基本规范和应用指引，结合现行操作流程进行分析。在案例讨论时，每组学生都要选派代表通过演示文稿进行阐述；同时，每一组还需对其他组的阐述进行评价。最后由教师对学生的阐述和其他学生的点评进行再点评，并就主要知识点进行归纳和梳理，尽可能让每位学生都有发言的机会，提高学生的参与度。

5. 其他

无。

财务风险及规避策略的大数据分析
——基于期货行业

张　媛　张雨桐　郑　草　汪思佳　郑沐榕

专业领域/方向：会计、审计、财务管理

适用课程：会计信息化、商务分析

编写目的：通过结合使用大数据和考察分析的方式，研究借大数据分析事前参与以规避期货公司的财务风险的应用性，以推进发展大数据下的个性化智能投资方案。

知 识 点：通过期货行业案例分析目前所面临的财务风险，利用大数据分析方法，以分析及数据建模的方式研究财务风险预警模型，提高目前期货行业在财务风险预警方面的准确性。

关 键 词：大数据、财务风险预警、期货

中文摘要：本案例论述了某期货公司面临的财务风险，以及期货公司应用大数据系统提高其效率和准确性的必要性，并通过大数据智能分析和CTA策略等定量建模，建立财务风险预警模型。此外，本案例还建立了一个区域模型，通过分析市场流动性方向指标，找出市场流动性与期货合约价格之间的联动关系，使在大数据系统下分析期货公司各种因素的变化成为可能，从而进行实时的监控和管理。

英文摘要：This paper case discussed the financial risks faced by the futures companies, and the necessity for futures companies to apply the big data system which can improve the efficiency and accuracy of reducing the financial risk and establishing the beforehand warning model by means of the big data intelligence analysis and quantitative modeling such as CTA strategy. In addition, this paper establishes a regression model by analyzing the indicators of market liquidity direction and finds the linkage relationship between market liquidity and futures contract price, so that the real-time monitoring and management of futures companies' changes of various factors can become possible under the big data system.

案　　例

一、案例研究的背景

我国期货公司起步较晚，至今期货市场对于整体市场而言仍是小众市场，关于期货市场交易尚缺乏具体的法律和规定，如相关风险监管指标规定、税收法规等，因而期货公司存在法规方面的财务风险。在信息化不断发展的市场上，传统方式运营的期货公司势必面临不断加强的电子化革新的市场需求，若技术环境不能得到提升，期货公司将面临安全性和客户流失方面的财务风险。

从整体来看，目前大数据在期货行业的应用比较少。尽管期货行业在大数据应用方面尚在探索，但其发展前景被业界普遍肯定。当前的市场充满了不确定性，通过大数据分析，顺应

电子商务时代的创新业务模式，从复杂的数据中挑选有价值的数据，利用这些有价值的数据统计结果，结合以往的定价原理、定价方案产生未来的确定性，同时降低成本与风险，可以作为我国期货公司的发展方向，也可以为规避期货公司本身的财务风险提供方向。

当前，财务风险管理集中于事后管理，而本文将通过事前介入来降低财务风险，通过结合使用大数据和考察分析的方式，研究通过大数据分析事前参与以规避期货公司的财务风险的应用性，以推进发展大数据下的个性化智能投资方案。通过分析以往规避财务风险的典型案例，以当下流行的大数据技术为切入点，通过数据建模的研究方法，组建具有大数据时代特色的高速、全面及多角度的公司财务风险预警机制，以达到彻底解决公司财务风险预警问题的目标。

本案例将通过调查期货行业目前所面临的财务风险，利用大数据分析方法，以分析及数据建模的方式研究财务风险预警模型，提高目前期货行业财务风险预警的准确性。

（一）大数据分析在公司财务风险中的应用

伴随着云时代的来临，大数据吸引了越来越多的关注。各行各业都通过大数据不断发展新业务，创新运营模式。

公司财务风险管理是公司财务管理的一个重要组成部分，建立有效的财务风险管理模型有助于公司正常开展财务活动，保证公司经济利益免受损失。传统的公司财务管理理论主要通过财务理论和财务金融工具的结合，对整体资源进行分析、组织、统筹，从而实现资源的科学、合理、有效配置，最终达到公司利润最大化的目标。然而在大数据时代，传统模式已经不能满足需求，需要进行改革和创新。

大数据的到来可以为公司注入新的技术和思想。大数据具有大容量、多样性、高速率、高价值的特征，公司在财务管理方面可以突破原有信息数据少的限制，及时发现外部市场行情、供应商、竞争对手等的变化并了解其实际发展情况，增强数据的可信度，提供更多有效的决策信息，从而帮助公司管理层进行决策。公司可以充分利用计算机在数据处理中的优势，通过建立模块，使信息高度共享，塑造一个信息集成控制流程。公司的财会人员可以从公司的内部控制深入公司生产经营活动的各个方面，实时控制财务状况，实现财务风险预警。

然而，在大数据背景下，财务风险管理也面临新的问题。大数据的迅速发展使得公司无法预知市场的变动情况，导致公司在财务风险的预警管理中存在较大问题。如果公司不能正确认知大数据环境的严峻性，那么公司的财务安全将无法得到保障。公司可能对数据过度依赖，缺乏筛选和思考，忽略了验证数据的真实性，反而会使财务风险的预测出现偏差，造成公司更大的损失。因此，公司在运用大数据提升风险预测能力的同时，应当谨慎处理从网络中获取的数据。

（二）大数据与期货行业

在第十一届中国期货分析师暨场外衍生品论坛上，业内专家表示，在金融业融合发展与大数据时代的背景下，期货业正面临发展的新机遇和新挑战，如何满足市场主体日益增长的风险管理需求，提升自身核心竞争力，提供更专业化的服务，将成为期货公司下一步的发展方向。

金融行业最好的原材料是数据，数据与期货大有关联。大数据分析的方法可以通过大量金融产品交易数据、网络评论数据挖掘其内在规律，建立预警模型，帮助公司规避财务风险。一方面，以大数据分析为基础，能够提高期货交易所和期货公司客户服务及产品服务的精准度，助推高端服务以及定制化服务，提升客户体验。另一方面，随着期货公司设立风险管理子公司和资产管理子公司，业务的种类增加，复杂程度增强，风险也在不断加大，通过对期货公司及其子公司的大数据进行整合和深入挖掘，通过对投资者交易行为的分析，为期货交易所和其他机构监管、监察以及采取风险控制提供数据支持，不断提升监管效率。

（三）财务风险与期货行业

我国期货行业处于发展的初级阶段，在财务风险管理问题上有许多需要改进的地方。期货公司财务风险的成因主要来自三个方面：法规风险、治理风险和资金风险（客户保证金风险、自有资金风险、资金调拨风险）。因此，根据期货公司的经营特点构建一套可操作的财务风险框架体系并结合信息化建设，能够有效应对期货交易中发生的财务风险。

就目前来看，虽然期货行业已经建立了较完善的风险防范与控制体系，但在实际活动中仍旧缺乏必要的财务风险评估意识，片面地认为只要做好了公司的财务管理就可以规避财务风险。同时，期货行业在资产管理、子公司风险管理、业务创新中也存在较大风险。

随着期货子公司在市场经济中发挥越来越重要的作用，其特殊行业定位导致了其财务管理的困局，风险防控更加复杂，因为其风险因素的隐蔽性较强，突发性明显，需要专业能力较强的人员参与风险防控。

期货公司在客户资金管理上的风险、风险监管指标不达标的风险、从资金使用上的风险到资产管理产品的税务风险都表明了需要财务人员事前介入，根据每项业务的开展计划进行风险监管指标的压力测试。

在期货行业快速发展的情况下，加强期货公司财务风险防范与控制有助于优化公司发展，减少因风险防控不当造成的损失，为期货公司的健康发展打下良好的基础，维护期货市场的稳定。财务风险是处在当前经济洪流中的任何公司都无法回避的问题，如同其他行业，期货行业对于财务风险的认知较模糊。同时，公司的内部控制制度流于表面和形式，对财务风险的识别缺乏科学的定量标准，财务风险预警十分薄弱，严重影响了期货行业的健康、稳定发展。因此，更加需要依靠大数据分析建立一套符合期货公司经营特点并具有可操作性的财务预警模型。

二、期货交易各环节对期货公司财务风险的影响

期货交易所是买卖期货合约的场所，是期货市场的核心。它为交易者提供公开、公平、公正的交易场所和有效的监督服务。我国四大期货交易所分别是上海期货交易所、中国金融期货交易所、郑州商品交易所和大连商品交易所。不同期货交易所的交易品种不同，交易标准也各有差异。其中，中国金融期货交易所是中国内地成立的首家金融衍生品交易所，主要从事股指期货交易，而其他三家主要从事商品期货。期货的类型不同、品种不同，会给期货购买者和期货公司带来不同的风险。

（一）市场风险

市场风险是指由于市场变动而引起的一系列期货市场价格的变动。期货市场本身与市场有着密切的关系，市场上的点滴变化都有可能造成期货市场的巨大变动，然而市场变化的规律很难把握，这也就造成了期货市场的瞬息万变。要想降低市场风险，就需要投资者随时关注市场，关注各方面的政策变化。

可以就某一品种的期货对其历年的成交量与价格进行大数据的可视化处理，分析其供求与价格的关系。特定的某些期货产品，如大豆等农副产品，其期货价格往往会受气候与天气的影响，因此，要特别注意其季节性的变化。根据这一处理结果，可以对期货的价格进行预测，给予投资者咨询建议，减小交易时的风险。

基于以上认识，我们可以设计风险分析方法如表 1 所示。

表 1　风险分析方法(1)

分析主题	分析指标	分析维度	分析方法	展现形式
期货价格	期货价格	时间(当日)、品种	同比、环比、趋势、构成、TOP－N、结构、分布、指标预警……	柱状图、饼图
	期货成交量	时间(日、周、月、年)、品种		
	期货供求关系	时间(日、周、月、年)、品种、库存量、成交量		

(二) 强行平仓风险

交易所每天都会对投资者当天的交易情况进行结算,对于保证金不足的投资者,需要在规定时间内补足;如果超出规定时间未补足,就会被强行平仓。当投资者的损失达到一定程度仍未补足保证金时,期货公司就会对投资者所持有的合约进行强行平仓,以达到减少损失的目的,由期货公司先行承担经济损失,最终由投资者承担。若此时客户一走了之,就会导致期货公司的经济损失。因此,这一风险是期货公司最主要,同时也是最难解决的风险。

我们根据对保证金的理解进行分析指标提炼,表 2 为对保证金的分析方法的设计。

表 2　保证金的分析方法设计

分析主题	分析指标	分析维度	分析方法	展现形式
保证金	保证金批次	时间(当日)、品种	同比、环比、趋势、构成、TOP－N、结构、分布、指标预警……	柱状图、饼图
	保证金重量	时间(日、周、月、年)、品种		
	仓单质押数量	时间(日、周、月、年)、品种		

通过大数据分析,根据分析的结果,及时监督和预测保证金账户的余额情况,提醒客户补足保证金。

(三) 交割风险

期货交易购买的合约都是有时间限制的,当合约到期时,所有未平仓的合约都必须进行实物交割,入伙投资者没有在合约到期前完成平仓,就会面临“逼仓”的困境。所以,投资者和期货公司要注意合约的期限,一定要在到期前完成交易,否则就需要承担交割的责任。

期货交割的方式有两种基本类型,即实物交割和现金交割。实物交割,是指期货合约的买卖双方于合约到期时,根据交易所制定的规则和程序,通过期货合约标的物的所有权转移,将到期未平仓合约进行了结的行为。现金交割,是指到期未平仓期货合约进行交割时,用结算价格来计算未平仓合约的盈亏,以现金支付的方式最终了结期货合约的交割方式。这种交割方式主要用于金融期货等期货标的物无法进行实物交割的期货合约。交割方式制度设计的不同导致商品期货与股指期货的交割风险有本质的不同。

从期货市场发展的历史来看,交割风险是商品期货最大的风险。一方面,实物资源是有限的,过度的资金追逐有限的资源会导致价格扭曲,从而造成价格大幅波动、“逼仓”。在期货交易史上,操纵者控制住现货流通从而操纵期货价格的案例层出不穷。沪深 300 股指期货采用现金交割,几乎没有“逼仓”的可能,现货市场规模庞大,难以操纵,且反映了我国证券市场投资者的预期。另一方面,我国商品期货市场对应的现货市场的发育并不如西方市场那般完善,比如我国交割仓库数量有限,使得全国范围内的就近交割比较困难,长途运输等成本对市场的效率造成了一定的影响。沪深300股指期货本身以股价指数作为标的，所以采用现金交割方式完全没有上述问题。

因此，交割风险主要存在于合约期限以及商品期货交割，我们根据这一认识，设计了风险分析方法(如表3所示)。

表3　　风险分析方法(2)

分析主题	分析指标	分析维度	分析方法	展现形式
交　割	交割批次	时间(当月)、品种	同比、环比、趋势、构成、TOP-N、结构、分布、指标预警……	柱状图、饼图
	交割数量	时间(当月、月、年)、品种、仓库(地区)、类型、		
	交割重量	时间(当月)、品种、仓库(地区)、交易类型		

通过大数据分析，根据实际的分析结果，及时提醒期货的交割时间，并且根据交割时间，关注商品的市场价格，分析交割的风险，减小自身的亏损。

三、研究设计

(一) CTA 策略

CTA(Commodity Trading Advisors)策略又称商品交易顾问策略，也被称为管理期货。近年来，CTA策略已经从商品期货扩展至股指期货、外汇期货、债券期货和利率期货等杠杆性衍生品市场。其收入来源多样化，目前市场上最常见的是利用动量策略赚取价差，往往以"量化趋势跟踪"作为CTA策略的代名词。

大数据系统可以为实现量化的CTA策略提供便利。按Preqin Hedge的数据统计，在海外，2014年80%的CTA基金采用程序化交易，9%采用混合策略，仅11%采用主观分析。而在国内，根据期货资管网的统计，国内量化CTA占比约五成并呈稳步上扬的态势。

我们认为，期货公司用量化的方式来投资和代理期货能够在获取收益的同时很好地管理风险。通过应用大数据智能化操控，事前规避和降低期货公司的财务风险将成为可能。量化CTA能够有效地避免人的主观的非理性投资，在出现亏损或回撤时能够及时止损从而有效规避风险；同时，量化CTA基金能够产生规模效应，这也是在国内乃至海外量化逐渐成为CTA基金的主流交易方法的主要原因。CTA策略的交易方法有计算机自动交易和人工自主交易。在大数据背景下的计算机自动交易可以更快捷、及时地在分析的基础上建立数量化的交易策略模型，利用模型产生的买卖信号进行投资决策。传统的人工自主交易即基金管理人基于调研或操盘经验，主观判断走势，决定买卖时点；而应用大数据系统，基金管理人在基本分析或关键经济数据分析的智能化基础上进行投资，其时效性和精密度大大提升，真正做到由"数据"向"智能"的转型，最终做出的决策将更为扎实。

常见的CTA策略有趋势策略和套利策略，侧重和适合的情形各有不同。趋势策略理论认为，趋势是盈利的源泉，只要利润能够增长，完全可以抵挡住短期内的小幅波动或亏损，在市场趋势的持续发展中获得收益。其中包含经典的R-Breaker策略及普遍应用的双均线策略。应用R-Breaker策略可得到趋势追踪和反转策略两个部分，根据以往交易日的指数计算形成当日的交易信号。双均线策略可以帮助投资者确认趋势，发现即将反转的趋势。结合大数据的量化模拟并综合其他相关指标，应用计算机自动交易的表现值得期待。

套利策略是在两个不同市场买卖相同或者本质相似的证券以获取有利的差价，包含跨期套利、跨品种套利等策略。跨期套利又包含基本面套利和统计套利。基本面套利会考虑供需状况、消费库存比、注册仓单、现货报价、收储、抛储、持仓结构等。统计套利利用不同月份合约之间的协整关系，建立一个具有均值回复特征的多空组合，当价差突破阈值时建仓，回归时平仓。这两种方式的数据需求繁多而复杂，计算性强，在大数据系统中可单独作为一个业务模块存储数据并建立模型，计算时效性强，并能有效降低市场波动带来的财务风险。在跨品种套利方式中，可以选取相关性较强的两种产品，然后根据计算的价格比率走势判断采取趋势套利或反转套利。传统操作中倾向于依赖经验选择两种产品，可选范围受限；而在大数据环境下，其选择范围更广，配对产品更优，匹配将更为精准，有利于规避风险、提高收益。

（二）云计算与智能预警

在众多期货市场指标中，我们选择市场流动性方向的指标来具体分析大数据环境下的云端计算和智能预警规划方案及其应用前景。我们选择这一方向是由于经调查分析，市场流动性对期货合约的价格具有很大的影响，当市场的流动性强时，期货的成交速度比较快，能够根据不断变化的市场行情生成比较合理的价格，合理的期货市场价格自然体现低风险，同时会吸引更多市场参与者，从而提高了市场的流动性，两者之间存在良好的联动关系。

考察市场流动性的主要指标有以下四组：

1. 成交量及其变动率

期货合约的成交量即成交的总手数，但成交量并不能完全反映市场的流动性水平，因为各个期货合约的定价是不相同的，成交量大不能代表成交金额大，因此，成交量仅是对期货合约流动性“量”的衡量。

2. 成交金额及其变动率

成交金额是指期货交易的资金量，是成交合约数与期货价格的乘积。成交金额越大意味着市场流动性越强。

3. 月末持仓量及其变动率

期货合约的流动性源于期货市场参与者的买卖，持仓量即买卖双方尚未平仓的数量。持仓量大，说明市场参与者有较多的买卖行为，也代表了市场的流动性较强。

4. 成交金额市场占有水平及其变动率

从期货套期保值的基本功能上讲，套期保值者普遍希望期货商品市场占有水平比较高，行情相对稳定。由于单个期货商品的成交金额无法在市场中得到充分的体现，为测度该期货商品市场中成交金额的市场占有情况，可以用本期与上期期货市场占有率的变化来反映成交金额市场占有率的变动。

量化模型的建立需要通过指标确定因子变量。在因子分析过程中，确定因子的方法有主成分分析法、主轴因子法、极大似然法、最小二乘法等，以所得到的因子对原有变量进行更加有效的概括，不同因子对不同变量进行概括，建立回归模型。由于需要综合各类指标进行回归分析，大数据背景下的量化模型将更为复杂。我们设想通过应用大数据系统云端实时计算，期货公司对各个因子的变动的实时监控管理将成为可能，对于偏离正常波动范围的指标和异常现象做出预警。如运用于实际，这类人机交互式智能化处理将贯穿期货公司的业务过程，结合期货公司的自有经验，为其提供更为清晰的市场趋势指向。与传统业务模式相比，大数据系统的应用能够事前更大限度地规避风险，事中更高效地应对风险。

四、案例应用

（一）案例具体描述

某期货交易所积累了大量业务数据，但是因为缺少必要的数据分析展示平台支撑，无法高效地对库存数据和仓单业务数据进行动态的、历史的、综合的、全过程的整体分析，无法对大量期货交易业务数据进行趋势、规律的价值挖掘，无法对当前经营状态进行总结概括和推理诊断，无法对未来的形势进行预判和预警。虽然仓单管理系统中沉淀了大量业务数据，但是这些沉淀数据没有为管理者科学决策和高效管控提供有效支撑。本次建设某期货交易所仓单业务数据展示系统将利用大数据分析技术和工具对仓单系统的业务数据进行分析和展示，满足监管者、交易所领导对数据决策的诉求，以及交割部业务人员进行数据统计分析的需求。

（二）案例初步分析

在案例研究中，我们首先对某期货公司的期货交易的几大环节——开户、交易、下单、结算、平仓或交割进行分析，在各个环节中找出市场变动风险、强行平仓风险和交割风险 3 个对期货公司财务风险存在影响的因素。然后，我们针对每一个因素，提出相应的分析指标、分析维度、分析方法和展现形式，建立对期货公司财务风险的防御模型，通过大数据分析，实现对期货公司财务风险的防御。最后，考虑大数据基于期货行业的财务风险和规避策略的实际应用以及目前存在的挑战和问题。

我们认为，大数据分析系统的应用可以帮助解决目前期货公司财务风险管理存在的一些棘手的问题：风险的大小难以量化估计，难以事前防范，只能事后被动止损等。另外，对与 CTA 策略和云计算与智能预警结合的可能性分析使我们看到大数据分析作为一门新兴技术将来在期货公司财务领域内的应用前景。但在应用大数据分析系统的同时，要考虑对相关联技术的提高以及相关法律法规、监管制度的完善。

（三）案例建设路径

1. 项目建设目标

基于对某期货交易所仓单业务数据展示系统项目建设需求的理解与分析，本次建设的某期货交易所仓单业务数据展示系统将成为一套科技化、信息化、智能化仓单业务数据展示系统，将期货交易所指定交割库的库存及各项仓单业务数据在 LED 大屏和计算机显示器等设备上进行可视化展示，实现对仓单业务数据的科技化监管，持续提高某期货交易所的技术管理能力，向世界一流期货交易所的先进管理模式迈进。

在业务监管方面，通过仓单业务数据分析和大屏可视化展示，实现仓单业务数据资产的统一汇聚，整合期货交易数据资源，对数据进行多维度、全方位的分析，挖掘数据价值，实现“基于数据监管”的目的，增强风险防范、监察能力。

在业务分析方面，满足仓单数据分析核心业务需求，提高业务人员数据统计分析的工作效率，持续优化业务管理，深化各层次的应用，保证某期货交易所仓单业务管理的先进性。

在系统实现方面，仓单业务数据展示系统要支持多种软硬件环境，提供大屏、个人电脑终端等多种接入方式。搭建系统的各项技术要符合国家和行业标准，在满足管理要求的情况下具备成熟性、先进性、开放性、安全性、可靠性、易用性及可扩展性。

2. 项目建设内容

通过对某期货交易所仓单业务数据展示系统总体业务需求的理解和分析，本次建设的主要项目内容包括：

一是仓单业务数据展示系统与仓单系统对接，实现业务数据的接入，搭建仓单业务数据展示系统的数据仓库，对所获得的动态数据和历史数据进行存储、分析、计算和整合等数据层面的处理。

二是规划设计仓单业务数据展示系统的业务分析主题，包括库存量、入库申报、生成仓单、仓单注销(出库)、仓单转让、所外质押、作为保证金、交割和期转现等业务分析主题。

三是按照业务主题规划，在仓单业务数据展示系统中实现交割库库存及仓单业务数据的可视化分析与展示。分析与展现需满足大屏、个人电脑、手机端等不同终端的需要。

3. 项目建设的关键点及难点

基于对某期货交易所仓单业务数据展示系统项目的建设内容和需求的理解，本案例大数据建设仓单业务数据展示系统项目的关键点与难点主要体现在以下几个方面：

(1) 业务分析与主题规划

大数据分析项目的建设大致经过数据规划、数据整合、数据存储、数据分析等几个关键过程。其中，数据规划是基础，也是最重要的过程。所谓数据规划，是在客户业务分析需求的基础上梳理分析指标和分析维度，根据业务划分出不同的分析主题，并规划各个业务主题的业务分析模型。

数据规划体现的是管理诉求和分析思路，仓单业务数据展示系统最终的分析展现也是要服务于业务监管和管理决策的，所以在项目实施过程中，需要在现有业务的基础上进一步厘清业务需求，进行业务分析和主题规划，制订符合某期货交易所实际所需的方案。

(2) 数据的采集与存储

某期货交易所仓单业务数据展示系统的数据来源于仓单业务系统，主要通过业务系统数据库表或视图的方式提供，这些数据在业务系统数据库中是按照业务系统的数据逻辑存储的，为了满足分析的需要，获取的这些数据需要进行必要的存储，并进行相应的筛选和整合，形成面向分析应用的数据模型。所以在本案例的建设过程中，需要解决从业务数据源获取数据的问题，以及如何规划数据仓库来存储前端展示的业务数据。

(3) 数据展示与多屏适配

某期货交易所仓单业务数据展示系统最终需要在多个地方、多个终端上进行展示，目前已知的包括主监控室的 LED 大屏和分控中心的终端。数据展示结果需要在大屏、个人电脑以及移动端进行多屏适配，如何实现一次开发、多端自适应，是本案例项目实施建设需要考虑的一个技术问题。

(四) 案例系统总体架构

基于对某期货交易所仓单业务数据展示系统建设需求的理解，本案例给出某期货交易所仓单业务数据展示系统的总体架构(如图 1 所示)。

某期货交易所仓单业务数据展示系统总体架构的概况描述为“一个中心、两个平台”。“一个中心”，是指数据存储中心，即数据仓库；“两个平台”，包括数据整合平台和数据分析平台。

数据分析平台是仓单业务数据展示系统的前端。该平台提供了数据分析所需的各种展现工具，并制定数据分析的应用主题。数据整合平台主要解决仓单系统数据采集和整合的问题，即按照分析所需，将业务源系统数据经过一定的转换、加工处理汇集到某期货交易所仓单业务数据展示系统数据仓库中，即数据存储中心。数据仓库对当前数据及历史数据进行适当的分层存储，以便更好地为数据分析平台提供数据支撑。

“一个中心”与“两个平台”之间的关系体现在：在数据分析平台确定的分析主题整体框架

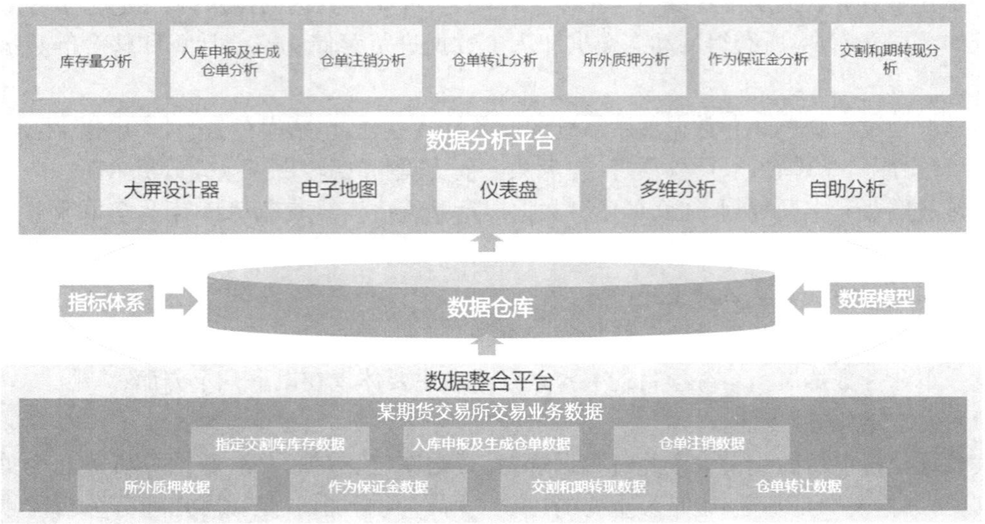

图 1　系统的总体架构

规划下，形成指标分析体系，数据整合平台按照分析所需的指标（业务数据）和维度（基础数据）进行源系统到数据仓库的数据采集和整合。数据仓库完成数据集中、统一的存储和管理，并为数据分析平台进行数据分析展示提供数据模型。

（五）案例系统应用架构

基于某期货交易所仓单业务数据展示系统的总体架构，进一步细化设计了某期货交易所仓单业务数据展示系统的应用架构。该应用架构描述了系统功能和技术实现（如图 2 所示）。

图 2　系统应用架构

系统应用架构分为数据层、整合层、分析层、展现层和访问层。数据层是建设某期货交易所数据仓库的数据来源，整合层、分析层、展现层和访问层分别提供不同的产品和工具支撑。系统应用架构设计符合面向服务的架构（SOA）理念，在能够满足业务分析要求的前提下，将决策分析封装为服务工具，提供给使用者调用。

大数据平台整合层提供的服务工具有数据采集工具（ETL，浪潮 IDI）和数据建模工具，全面支持多源异构数据的采集与整合。

大数据平台分析层提供的服务工具有报表工具、即席查询、多维分析、指标工具、智能报告、自助分析、仪表盘、透视表、电子地图、大屏设计器、移动段适配器等。通过这些工具提供的应用服务，开发支撑数据分析所需的各种形式，形成展现层的业务分析主题和分析模型。

大数据平台访问层对不同的用户提供不同的数据视图和访问方式，包括个人电脑端展现、大屏展现、移动端展现等，对决策人员提供关键信息呈现，对分析人员提供交互式分析门户，能够帮助某期货交易所快速满足业务数据分析需求。

(六) 系统业务架构

基于某期货交易所仓单业务数据展示系统的总体架构和业务分析需求，本案例设计了某期货交易所仓单业务数据展示系统的业务架构(如图 3 所示)。

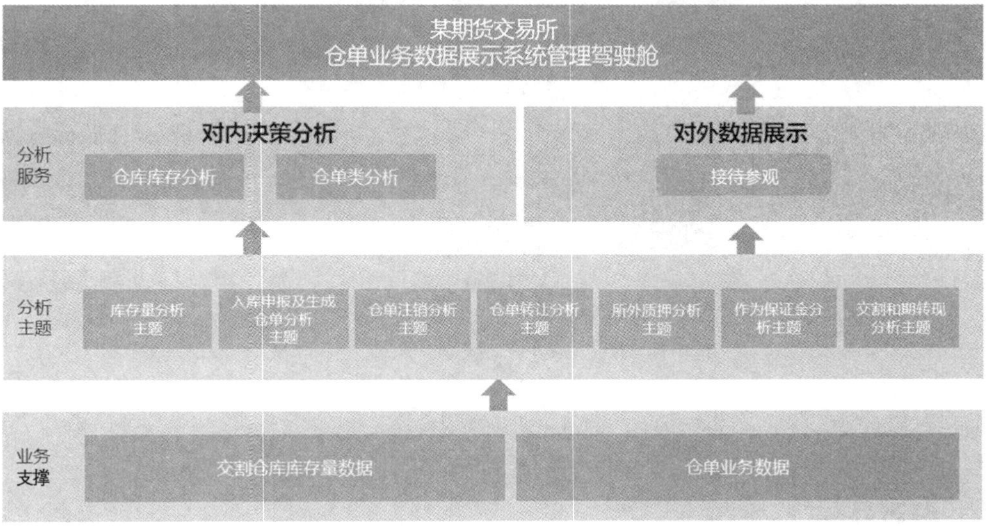

图 3　系统业务架构

系统业务架构分为业务支撑层、分析主题层和分析服务层。业务支撑层是现有的某期货交易所仓单管理业务系统，主要提供业务数据支撑。分析主题层和分析服务层描述仓单业务数据管理系统为系统使用者提供哪些业务领域的分析服务。

根据某期货交易所仓单业务数据展示系统的业务需求描述，我们进行分析主题层的初步规划设计，包括指定交割库库存量、入库申报及生成仓单、仓单注销(出库)、仓单转让、所外质押、作为保证金、交割和期转现七大类分析主题。每一类业务分析主题又包含业务分析模型。这些分析主题和分析模型对系统使用者提供分析服务，满足对内运营决策、对外监管和数据展示的服务诉求。

(七) 案例指标体系设计

指标体系设计是对业务需求进行梳理，从业务规则中抽象出描述业务的指标、维度和度量，形成完整的体系结构。

指标是量化衡量的标准，反映总体的数量特征，表达业务成效的指数、规格、标准等，一般用数据表示，如库存量、入库申报数量等。

维度是分析问题的视角，如品种、仓库、地区等。

度量是用来计量指标的数据量度，如实际数、同期数等。

(八) 案例业务规划设计

基于指标体系设计，按照业务域划分，我们将某期货交易所仓单业务数据展现系统的业务规划为以下分析主题：交割库库存量、入库申报及生成仓单、仓单注销（出库）、仓单转让、所外质押、作为保证金、交割和期转现。

分析主题再进一步细化设计分析模型，如库存量分析主题包括库存量分析、仓单量分析、仓单品种分析、期货仓单占比分析、历史库存分析等分析模型。

某期货交易所仓单业务数据展示系统的业务分析主题与分析模型如图 4 所示。

图 4　业务规划设计

五、案例总结

在我国现代信息技术不断发展的大背景下，大数据参与财务风险管理的时代已经到来。大数据处理具有非常高的技术含量，各行各业的现代公司已经在经营过程中充分运用大数据对公司内部的庞大数据以及指标进行分析，但在期货行业的应用仍然较少，这与期货行业的快速发展以及由快速发展所带来的一系列财务风险防范和控制激增的需求不符。本文通过一系列研究，旨在对依靠大数据分析建立一套符合期货公司经营特点并具有可操作性的财务预警模型起到促进作用。

本文通过研究期货交易各个环节对期货公司财务风险的影响，从市场变动风险、强行平仓风险和交割风险三个角度出发，通过设计风险分析方法进行研究。运用大数据分析，从期货价格入手，对其历年的成交量与价格进行大数据的可视化处理，分析其供求与价格的关系，并将特殊情形考虑在内后进行预测，减少市场变动风险；从保证金入手，分析提炼保证金批次和重量指标，及时监督和预测保证金账户的余额情况，以减少强行平仓风险；从合约期限和商品期货交割入手，结合交割批次、数量以及重量，及时提醒期货的交割时间，并根据交割时间，关注商品的市场价格，以减少交割风险。

大数据基于期货行业的财务风险及规避策略将可为实现量化的 CTA 策略提供便利，应用于趋势策略与套利策略。期货公司用量化的方式来投资和代理期货能够在获取收益的同时很好地管理风险。此外，通过分析市场流动性方向的指标，建立回归模型，发现市场流动性与期货合约价格之间的联动关系，使期货公司对各个因子的变动的实时监控管理在大数据系统下成为可能。

在上述研究下，通过应用大数据智能化操控，事前规避和降低期货公司的财务风险将成为可能。人机交互式智能化处理将贯穿期货公司的业务过程，结合期货公司的自有经验，为其提供更为清晰的市场趋势指向。大数据为期货市场的风险监控提供了技术支持，包括对复杂事件的处理、基于海量数据的交易特征识别、面向金融期货大数据分析的 Hadoop 支撑平台构建、基于数据仓库技术的海量数据处理。大数据的介入使期货风险市场实现了产品的多样化，提高了交叉监管的能力，提升了期货市场的监管水平，也增强了风险识别与监控能力。

大数据基于期货行业财务风险和规避策略的应用也面临一定的挑战和问题。一方面是合法性与安全性问题，大数据行业的标准有待完善。期货大数据行业正处于发展阶段，行业的相关标准有待完善，而对于金融领域来说，数据更加强调保密性与安全性，并且大数据的获取和使用需符合法律规定，很多数据涉及隐私及保密问题，因此数据的安全显得尤为重要。另一方面是期货行业的大数据技术有待提高。可能会发生不同期货公司使用的系统不兼容的情况，对于大数据应用来说，需要对不同的系统进行架构，还需保证业务的安全运行，这在无形中增加了时间和成本投入。

对于面临的挑战和问题，我们建议相关管理部门出台指导大数据在期货行业的发展目标、方向、路径和要求，健全相关配套保障体系及其发展能力的评估体系。此外，建议期货行业中的各期货公司共同制定统一的行业交易规范，明确数据的安全使用标准，对大数据使用的权限、方式、范围及安全机制进行规范化与标准化。

六、文献参考

[1] 李玥.大数据背景下公司财务管理的挑战与变革[J].中国商论，2018(33)：25—26.

[2] 闻吉尔.基于大数据的公司财务管理的挑战与变革[J].市场研究，2019(04)：60—61.

[3] 康巍.基于大数据利用的公司财务管理创新研究[D].南昌大学，2018.

[4] 李玉侠.大数据与公司财务风险预警[J].中国商论，2018(29)：10—11.

[5] 李茜.期货业站上大数据“风口”[N].上海金融报，2017-05-05(A08).

[6] 夏步刚，石松，马莉.互联网金融对中国期货市场发展的影响与对策研究[J].上海金融，2016(04)：72—75.

[7] 吴健鹏，黄佑军.大数据时代金融衍生工具财务管理风险分析的文献综述[J].金融经济，2017(08)：120—122.

[8] 白若冰.期货公司财务风险防范与控制[J].科技经济与管理科学，2019(27)：203—204.

[9] 易杨.我国期货公司的财务风险识别及对策初探[J].现代经济信息，2013(23)：157—158.

[10] 王颐霞.期货公司财务风险及防范[J].中国总会计师，2018(02)：105—106.

[11] 张琴华.浅析期货公司财务风险防范及控制[J].经贸实践，2017(09)：203.

[12] 李丽萍.期货风险管理子公司财务风险管控浅析[J].会计师，2018(04)：41—42.

案例使用说明书

1. 本案例要解决的关键问题

本案例将通过调查期货行业目前所面临的财务风险，利用大数据分析方法，以分析及数据建模的方式研究财务风险预警模型，提高目前期货行业财务风险预警的准确性。

2. 案例讨论的准备工作

需准备的知识包括数据建模的方式研究，财务风险预警模型，财务管理基础知识，会计信息化相关软件的学习，大数据的基础编程语言 Python R 语言等，可视化基础工具。

3. 案例分析要点

目前，大数据在期货行业的应用比较少。尽管期货行业在大数据应用方面尚在探索，但其发展前景却被业界普遍肯定。当前的市场充满了不确定性，通过大数据分析，顺应电子商务时代的创新业务模式，从复杂的数据中挑选有价值的数据，利用这些有价值的数据统计结果，结合以往的定价原理、定价方案产生未来的确定性，同时降低成本与风险，可以作为我国期货公司的发展方向，也可以为规避期货公司本身的财务风险提供方向。

当前，财务风险管理集中于事后管理，而本案例将通过事前介入来降低财务风险。通过结合使用大数据和考察分析的方式，研究通过大数据分析事前参与以规避期货公司的财务风险的应用性，以推进发展大数据下的个性化智能投资方案。通过分析以往规避财务风险等典型案例，以当下流行的大数据技术为切入点，通过数据建模的研究方法，组建具有大数据时代特色的高速、全面及多角度的公司财务风险预警机制，以达到彻底解决公司财务风险预警问题的目标。

本案例将通过调查期货行业目前所面临的财务风险，利用大数据分析方法，以分析及数据建模的方式研究财务风险预警模型，提高目前期货行业财务风险预警的准确性。

4. 教学组织方式

(1) 问题清单及提问顺序、资料发放顺序

结合实验室的沙盘教学进行相关基础理论的学习。

课时分配：第一周布置案例基本背景资料及相关要求；第二周进行相关基础知识的讲解，可以通过翻转课堂的方式分组完成；第三周小组做阐述并进行总结报告。

(2) 讨论方式

体验式沙盘的模拟讨论方式最佳；如果没有沙盘，可以进行小组互动式讨论。

(3) 课堂讨论总结

分小组报告及个人报告。

5. 其他

无。

大数据环境下商业银行个人客户的风险控制研究

——以WT银行为例

孙文龙　刘婉平

专业领域/方向： 大数据分析

适用课程： 审计学

编写目的： 使学生掌握大数据技术在审计领域中的应用。

知 识 点： 深度学习、信用卡违约风险识别

关 键 词： 商业银行、信用风险、深度学习、信用卡

中文摘要： 信用卡作为一种传统金融产品，在金融市场上已发展了半个多世纪。改革开放后，中国大力发展经济，一系列金融产品在中国境内生根发芽。近十年来，中国信用卡发卡数量呈爆发式增长，中国信用卡行业迅猛发展。目前，信用卡业务已成为各大商业银行的主要业务。为获取更多客户资源，商业银行不断创新信用卡产品。信用卡数量急速扩张的背后是银行效益的增长，但是，获取高收益的同时也伴随着高风险。如何识别客户、对客户进行评估、评估信用卡风险、做好银行风险防控成为银行运营过程中需要重视的问题。大数据环境为银行管理和控制风险提供了新的技术流。目前，深度学习技术从感知机的引入到神经网络的建设，再到卷积神经网络的形成，有非常扎实的理论基础与实践基础。深度学习技术在各个领域中已有了非常多的尝试，并取得了很多改变人类社会价值与意义的杰出成果。所以，将深度学习技术与商业相结合是目前的聚焦点，也是未来商业发展的立足点。

本案例立足于对中国WT银行的研究，将深度学习技术与商业银行个人风险控制相结合，试图使用大数据深度学习技术对银行客户信用违约率进行检测和判断，以达到控制银行信用风险的目的；同时，使用了多种大数据评估方法，并对检测结果进行了比对，以丰富识别个人信用卡违约风险的工具。

英文摘要： As a traditional financial product, credit card has been developed in the financial market for more than half a century. After reform and opening up, China has vigorously developed its economy, and a series of financial products have taken root in China. In the past ten years, the number of China's credit card issuances has exploded and the Chinese credit card industry has developed rapidly. At present, credit card business has become the main business of major commercial banks. In order to obtain more customer resources, commercial banks continue to innovate credit card products. Behind the rapid expansion of the number of credit cards is the increase in the efficiency of banks, and huge risks. How to identify customers, evaluate customers, assess credit card risks, do bank risk prevention and control have become issues that need attention in the operation of banks.The big data environment provides a new technology flow for banks to manage and control risks.

At present, deep learning technology has a very good theoretical and practical basis from the introduction of simple perceptions to the construction of neural networks and the formation of convolutional neural networks. Deep learning technology has made a lot of attempts in various fields, and has achieved many outstanding results that change the value and significance of human society. Therefore, the combination of deep learning technology and business is the current focus and the foothold of future business development.

This article is based on the research of WT banks in China, combining deep learning technology with personal risk control of commercial banks, and trying to use big data deep learning technology to detect and judge bank customers' credit default rate to achieve the purpose of controlling bank credit risk. At the same time, this paper uses multiple big data evaluation methods and compares the detection results.

案　　例

一、引言

信用卡业务是银行利润的主要组成部分,信用卡贷款占比较大的银行面临更大的风险敞口。为避免中国重蹈其他国家(地区)银行信用风险的覆辙,控制银行信用卡风险成为银行风险控制的首要任务。

近年来,随着电子支付在各类支付场景覆盖范围的不断扩大,科技创新的加速应用带动支付能力不断提升,信用卡产业的发展越来越快,而现有传统信用风险识别系统已无法满足市场的商业需求。如今,一些银行已采用建立数据仓库系统的方式进行数据挖掘,以提高金融产品的服务质量。

信用卡风险主要包括信用风险、操作风险和欺诈风险三类,其中,信用风险是信用卡风险的重要来源。要识别银行的信用风险,首先要对客户进行分类。尽管中国的银行已经有相关客户分类系统,但是由于个人征信体系的不完善、风险防控制度和技术的不成熟等原因,信用控制识别系统还有待完善。

在大数据时代,互联网金融的发展需要创新,传统模式已经无法满足互联网金融的现实需求。在互联网金融行业,创新成为可持续发展的重要前提。计算机深度学习数学挖掘技术在创新环境下已经运用于信用卡行业,在一些欧美国家(地区),该技术运用很普遍,并在行业中积极发挥作用。但是,经过调查研究发现,将大数据技术应用于信用卡客户分类与风险评估的寥寥无几。本案例将深度学习技术用于信用卡客户分类与风险控制研究,运用深度学习机器学习技术对银行客户违约进行分析,提出基于深度学习的信用卡违约风险预测的方法,试图提供更为便捷、高效的识别银行信用违约的技术方法理论与实践操作,以降低银行信用风险。

二、中国信用卡行业现状

伴随着居民财富的增长和消费需求的提升,消费模式也不断升级,信用消费已成为潮流。世界上第一张银行信用卡于 1959 年诞生于美国美洲银行,1985 年中国银行珠海分行在境内发行首张信用卡。

综合中国信用卡市场发展历程与其他国家(地区)信用卡市场发展历程,中国的信用卡市场具有成长快、爆发力强的特征。

据中国银行协会发布的《中国银行卡产业发展蓝皮书(2019)》统计的2014—2018年中国银行卡数据显示，累计银行卡数量由2014年的49.7亿张增长至2018年的78.3亿张，发卡量增长幅度达11.4%；交易数量达2 103.6亿笔，同比增长40.8%；交易金额为789.6万亿元，同比增幅7.5%。与此同时，信用卡活卡率保持稳定，达73.2%，人均持卡量0.7张；交易金额38.2万亿元，增幅为24.9%。信用卡损失率由2017年的1.17%上升至2018年的1.27%。

当前，商业银行为快速占领市场，争取更多市场份额，加快创新步伐，与互联网、娱乐、运动等行业进行跨界合作，实现了定位目标人群、增强客户黏性、塑造新时代优质品牌形象三个目标。加速升级信用卡产品服务，精准满足客户需求，发行个性联名卡；加强与互联网公司的合作，推出互联网平台快捷支付应用；优选商户平台，加强信用卡场景内容消费等。

在宏观层面，2016年4月中国人民银行发布了《中国人民银行关于信用卡业务有关事项的通知》，对信用卡市场的政策进行了较大幅度的改革，积极推动信用卡市场繁荣发展。该通知的发布不仅放宽了对信用卡发卡银行的政策，而且对银行个性化经营起到了重要的指导作用。2016年6月，中国人民银行发布了《中国人民银行关于进一步加强银行卡风险管理的通知》，将原有的磁条卡更换为金融IC卡，进一步加强了信用卡安全管理。2017年6月，国家外汇管理局发布了《国家外汇管理局关于金融股机构报送银行卡境外交易信息通知》，进一步完善了境外交易数据的采集，为保障信用卡境外交易安全提供扎实的基础。2018年年中政治局会议提出“稳就业、稳金融、稳外贸、稳外资、稳投资、稳预期”的“六稳”要求，其中，将“稳金融”放在了重要的位置。

目前，各家商业银行和支付平台为满足市场不同人群的需求，相继研究并开发了各类信用卡分期产品，如花呗分期、京东白条、汽车分期等。现阶段申请银行卡大额分期手续简化，门槛降低。在此背景下，银行卡授信总额大幅增加，截至2019年为17.37万亿元，同比增长12.78%；银行卡应偿信贷余额为7.59万亿元，同比增长10.73%。银行卡平均授信额度为2.33万元，授信使用率为43.70%。信用卡逾期半年未偿信贷总额为742.66亿元，占信用卡应偿信贷余额的0.98%。商业银行市场授信额度逐年增加，待还贷金额逐年增加，银行对客户信用状况的监测管理成为重中之重。银行信用风险监测管理系统设计的刚性需求将是对目标客户进行特征分析，从而控制银行信用风险。

此外，信用卡备用金是商业银行针对具有还款能力的客户给予的信用卡授信额度以外的额度，通过发放信用卡备用金，寻找优质客户，赚取更多利息费用。目前，中国已经有多家商业银行开通了这项服务，主要通过主动邀请客户的方式来开通这项服务。通常，商业银行邀请客户开通备用金服务会考虑客户的信用状况、收入水平、负债情况、家庭结构和社会地位等多重因素，设立相关的信用评分标准，对目标客户进行综合打分。中国四大商业银行已经发展了较为完备的备用金产品，如中国银行的“中银e贷款”、中国农业银行的“网捷贷”、中国工商银行的“融e贷”、中国建设银行的“快e贷”等。备用金的还款方式与传统信用卡分期方式相同。中国四大商业银行的备用金额度普遍较大，以30万元为起步，最高可达上百万元，备用金分期期限为1至60个月不等，信用违约利息较高，可以为银行带来可观的收入。

三、WT银行简介

WT银行成立于20世纪初，是自中华人民共和国成立以来持续经营的银行，是将国际化、多元化与传承化相结合，寻求可持续发展的传统银行。WT银行的分支机构遍及中国内地及六十多个国家和地区，主要从事存款、汇款、放款、财富管理、消费信贷和银行信用卡等业务。WT银行也为全球各大中小型商业银行、证券公司和保险公司提供诸如资金清算、同业拆借和托管等服务。其按照资本市场监管和行业监管的要求，不断完善以股东大会、董事会、监事会、高级管理层为主体的公司治理架构，"三会一层"职权明晰、运行顺畅，董事会、监事会及各专业委员会切实履行职责，积极有效运作，公司治理水平持续提升。

(一) 不断完善公司治理架构和制度流程

WT银行坚持孰严原则，持续跟进并落实资本市场监管要求，对公司章程、各专业委员会议事规则等进行全面系统梳理。设立公司文化与消费者权益保护委员会，履行集团层面文化建设和消费者权益保护职责，着力提升公司治理的运作机制，切实保护中小股东的知情权、参与权和决策权。在北京和香港以现场会议方式召开年度股东大会，两地会场通过视频连接，并提供A股网络投票方式，切实保障中小股东权益的实现。以不断优化董事会运作机制、信息披露机制、利益相关者机制的协调运作为主要着力点，持续提高董事会工作的建设性，支持董事会科学、高效决策，提升透明度，积极承担对股东、客户、员工、社会等利益相关者的责任。

(二) 努力推动董事会的多元化建设

WT银行已制定相关多元化政策，列明银行关于董事会成员多元化所持的立场以及在实现过程中持续采取的方针。银行董事会成员的委任以董事会整体良好运作所需的技能和经验为本，同时从多个方面充分考虑董事会成员多元化的目标和要求，包括但不限于监管要求，董事性别、年龄、文化及教育背景、地区、专业经验、技能、知识和任期等。银行将上述多元化政策要求贯穿于董事选聘的全过程。

自成立以来，WT银行注重自身品牌形象，注重稳健经营的同时，积极创新，不断进取，在中国境内行业乃至国际银行业取得优异的成绩。同时，WT银行不忘开拓国际经营版图，快速发展国际结算业务，近年来更是将贸易融资放在战略发展的新蓝图中，收获了业内许多人的赞誉。

WT银行的银行卡业务发展迅猛，银行卡发卡数量增长率呈增长趋势。同时，银行的授信额度逐年增加，大数据技术的应用也在不断发展。银行近10年的客户数据不仅代表着中国银行业的发展趋势，而且记录了中国近10年银行信用风险的发展历程。随着授信额度的不断增加，信用卡发卡机构也面临着违约风险。在信息"爆炸"的时代，WT银行每天都会产生和收集大量数据，从数据库中发现有用的信息，并将其转化为可操作的结果。因此，如何利用WT银行提供的6个月的信用卡客户数据，结合目前国际上最新的大数据技术对6个月银行信用卡客户数据进行分析，比较各类技术对银行信用卡客户违约情况的判断，在客户逾期违约率的基础上对客户进行分类管理，成为WT银行亟待解决的问题。

四、传统银行信用违约技术方法

西方学者对于信用风险控制的理论起步较早，已经建立了几个比较经典的信用风险模型。阿尔特曼(1968)建立了由5个参数(财务指标)组成的Z值模型，对美国制造公司的破产进行了判别和分析，发现Z值与财务违约风险相关，Z的得分越高，公司财务违约的可能性越大。1993年，穆迪评级公司基于布莱克、斯克尔斯和默顿的期权定价模型推出的KMV模型将上市公司历史股票交易数据、财务数据以及基于动态股价变化的预测预期违约率EDF相结合，从而达到反映公司信用风险状况的目的。1997年，J.P. 摩根提出的Credit Metrics模型的主要思想是通过研究信用评级机构测量的违约率和信用转移矩阵的方式，观察资产组合价值的变化，在此基础上确定信用风险的大小。1997年，瑞士信贷银行基于保险精算提出了Credit

Risk+模型，针对公司的违约风险，即风险发生的概率及其发生时形成的损失。1997年，麦肯锡公司综合宏观因素影响推出的 Credit Portfolio View 模型认为，宏观因素，如失业率、政府支出、汇率和GDP增长率等的变化是引起信用质量改变的原因，它通过多因子模型对资产的信用风险和评级转移进行分析。随着社会金融经济的发展，《巴塞尔协议Ⅱ》提出了6个评价商业银行信用风险的指标，其评价系统更完善，预测也更准确。这6个指标为违约概率、违约损失率、违约风险敞口、信用在险价值、预期损失和非预期损失。

中国学者近年来在如何防范和控制信用风险方面也进行了较为详尽的研究和分析。虞云、张倩、戴彬(2020)通过对比美国、韩国、中国台湾、中国香港信用卡危机的历史情况，认为中国内地应该借鉴这些国家(地区)的信用卡发展经验，规范相关管理，加强监督，防控风险。李薇(2020)认为，大数据时代，加强同行业合作，依托大数据进行数据偏好分析，借助新技术加大对数据的保护等，可以化解互联网金融风险。针对银行信用卡风险的分类研究，张宏洋(2020)选用模糊综合评价方法，采用6个评价因素，对7个金融工具进行评价，衡量不同金融工具的风险。史若萌(2020)认为，我国目前的商业银行信用卡分期业务呈普遍化、多样性、风险性的特点，商业银行在业务发展的过程中，应当做好风险防控，严防客户识别风险、逾期风险、恶意透支风险、套现风险等，从而达到商业银行增加中间业务收入，获取最大利润的目的。

五、大数据银行信用违约技术方法理论

(一) 国外的研究

国外学者对于大数据深度学习技术的应用研究早于国内。

马华在数据挖掘技术的基础上构建了信用评分模型，采用消费者的历史消费数据、人口统计特征和统计技术三个维度，拟用于测度相关信用风险的人口特征；同时，通过该模型对客户进行打分。模型构建的独特之处在于，采用了分类和回归树(CART)模型、神经网络(NN)模型，综合评分后判断申请人是否被银行接受。结果表明，神经网络模型在验证预测正确率上较有优势。

辛格选择了线性判别分析(LDA)、支持向量机(SVM)、核密度估计、逻辑回归(LR)、遗传算法(GP)、邻近算法(KNN)等技术对比分析不同工具对信用评分的效率，最终得出结论：支持向量机与遗传算法在信用卡信用评分判断正误率上相较于线性判别分析、核密度估计、逻辑回归、邻近算法更优。

弗罗伦汀·巴特鲁使用2009年1月至2013年12月的6家主要商业银行的账户级信用卡数据，将机器学习技术应用于组合的消费者贸易热线、信用局和宏观经济变量，以预测违约行为，通过银行有效管理的欠款账户所占百分比来衡量银行风险管理流程的效率，并且发现其在各个机构之间存在很大差异。这些结果表明，需要对金融机构的监管采取更具针对性的方法，其中，应根据每个机构的信用风险模型敞口和预测分别指定资本比率、损失准备金和其他参数。

克鲁伯基于机器学习方法估计个人消费信贷，提出了一个总体框架。其证明了回归优化射频性能在短期分期付款的测试数据上优于逻辑回归模型和邻近算法。

(二) 国内的研究

国内学者也提出了将大数据深度学习技术应用于银行信用卡风险关系系统的理论方法。

徐超(2016)通过构建深度学习模型，对个人客户信用卡逾期风险进行预判，与传统预测模型相比，构建深度学习模型更具有性能优势和可拓展性。

丁卫星(2015)通过人工标识欺诈交易数据,对数据进行清理,建立银行的信用卡交易反欺诈模型并进行验证。

窦路路(2018)将深度信念网络应用于银行卡交易欺诈研究,以提高 DBN 模型的反欺诈能力,并提出了基于 DBN 和支持向量机的集成学习模型。

六、信用卡风险的分类

商业银行的信用卡风险可以分为 5 类:信用风险、操作风险、欺诈风险、法律风险和市场风险。

信用风险又称信贷风险,是指商业银行与客户之间由于客户提供的信息不完全或者两者之间信息不对称导致的借款人到期不能还款的风险。李彬洋又将信用风险分为无抵押贷款隐含风险、循环贷款隐含风险、客户信用风险和 Make-up 机制(超额使用)隐含风险。无抵押贷款隐含风险,是指根据客户的信用水平进行无抵押或质押的信用卡贷款所带来的风险。循环贷款隐含风险,是指银行根据客户近 6 个月或 12 个月的信用卡还贷情况,判断客户是否有恶意透支与不愿还款的情况而面临的风险。客户信用风险,是指因我国征信体系的不完善和银行申办银行卡业务流程的不断简化而面临的信用风险。Mark-up 机制(超额使用)隐含风险,是指银行为获取更多收益,针对客户到期未还清的贷款再次选择分期还贷而面临的风险。

操作风险是因银行内部业务流程、管理控制的不严密而导致的风险。在银行内部业务开展的过程中,银行工作人员会出现如信息输入操作错误等情况。银行信息监管部门在对银行内部系统进行维护时,会遭遇技术"瓶颈"或不法分子的乘虚而入。银行对信用卡客户进行授信额度的评价时,会因为系统制度的不完全而导致授信额度与贷款人还款能力产生偏差,最后形成风险。在审卡、发卡的环节,也会因为银行工作人员的工作纰漏而给银行或者客户带来风险。

欺诈风险也是银行信用卡风险的一个重要类别。目前,通过欺诈获得银行资金的手段有很多:客户恶意透支信用卡;不法分子失卡冒用;不法客户利用银行大数据制度的不完善,恶意申领信用卡;等等。欺诈行为的发生最终会导致欺诈风险的产生,给银行带来损失。

目前,商业银行在竞争激烈的银行业市场上为急速扩张商业版图、增加客户数量,不免会使用一些激进的手段,如虚假宣传、申明协议不完善、泄露客户信息等,一旦"暴雷",法律风险将给银行带来无法挽回的损失。

市场上的各种价格指标、国家政策走向和宏观经济因素的变化会给发卡银行带来损失,最终造成市场风险。一旦市场上出现不利变动,我国的信用卡产业必将受影响,从而影响国民经济。

面对复杂的信用卡风险,理论界与实务界在信用卡风险预测和管理控制上不断探索,已形成一套较为完备的信用卡风险评估识别控制体系。

信用 5C 分析法是最初金融机构对客户进行信用风险分析时所采用的专家分析法之一,也是最为简单、传统的一套分析体系。它通过借款人的道德品质(Character)、还款能力(Capacity)、资本实力(Capital)、担保(Collateral)和经营环境条件(Condition)5 个因素来评价借款人的信用水平,从而降低银行的信用风险。

随着国际银行信用评级机构的成立与发展,国际信用评级机构又提出了信用评级法。目前,世界著名银行信用评级机构——标准普尔、穆迪、惠誉对银行信用评级分别有自己独特的方法。标准普尔在对主体进行评级的基础上,对债项进行评级。穆迪的独特之处在于其引入了交易对手风险评估,综合考虑发行人的实力,以及必要时关联公司和政府提供支持的可能性。惠誉的信用评级模型围绕 5 个要素——行业和经营环境、银行状况和风险管理、财务状况、管理战略、公司治理对银行进行分析,确定支持评级等级和支持评级底线级别,反映受评银行获得外部支持的可能性和级别,再使用孰高法比较生存力评级与支持评级底线级别,得到银行主体级别(IDR),最后分别以生存力评级和主体评级为基准,对银行债项级别进行调整。

七、基于大数据技术的 WT 银行信用违约实践研究

数据挖掘是通过自动或半自动的方式对大量数据进行探索和分析,以发现有意义的模式和规则的过程。目前,数据挖掘是决策支持系统中不可缺少的工具,在市场划分、客户服务、欺诈检测、信用和行为评分以及标杆管理等方面发挥着重要作用。

WT 银行以客户信用卡数据为基础,使用大数据深度学习技术,对银行客户信用违约的情况进行分类,为银行未来信用风险识别与控制提供有效且高效的理论依据与技术手段。也就是说,通过对 WT 银行的信用卡客户违约情况进行分类研究,试图找出识别客户违约情况最为准确、高效的技术方案,解决银行在信用风险控制中的关键问题。

我们利用现有数据统计的分析方法与大数据深度学习方法,将各个方法进行对比。在深度学习方法上,选择卷积网络与 LSTM(Long Short-term Memory),并在两者的基础上进行改良,具体按照如下步骤操作:首先,对银行信用卡客户的特征进行详尽研究,判断信用卡客户违约的具体特征。其次,针对银行信用卡客户的违约特征,利用 logistic 回归模型判断违约率。然后,针对银行信用卡客户的违约特征,利用大数据深度学习方法判断违约率。最后,将传统 logistic 回归方法与大数据深度学习方法相比较,得出哪一个模型判断违约的成功率高。

(一) 数据样本

本研究获取了 WT 银行 30 000 名客户在 6 个月内的信用卡消费以及还款情况的数据(如表 1 所示)。

表 1　　数据变量释义

变量名称	解　　释
id	每一个信用卡持卡人有唯一的 id 标识
limit_bal	信用额度(既包括个人消费信用,也包括家庭信用)
sex	性别(男性用 1 表示,女性用 2 表示)
education	教育程度(1 表示研究生学历;2 表示本科学历;3 表示高中学历;0、4、5、6 表示其他)
marriage	婚姻状况(1 表示已婚,2 表示单身,3 表示其他)
age	年龄
pay_1	9 月还款状态(−2 表示没有消费,−1 表示按时支付,0 表示循环信贷,1 表示延期支付 1 个月,2 表示延期支付 2 个月,3 表示延期支付 3 个月,4 表示延期支付 4 个月,5 表示延期支付 5 个月,6 表示延期支付 6 个月,7 表示延期支付 7 个月,8 表示延期支付 8 个月)
pay_2	8 月还款状态(−2 表示没有消费,−1 表示按时支付,0 表示循环信贷,1 表示延期支付 1 个月,2 表示延期支付 2 个月,3 表示延期支付 3 个月,4 表示延期支付 4 个月,5 表示延期支付 5 个月,6 表示延期支付 6 个月,7 表示延期支付 7 个月,8 表示延期支付 8 个月)
pay_3	7 月还款状态(−2 表示没有消费,−1 表示按时支付,0 表示循环信贷,1 表示延期支付 1 个月,2 表示延期支付 2 个月,3 表示延期支付 3 个月,4 表示延期支付 4 个月,5 表示延期支付 5 个月,6 表示延期支付 6 个月,7 表示延期支付 7 个月,8 表示延期支付 8 个月)

续表

变量名称	解 释
pay_4	6月还款状态(—2表示没有消费,—1表示按时支付,0表示循环信贷,1表示延期支付1个月,2表示延期支付2个月,3表示延期支付3个月,4表示延期支付4个月,5表示延期支付5个月,6表示延期支付6个月,7表示延期支付7个月,8表示延期支付8个月)
pay_5	5月还款状态(—2表示没有消费,—1表示按时支付,0表示循环信贷,1表示延期支付1个月,2表示延期支付2个月,3表示延期支付3个月,4表示延期支付4个月,5表示延期支付5个月,6表示延期支付6个月,7表示延期支付7个月,8表示延期支付8个月)
pay_6	4月还款状态(—2表示没有消费,—1表示按时支付,0表示循环信贷,1表示延期支付1个月,2表示延期支付2个月,3表示延期支付3个月,4表示延期支付4个月,5表示延期支付5个月,6表示延期支付6个月,7表示延期支付7个月,8表示延期支付8个月)
bill_amt1	9月账单金额
bill_amt2	8月账单金额
bill_amt3	7月账单金额
bill_amt4	6月账单金额
bill_amt5	5月账单金额
bill_amt6	4月账单金额
pay_amt1	9月还款金额
pay_amt2	8月还款金额
pay_amt3	7月还款金额
pay_amt4	6月还款金额
pay_amt5	5月还款金额
pay_amt6	4月还款金额
defaultpay	第六个月是否发生违约(1表示违约,0表示未违约)

从数据结构来看,WT银行对信用卡客户收集的信息主要为:(1)个人信息,如性别、年龄、婚姻状况和授信额度;(2)消费习惯,连续6个月的账单金额;(3)还款特征,连续6个月对信用卡透支状态的还款情况;(4)对第六个月是否违约做出客观标记。案例的研究目标是对现有数据进行机器学习,积累对违约情况判断的知识集,用于对未来信用卡客户的分类,及时对潜在违约的客户降低授信额度,减少银行的信用卡风险。将全部样本进行描述统计分析,结果如表2所示。

表2 **样本的描述统计**

变 量	样本量	均 值	标准差	最小值	最大值
limit_bal	30 000	167 000	130 000	10 000	1 000 000
sex	30 000	1.604	.489	1	2
education	30 000	1.853	.79	0	6

续表

变　量	样本量	均　值	标准差	最小值	最大值
marriage	30 000	1.552	.522	0	3
age	30 000	35.486	9.218	21	79
pay_1	30 000	−.017	1.124	−2	8
pay_2	30 000	−.134	1.197	−2	8
pay_3	30 000	−.166	1.197	−2	8
pay_4	30 000	−.221	1.169	−2	8
pay_5	30 000	−.266	1.133	−2	8
pay_6	30 000	−.291	1.15	−2	8
bill_amt1	30 000	51 223.33	73 635.86	−166 000	965 000
bill_amt2	30 000	49 179.07	71 173.77	−69 800	984 000
bill_amt3	30 000	47 013.15	69 349.39	−157 000	1 660 000
bill_amt4	30 000	43 262.95	64 332.86	−170 000	892 000
bill_amt5	30 000	40 311.4	60 797.16	−81 300	927 000
bill_amt6	30 000	38 871.76	59 554.11	−340 000	962 000
pay_amt1	30 000	5 663.581	16 563.28	0	874 000
pay_amt2	30 000	5 921.163	23 040.87	0	1 680 000
pay_amt3	30 000	5 225.681	17 606.96	0	896 000
pay_amt4	30 000	4 826.077	15 666.16	0	621 000
pay_amt5	30 000	4 799.388	15 278.31	0	427 000
pay_amt6	30 000	5 215.503	17 777.47	0	529 000
defaultpay	30 000	.221	.415	0	1

从描述统计的结果可知，在所有样本中，有22.21%的信用卡客户发生了违约情况。客户的平均授信额度是16 700元。在所有样本中，男性比女性多。信用卡用户的平均受教育程度较高，且已婚较多，平均年龄为35岁，正值事业稳定期。统计描述结果显示，pay值越大，客户贷款逾期时间越长，4月至9月的还款逾期时间总体呈递增趋势，故9月的还款延期情况最为严重，延期均值为−0.017。9月账单金额为51 223.33元，还款金额为5 633.58元。此外，我们对变量进行了相关性分析，选择defaultpay为最后的观测值。据相关性分析统计显示，defaultpay与客户到期前3个月的相关系数均为正相关，且正相关系数较其他变量的相关系数高。可以得出结论，到期前还款状态越糟糕，银行面临的客户信用卡风险越大。

（二）logistic回归模型

logistic回归又称logistic回归分析，其回归类型可以分为二元logistic回归分析、多元无序logistic回归分析和多元有序logistic回归分析，可以用于估计某个时间发生某种情况的可能性，也可以用于分析某个问题的多个影响因素，是一种广义的线性回归分析模型。在实际应用中，二元 logistic 回归分析的使用频率最高，使用方法简便且容易理解。本文使用的是多元无序 logistic 回归分析。回归分析结果如表 3 所示。

表 3　　多元无序 logistic 回归分析

defaultpay	相关系数	标准方差	t 值	p 值	95%置信区间		重要性
limit_bal	0.000	0.000	−4.86	0.000	0.000	0.000	***
sex	−0.109	0.031	−3.54	0.000	−0.169	−0.049	***
education	−0.102	0.021	−4.84	0.000	−0.143	−0.060	***
marriage	−0.154	0.032	−4.87	0.000	−0.216	−0.092	***
age	0.007	0.002	4.17	0.000	0.004	0.011	***
pay_1	0.577	0.018	32.63	0.000	0.543	0.612	***
pay_2	0.083	0.020	4.10	0.000	0.043	0.122	***
pay_3	0.072	0.023	3.19	0.001	0.028	0.116	***
pay_4	0.024	0.025	0.96	0.339	−0.025	0.073	
pay_5	0.034	0.027	1.27	0.206	−0.019	0.087	
pay_6	0.008	0.022	0.36	0.716	−0.035	0.051	
bill_amt1	0.000	0.000	−4.83	0.000	0.000	0.000	***
bill_amt2	0.000	0.000	1.57	0.117	0.000	0.000	
bill_amt3	0.000	0.000	1.03	0.302	0.000	0.000	
bill_amt4	0.000	0.000	−0.14	0.893	0.000	0.000	
bill_amt5	0.000	0.000	0.41	0.685	0.000	0.000	
bill_amt6	0.000	0.000	0.33	0.742	0.000	0.000	
pay_amt1	0.000	0.000	−5.91	0.000	0.000	0.000	***
pay_amt2	0.000	0.000	−4.59	0.000	0.000	0.000	***
pay_amt3	0.000	0.000	−1.59	0.111	0.000	0.000	
pay_amt4	0.000	0.000	−2.25	0.024	0.000	0.000	**
pay_amt5	0.000	0.000	−1.86	0.062	0.000	0.000	*
pay_amt6	0.000	0.000	−1.59	0.111	0.000	0.000	
Constant	−0.686	0.119	−5.78	0.000	−0.919	−0.454	***
Mean dependent var		0.221		SD dependent var		0.415	
Pseudo r-squared		0.121		Number of obs		30 000.000	
Chi-square		3 828.154		Prob > chi2		0.000	
Akaike crit. (AIC)		27 925.200		Bayesian crit. (BIC)		28 124.615	

注：***代表 $p<0.01$，**代表 $p<0.05$，*代表 $p<0.1$。

传统计量方法对各个变量进行了数理概率统计，选择 defaultpay 为自变量，其他变量为因变量进行回归分析。从回归分析结果判断，与银行信用卡违约相关的变量包括银行的授信额度、客户的性别、客户的受教育程度、客户的婚姻状况、客户的年龄和到期日前逾期时间。统计回归数据分析显示，银行给予客户的信用额度越高，客户发生违约的概率越大。性别因素也是影响客户信用违约率的一个因素，与女性相比，男性信用卡违约的概率较高。客户受教育程度越低，信用卡越容易违约。回归数据显示，贷款人到期日前 3 个月的还款状态越差，信用卡违约率越高。

从上例中可以看出，传统的计量方法很难对新的信用卡用户的违约情况进行判断。只是给出了相应的权重，有些自变量没有统计意义，还有些自变量的影响可以忽略不计。从信用卡违约理论出发，所有自变量都会对违约产生影响。但因计量方法的局限，一些自变量被忽略不计。因此，我们采用深度学习的方法对违约情况进行分类。我们所采用的深度学习框架为 Tensor Flow，并使用 Keras 实现。Keras 包含许多常用神经网络构建块的实现，如层、目标、激活函数、优化器和一系列工具，可以轻松地处理图像和文本数据。除标准神经网络外，Keras 还支持卷积神经网络和循环神经网络。为了使用深度学习方法，我们首先将样本数据分成两类：一类是训练集，共 25 000 条数据（train_data）；另一类是验证集，共 5 000 条数据（test_data）。目的是利用验证集对深度学习的结果进行检测。

（三）利用卷积神经网络进行分类

卷积神经网络（CNN）是一种通过组装层构建的神经网络。数据输入卷积层进行数据运算。基于它们的共享权重架构和平移不变性特征，它们也被称为位移不变或空间不变的人工神经网络（SIANN）。CNN 是多层感知器的正规化版本。多层感知器通常表示完全连接的网络，也就是说，一层中的每个神经元都与下一层中的所有神经元相连。正规化的典型方法包括向损失函数添加某种形式的权重度量。CNN 采用不同的正规化方法：它们利用数据中的分层模式，并使用更小和更简单的模式组成更复杂的模式。因此，在连接性和复杂性的规模上，CNN 处于较低的极端。为了将信用卡数据应用于 CNN，我们将 23 个自变量作为输入，首先构建了 64 层网络，再将该 64 层网络映射到另外 64 层网络上。因为输出变量只有一个 defaultpay，所以最后将网络连接在 1 层上，同时设定损失函数为二元熵函数。开始训练时，以 64 条数据为训练单元，所有数据集一共训练 20 次。最后用验证集检验 CNN 的学习结果。代码实现如图 1 所示。

```
from keras import models
from keras import layers
network = models.Sequential()
network.add(layers.Dense(64, activation='relu', input_shape=(23,)))
network.add(layers.Dense(64, activation='relu'))
network.add(layers.Dense(1))
network.compile(optimizer='rmsprop',loss='binary_crossentropy',metrics=['acc'])
network.fit(train_data, train_targets, epochs=20, batch_size=64)
test_loss, test_acc = network.evaluate(test_data, test_targets)
print('test_acc:', test_acc)
```

图 1　卷积神经网络的实现

从图 2 的验证结果可知，随着每一步的学习，以训练集为样本的学习效果不断增强，最后达到 81.68%的正确率；同时，用验证集进行验证，其正确率达到了 81.92%。

```
25000/25000 [==============================] — 2s 64us/step — loss: 0.4854 — acc: 0.8133
Epoch 15/20
25000/25000 [==============================] — 2s 65us/step — loss: 0.4847 — acc: 0.8156
Epoch 16/20
25000/25000 [==============================] — 2s 64us/step — loss: 0.4910 — acc: 0.8158
Epoch 17/20
25000/25000 [==============================] — 2s 64us/step — loss: 0.4926 — acc: 0.8139
Epoch 18/20
25000/25000 [==============================] — 2s 64us/step — loss: 0.4875 — acc: 0.8142
Epoch 19/20
25000/25000 [==============================] — 2s 66us/step — loss: 0.5040 — acc: 0.8127
Epoch 20/20
25000/25000 [==============================] — 2s 65us/step — loss: 0.4817 — acc: 0.8168
5000/5000   [==============================] — 0s 54us/step
test_acc: 0.8192
```

图 2 卷积神经网络训练及验证结果

但 CNN 的基本假设是认为数据之间没有前后联系，只是根据当前输入状态和输出状态进行学习。而在本案例中，描述信用卡用户行为习惯的数据有 6 个月。信用卡用户前一个月的消费、还款等状态与后一个月的消费、还款等状态是有关联的。因此，下面我们采用 LSTM 模型，以捕捉这种时序相关性的信息，考察能否提高判别的准确性。

（四）LSTM 理论

LSTM 是一种在深度学习领域中使用的人工循环神经网络(RNN)架构。与标准前馈神经网络不同，LSTM 具有反馈连接。它不仅可以处理单个数据点，而且可以处理整个数据序列。常见的 LSTM 单元由单元、输入门、输出门和忘记门组成。单元会记住任意时间间隔内的值，三个门控制着进出单元的信息流。

LSTM 网络非常适合基于时间序列数据进行分类、处理和做出预测，因为时间序列中的重要事件之间可能存在未知持续时间的滞后。开发 LSTM 是为了解决训练传统 RNN 时可能遇到的梯度消失问题。对缝隙长度相对不敏感是 LSTM 相对 RNN、隐马尔可夫模型和其他序列学习方法在众多应用中的优势。

为了将信用卡数据应用于 LSTM，我们将 23 个自变量作为输入，限制每一步池化层的大小，设置池化层大小为 2，默认步长为 1。利用 faltten 函数降维数组构建了 64 层网络，再将该 64 层网络映射到另外 64 层网络上。因为输出变量只有一个 defaultpay，所以最后将网络连接在 1 层上；同时，设定损失函数为二元熵函数。开始训练时，以 128 条数据为训练单元，所有数据集一共循环训练 10 次。最后用验证集检验卷积神经网络的学习结果。代码实现如图 3 所示。

```
from numpy import array
from keras.models import Sequential
from keras.layers import LSTM
from keras.layers import Dense
model = Sequential()
model.add(Conv1D(64, 22, activation='relu', input_shape=(23, 1)))
model.add(MaxPooling1D(pool_size=2))
model.add(Flatten())
#model.add(layers.GlobalMaxPooling1D())
#model.add(layers.GlobalAveragePooling1D())
#model.add(layers.Dropout(0.5))
model.add(Dense(64, activation='relu'))
model.add(Dense(64, activation='relu'))
model.add(Dense(1))
model.compile(optimizer='rmsprop', loss='binary_crossentropy', metrics=['acc'])
model.fit(train_data, train_targets,epochs=10,batch_size=128)
test_loss, test_acc = model.evaluate(test_data, test_targets)
print('test_acc:', test_acc)
test_acc: 0.8202
```

图 3　LSTM 模型的实现

从图 4 的验证结果可知，随着每一步的记忆与学习，以训练集为样本的学习效果不断增强，最后达到 80.94%的正确率；同时，用验证集进行验证，其正确率达到了 82.46%。

```
Epoch 1/10
25000/25000 [==============================] - 5s 216us/step - loss: 0.5080 - acc: 0.8001
Epoch 2/10
25000/25000 [==============================] - 2s 62us/step - loss: 0.4830 - acc: 0.8028
Epoch 3/10
25000/25000 [==============================] - 2s 64us/step - loss: 0.4792 - acc: 0.8063
Epoch 4/10
25000/25000 [==============================] - 2s 64us/step - loss: 0.4819 - acc: 0.8083
Epoch 5/10
25000/25000 [==============================] - 2s 62us/step - loss: 0.4759 - acc: 0.8128
Epoch 6/10
25000/25000 [==============================] - 2s 63us/step - loss: 0.4655 - acc: 0.8126
Epoch 7/10
25000/25000 [==============================] - 2s 60us/step - loss: 0.4651 - acc: 0.8104
Epoch 8/10
25000/25000 [==============================] - 2s 60us/step - loss: 0.4709 - acc: 0.8076
Epoch 9/10
25000/25000 [==============================] - 1s 60us/step - loss: 0.4698 - acc: 0.8102
Epoch 10/10
25000/25000 [==============================] - 2s 61us/step - loss: 0.4615 - acc: 0.8094
5000/5000   [==============================] - 1s 108us/step
test_acc: 0.8246
```

图 4　LSTM 模型训练及验证结果

八、结论

综上所述，从传统的统计学方法 logistic 回归分析可以得出相关结论，商业银行在评估信用卡逾期违约风险时，有以下几个方面需要考虑：首先，要考虑银行是否给予客户适当的授信额度，过高或者过低的银行授信额度都会给银行带来风险。其次，对于客户的个人基础信息要加以关注，重点关注客户的性别、受教育程度、婚姻状况等。最后，银行需要关注客户过去 3 个月的银行信用卡逾期情况。logistic 回归分析结果显示，客户信用卡违约时点前 3 个月的还款状态对违约率影响最大，影响程度随距离判断时点的时间长度递减。监控 3 个月的还款状态对银行评估信用卡风险尤为重要。这一观点通过相关性检测得到了验证。

在整个案例研究的过程中，通过 logistic 回归分析我们得出了影响银行信用卡风险的因素，但是对于银行信用卡分类的计算，logistic 回归模型就显示了其局限性。logistic 回归模型仅仅计算出了各个变量的权重，在部分变量的计算上并没有显示具有意义的统计学价值。但信用卡逾期违约风险与其余的变量都是息息相关的。此时，运用人工智能大数据深度学习技术进行研究是对 logistic 回归分析的一种很好的补充。

在选取人工智能大数据深度学习技术时，入门可使用 CNN 模型在银行信用卡数据上进行训练学习，对银行信用卡数据进行分类运算。在训练的过程中，对此模型进行分类，判断银行信用卡违约率的正确率为 81.92%。随着 CNN 的铺开，研究过程中我们也发现了卷积神经网络的局限性，其不具有记忆性的缺陷给实验结果造成了细微偏差。CNN 并未将银行 6 个月的数据与 6 个月前后的数据相联系，而银行数据的连续性对银行信用卡风险的评估又极其重要，此时引入 LSTM 网络模型会弥补这一缺陷。LSTM 网络模型更加适合时间序列数据的组合分类，相比其他序列方式的学习更有优势，在银行信用卡风险的识别应用上有积极推动作用。LSTM 网络的实验结果也是基于 CNN，对于银行信用卡违约率计算的正确率为 82.46%。

商业银行在客户信用卡数据分析上可以率先使用 logistic 回归分析作为基础，再选择相关的大数据计量方法对数据进行分类并计算准确率，以检测和控制银行信用风险。

九、参考文献

[1] KMV Corporate. Credit Monitor Overview[R]. San Francisco California，1993：60—66.

[2] Credit Suisse Financial Products. Credit Risk +：A Credit Risk Management Framework[M]. London：Credit Suisse Financial Products，1997：223—250.

[3] Wilson T. Portfolio Credit Risk I[R]. Risk，1997，10(9)，Sep：18—26.

[4] Wilson T. Portfolio Credit Risk Ⅱ[R]. Risk，1997，10(10)，Oct：57—90.

[5] Gupton G. M.，Christopher Finger. Credit Metrics-technical Document[M]. New York：J. P. Morgan&Co. Incorporate，1999：80—100.

[6] Edward I. A.. Financial Ratios，Discrimiant Analysis and the Prediction of Corporate Bankruptcy[J]. Journal of Finance，1968，23(4)：589—609.

[7] Altman E. I.，Thomas，P.. Evaluation of A Company as A Going Concern[J]. Journal of Accountancy，1974(6)：63—70.

[8] Bee Wah Y.，Ibrahim I. R.. Using Data Mining Predictive Models to Classify Credit Card Applicants[C].//Advanced Information Management and Service (IMS)，2010

6th International Conference on IEEE, 2010: 394—398.

[9] Singh R., Aggarwal R. R.. Comparative Evaluation of Predictive Modeling Techniques on Credit Card Data[J]. International Journal of Computer Theory and Engineering, 2011: 598—603.

[10] Kruppa J., Schwarz A., Arminger G., et al.. Consumer Credit Risk: Individual Probability Estimates Using Machine Learning[J]. Expert Systems with Applications, 2013, 40(13): 5125—5131.

[11] Konovalova, N.. Problems of the Evaluation of Credit Risk in Commercial Banks [J]. Journal of Business Management, 2009.

[12] Konovalova, N., Kristovska, I., and Kudinska, M.. Credit Risk Management in Commercial Banks[J]. Polish Journal of Management Studies, 2016.

[13] Lee, W. C.. Redefinition of the KMV Model's Optimal Default Point Based on Genetic Algorithms — Evidence from Taiwan[J]. Expert Systems with Applications, 2011.

[14] Michel, C., Dan, G., and Robert, M.. A Comparative Analysis of Current Credit Risk Models[J]. Journal of Banking & Finance, 2000.

[15] Seitz, J., and Stickel, E.. Consumer Loan Analysis Using Neural Network[M]. Proceedings, Workshop: Adaptive Intelligent Systems, Brussels, 2002.

[16] Beaver, W.. Financial Ratios as Predictors of Failure[J]. Journal of Accounting Research, 1966, (4): 71—111.

[17] Altman, E. I.. Financial Ratios Discriminant Analysis and the Prediction of Corporate Bankruptcy[J]. Journal of Finance, 1968, 23(4): 589—609.

[18] Altman, E. I., Haldeman, R., Narayanan, P.. Zeta Analysis A New Model to Identify Bankruptcy Risk of Corporations[J]. Journal of Banking & Finance, 1977, 1(1): 29—54.

[19] Altman, E. I., Saunders, A.. Credit Risk Measurement: Developments over the Last 20 Years[J]. Journal of Banking & Finance, 1997, 21(11): 1721—1742.

[20] J. P. Morgan. Credit Metrics[J]. Technical Document, 1997: 5—21.

[21] LeCun, Y., Bengio, Y. & Hinton, G.. Deep Learning[J]. Nature 521, 2015: 436—444.

[22] Butaru F., Chen Q., Clark B., et al.. Risk and Risk Management in the Credit Card Industry[J]. Journal of Banking & Finance, 2016(72): 218—239.

[23] 曹道胜,何明升.商业银行信用风险模型的比较及其借鉴[J].金融研究,2016(10): 90—97.

[24] 陈媛媛,何雨晨,马恩涛.基于 KMV 模型的我国商业银行信用风险研究[J].公共财政研究,2020(01): 67—83.

[25] 虞云,张倩,戴彬.信用卡危机的国际比较[J].中国物价,2020(04): 45—48.

[26] 刘悦.基于因子分析法的商业银行信用风险测度研究——以 16 家上市银行为例[J].金融经济,2020(01): 198—199.

[27] 王英姿,王光伟.商业银行信用风险度量模型的演进及实践研究[J].风险管理,2012(02): 148—150.

[28] 徐超.基于深度学习的信用卡逾期风险——预测方法研究与实现[C].苏州大学,2016.

[29] 丁卫星.基于深度学习技术的信用卡交易欺诈侦测研究[C].上海交通大学,2015.

[30] 窦路路.基于深度学习和集成学习的银行卡交易反欺诈技术研究[C].东华大学,2018.

[31] 董翰陈.我国商业银行信用风险管理与控制研究[J].时代金融,2020(02).

[32] 张凯,周新苗.中国商业银行信用风险宏观压力测试[J].特区经济,2020(03).

[33] 史若萌.商业银行信用卡分期业务现状分析[J].中国中小公司,2020(03).

[34] 张宏洋.大数据时代下银行信用风险管控研究[J].价值工程,2020(02).

[35] 李薇.大数据时代互联网金融创新及风险防控[J].人民论坛,2019(02).

[36] 施建军,周源.基于内外部因素的银行信用风险压力测试研究[J].中央财经大学学报,2011(10).

[37] 高明.国际视角下的银行信用评级比较研究[J].征信,2020(01).

[38] 中债资信.国际评级机构对银行业评级思路及启示[J].内部报告,2013(05).

[39] 王颖,聂广礼,石勇.基于信用评分模型的我国商业银行客户违约概率研究[J].管理评论,2012(02).

[40] 南汉馨.信用风险量化模型与我国商业银行信用风险管理[J].金融理论与实践,2005(05).

[41] 管七海,风宗宪.信用违约概率测度研究:文献综述与比较[J].世界经济,2004(01).

[42] 都红雯,杨威.我国对 KMV 模型实证研究中存在的若干问题及对策思考[J].国际金融研究,2004(11).

[43] 杨秀云,蒋园园,段珍珍.KMV 模型在我国商业银行信用风险管理中的适用性分析及实证检验[J].财经理论与实践,2016(01).

[44] 于木清,韩忠.基于 KMV 模型的我国上市银行信用风险度量研究[J].经营与管理,2019(07):81—85.

[45] 谢赤.银行信用风险度量 Credit Metrics 模型与 CPV 模型比较研究[J].湖南大学学报.2006(02):135—137.

[46] 黄金瑞.我国商业银行信用卡风险管理及对策研究[C].首都经济贸易大学,2012.

[47] 程学旗,靳小龙,王元卓,郭嘉丰,张铁赢,李国杰.大数据系统和分析技术综述[J].软件学报,2014.

案例使用说明书

1. 本案例要解决的关键问题

本案例主要适用于 MBA、EMBA、本科生的“货币银行”“金融公司会计”“大数据会计”课程和管理培训。

本案例的教学目的是帮助学生以银行管理者的角度思考如何评估和控制银行信用风险,了解大数据技术在银行信用风险控制中的运用,既增加学生对银行信用风险控制的了解,又训练学生在大数据背景下如何利用大数据技术对银行信用风险进行评估和控制。通过本案例的分析与讨论,培养学生运用所学理论知识思考、分析实际问题的能力,拓展对实际风险控制过程的了解。

2. 案例讨论的准备工作

（1）启发思考题

① 传统信用风险评价模型与现代信用风险评价模型有哪些？现代信用风险评估模型有何创新之处？

② 大数据技术应用在银行信用风险评估模型上的创新在哪里？

③ 目前市场上的信用分期产品有哪些？各有何特点？

④ 什么是名义利率？什么是实际利率？信用卡分期还款的利率是如何计算的？

⑤ 大数据技术方法对银行信用卡违约风险评估的研究相较传统计量方法的优势在何处？

（2）分析思路

教师可以根据自己的教学目标灵活使用本案例。这里提出案例的分析思路，以供参考。

① 传统信用风险评估模型：信用5C法、信用评级法、信用评分法。

现代信用风险评估模型：Credits Metrics模型、KMV模型、Credit Portfolio View模型。

Credits Metrics模型：该模型提出，评价贷款与贷款组合的风险价值可以用5个参数进行输出，分别是信用等级转移矩阵、风险期限、资产远期收益率、组合内资产间相关系数、违约资产回收率。债务人的信用状况和信用工具市场评估价值决定着发债公司的信用等级。

KMV模型：利用默顿的期权定价理论与Black-Scholes公式建立的量化信用风险模型，用来估计违约概率。

Credit Portfolio View模型：首次将宏观经济因素违约条件纳入模型，与转移概率相结合计算出风险价值。

② 本次研究利用现有数据统计分析方法和大数据深度学习方法，将各种方法进行对比。在深度学习方法上，选择CNN与LSTM，并在两者方法的基础上进行改良。在数据上，选取了商业银行近10年的数据。商业银行近10年来经历了改革开放、世界金融危机等，其发展历程具有研究价值。在样本的选择上，对原始数据进行了筛选和组合，大数据技术的数据研究应用可以消除过拟合的状态，为进一步研究提供了较好的基础。在将大数据运用于测试商业银行个人客户信用违约时，选取了不同的大数据技术方法，并在不同方法的基础上根据技术方法的特点进行了优化。

③ 目前，各家商业银行与支付平台为满足市场不同人群的需求特点，相继研究并开发了各类信用卡的分期产品，如花呗分期、京东白条、汽车分期等。客户在选择使用信用卡分期业务时，银行会根据客户的信用状况给予最低的消费额度，分期付款的时间可以分为3、6、9、12、18、24、36期等，亦可以根据持卡人的需求进行展期。

花呗是支付宝平台下的产品，而支付宝是淘宝商城的支付平台，使用花呗支付享有淘宝商城的各项优惠。重要的购物节，花呗会相应提高支付额度以刺激消费者消费，免息期最长为41天。

京东白条与花呗有异曲同工之处，搭配京东平台，根据所购商品的优惠力度提供白条免息分期优惠服务，免息期最长为40天。

银行信用卡基于银行可以连接各大商户平台的优势，亦提供丰富的权益活动，如年卡类、出行类、积分类等。信用卡分期的种类繁多，有账单分期、账单自动分期、单笔消费分期、单笔消费自动分期等。

④ 名义利率是资金提供者或使用者收取或支付现金的利率，一般将通货膨胀因素考虑进去。

实际利率是指物价水平不变，从而货币购买力不变条件下的利息率。

1＋名义利率＝(1＋实际利率)×(1＋通货膨胀率)

名义利率＝实际利率＋通货膨胀率

名义利率越大，周期越短，实际利率与名义利率的差值就越大。

信用卡分期费率一般在0.65%至0.75%，年化利率为8.5%左右，实际利率一般为名义利率乘以1.82至2.0，达到13%左右。

⑤ 传统计量回归方法仅仅计算出各个变量影响银行信用卡违约的概率，并未对银行信用卡客户违约进行分类，且有些统计回归结果显示不具有显著性的变量往往对判断银行客户信用卡是否违约至关重要。大数据技术方法可以对银行客户信用卡进行分类，并计算其准确率，大大弥补了传统计量方法的不足。

(3) 背景信息

WT银行成立于20世纪初，是自中华人民共和国成立以来持续经营的银行，是将国际化、多元化与传承化相结合，寻求可持续发展的传统银行。WT银行的分支机构遍及中国内地及六十多个国家和地区，主要提供存款、汇款、放款融资、财富管理、消费信贷和银行信用卡等业务。WT银行为全球各大中小型商业银行、证券公司和保险公司提供诸如资金清算、同业拆借和托管等服务。WT银行注重自身品牌形象、稳健经营的同时，积极创新、不断进取，取得了优异的成绩；同时，WT银行不忘发展国际结算业务，近年来更是将贸易融资放在战略发展的蓝图中，得到了业内许多人的赞誉。

近年来，商业银行银行卡业务发展迅猛，银行卡发卡数量增长率呈增长趋势；同时，银行授信额度逐年增加，大数据技术的应用也在不断发展。银行近10年的客户数据不仅代表着中国银行业的发展趋势，而且记录了中国近10年银行信用风险的发展历程。随着授信额度的不断增加，信用卡发卡机构也面临着违约风险。在信息“爆炸”的时代，银行每天都会产生和收集大量数据。从数据库中发现有用的信息，并将其转化为可操作的结果，是银行面临的重大挑战。数据挖掘是通过自动或半自动的方式对大量数据进行探索和分析，以发现有意义的模式和规则的过程。目前，数据挖掘是决策支持系统中不可缺少的工具，在市场划分、客户服务、欺诈检测、信用和行为评分以及标杆管理等方面发挥着重要作用。本文研究的创新之处在于，在利用了WT银行2009—2019年信用卡客户数据的基础上，结合目前国际上的最新研究方法——大数据技术对2009—2019年银行信用卡客户数据进行分析，对客户的逾期违约率进行判断与计算，试图比较各类技术对银行信用卡客户违约情况的判断，最后给予银行最优方法论。

3. 案例分析要点

(1) 加深学生对银行信用风险知识与技能的掌握程度。

(2) 用银行实例，使学生了解传统与现代商业银行信用风险控制理论模型。在了解传统商业银行信用风险控制理论模型的基础上，构建当前大数据背景下银行风险控制大数据技术的运用。

(3) 增强学生的实践能力，以弥补书本中的例子比较简单的缺陷，使学生能了解实际操作过程中可能遇到的各种问题，提高他们解决实际问题的能力。

4. 教学组织方式

(1) 本案例可以形成专门的案例讨论课。以下是按照时间进度提供的课堂计划建议，仅供参考。整个案例课的课堂时间控制在85分钟左右(也可根据情形延长到100分钟)。

(2) 课前计划：提出启发思考题，请学生在课前完成阅读和初步思考。

(3) 课中计划：简单的课堂前言，明确主题和案例的核心问题。

(4) 分组讨论(30 分钟，告知发言要求)。

(5) 小组发言(每组 5 分钟，控制在 30 分钟内)。

(6) 全班进一步讨论，并进行归纳和总结(15 至 20 分钟)。

(7) 课后计划：如有必要，请学生就重要的问题采用书面报告的形式给出更加具体的大数据技术解决方案，包括具体的职责分工，为后续章节内容的学习做好铺垫。

5. 其他

无。

长城汽车财务战略设计与优化

——基于财务战略矩阵的案例分析

袁国方

专业领域/方向： 财务管理

适用课程： 公司战略与风险管理

编写目的： 财务战略矩阵工具在公司财务战略制定与选择中的应用。

知 识 点： 财务战略理论、财务战略矩阵

关 键 词： 财务战略、财务战略矩阵、长城汽车

中文摘要： 本案例利用长城汽车2014—2018年的财务数据，基于财务战略矩阵分析工具，从投资战略、筹资战略以及股利分配战略三个角度，对长城汽车的财务战略展开详细分析、评价与优化设计，依据分析评价结果总结长城汽车财务战略中存在的不足和缺陷，在此基础上提出设计与优化建议。

英文摘要： This case selects the financial data of Great Wall Motor from 2014 to 2018 as the data carrier to build the financial strategy matrix. Since the financial strategy can be further divided into investment strategy, fundraising strategy and dividend distribution strategy, it is necessary to carry out detailed analysis and evaluation of Great Wall Motor's financial strategy from the above three perspectives. Based on the final analysis and evaluation results and combined with the implementation status of the current financial strategy of Great Wall Motor, the shortcomings of the financial strategy of Great Wall Motor are summarized. On this basis, effective countermeasures are proposed.

案　　例

财务战略是公司战略体系中关于公司如何筹集资金，以及如何高效利用资金支撑公司运营与管理的职能战略。财务战略矩阵由美国学者哈瓦维尼(2000)提出，其通过评价公司的价值创造与可持续增长状态，指导公司进行财务战略的选择或优化。本案例利用长城汽车2014—2018年的财务数据，基于财务战略矩阵分析工具，从投资、筹资以及股利分配战略三个角度，对长城汽车的财务战略展开详细分析、评价与优化设计，主要包括：(1) 投资战略。对研发投入、长期股权投资、在建工程等项目中反映投资战略绩效的相关业绩指标展开对比分析。(2) 筹资战略。基于内部融资、债权融资和股权融资等筹资方式的资本结构分析，对其筹资战略进行对比评价。(3) 股利分配战略。对比分析公司当前的现金股利分配方案，并选取净利润指标对股利分配方案的有效性进行评价。基于以上分析评价结果，总结长城汽车财务战略中存在的不足和缺陷，在此基础上提出优化建议。

一、长城汽车简介

长城汽车股份有限公司(简称“长城汽车”)是当前我国汽车行业内规模最大的SUV和皮卡制造公司。该公司在2003年实现了在香港H股上市(02333),在2011年实现了在国内A股上市(601633)。长城汽车当前的业务板块主要集中在四个领域,即整车制造、零部件加工、汽车金融、汽车贸易。该公司自成立以来,始终坚持纵向一体化的发展战略,截至案例成文已在国内设立八大生产基地,除保定、天津、徐水等整车生产基地外,重庆永川的生产基地2019年年底再次投产,山东日照、江苏泰州、江苏张家港以及浙江平湖等地区的建设项目正在推进。

长城汽车在成立初期就明确了自身的全球发展定位,作为我国首批走向国际市场的汽车公司,1998年实现对外出口,出口的产品类型主要集中在皮卡、SUV及轿车领域,出口区域主要集中在俄罗斯、南非、智利等国家和地区。“一带一路”倡议为长城汽车实施全球化战略提供了有利契机,其在马来西亚、保加利亚、厄瓜多尔以及突尼斯等国家设立了组装工厂,在俄罗斯图拉州新建的独资工厂2019年投产。

历经近40年的发展,长城汽车几乎在全国各地设立了生产基地,成为我国汽车制造领域的领军人物,在我国自主品牌汽车产业中始终占据着主导地位。长城汽车并未止步不前,其始终在坚持创新与完善,在多个领域寻求突破和发展。

二、长城汽车战略环境

(一) 宏观环境

1. 政治环境

(1) 新能源汽车政策

按照我国的“十三五”规划,公司必须树立绿色环保的发展目标,这是外部环境对公司提出的要求。国家针对新能源汽车制定了一系列利好政策,如节能环保汽车补贴以及节能产品惠民工程等。2016年,财政部专门颁布了新能源汽车充电设施的相关奖励政策,也制定了全新的补贴政策,对符合条件的新能源汽车依照相应的续航里程实施差异化补贴机制,奖励额度从2.5万元到5.5万元不等。除了为私家和营业车提供必要的扶持外,政府也通过自身内部革新的方式来扩大新能源汽车在政府公共领域的应用范围,带动新能源汽车市场规模的逐步扩大。

(2) 燃油消耗标准政策

在2016年年初,我国正式迈进了燃油汽车消耗标准的第四个实施阶段,并且要求2016—2020年新车的排放标准从当前的6.7升/百公里下降到5升/百公里。我国自2017年开始执行“国V”排放标准,凡是这一时间进入市场的新车,必须达到相应的排放标准才具备挂牌资格。进入2019年,汽车厂家一旦出现积分不达标的情形,将面临暂停申报汽车目录并停产传统车型等处罚。

2. 经济环境

近年来,我国经济始终保持高速增长趋势,年均增长速度在全球保持前列。随着各项减税、免税政策的颁布实施,汽车产业作为支撑经济增长的关键力量,在政府强有力政策的引导下实现了相当可观的经济效益。依据相关统计结果,2016年我国国内生产总值首次超出80万亿元,进入新常态后国民经济始终保持稳中有升的发展态势。伴随着整个社会经济的稳步发展，居民的可支配收入水平得到极大提升，消费结构也得到优化，汽车市场迎来更高需求。相对我国的人口规模，汽车保有量仍然偏低，汽车市场拥有较大发展空间，潜在消费群体的需求正在转化为实际购买行为。

3. 社会文化环境

随着汽车文化及价值内涵的变化，人们的消费观念与消费心理也在不断改变。一方面，社会中存在诸多盲目购车的不合理消费现象，这导致现有道路承载能力面临较大的冲击和考验，大气污染、全球气候变暖等生态环境问题也逐步凸显。另一方面，随着自驾游等新兴旅游方式的兴起，交通管理以及事故处置局面日益复杂，既成为交管部门面临的难题，也引发了司机"路怒症"等诸多社会心理问题。因此，健康的汽车生态和汽车文化亟须国家颁布相关政策和社会各种力量共同努力进行有效引导。

4. 技术环境

汽车制造作为我国工业领域的重要支撑力量，正在坚持核心技术领域的自主创新与变革。核心公司和科研院所都在加大对技术领域的投入力度，社会正逐步形成公司、科研机构和高校三大主体相互合作的研发模式。国家也鼓励更多主体参与汽车领域的创新改革进程，带动我国汽车产业技术在最短的时间内突破现有的"瓶颈"，力争在发动机和混合动力等核心技术领域占据全球领先位置。当前国内汽车需要着重关注的是如何将各类最新研发的技术与我国汽车公司生产实践相结合，真正发挥现代化科技在汽车产业发展中的决定性作用。

（二）行业环境分析

我国汽车产业的发展进程大致可以划分为三大阶段：第一阶段的时间分割线是 20 世纪 80 年代，在此之前是我国汽车产业的自力更生阶段；第二阶段是合资发展阶段，尽管国内外合资方式为我国带来了国际先进技术，实现了我国汽车产业的迅速发展，但我国汽车产业始终没有掌握最顶尖的汽车生产技术，随着更多合资品牌的涌入，自主品牌的生存空间不断被压缩；进入 21 世纪直至当前是我国汽车产业发展的第三阶段，国内汽车制造公司已经意识到核心技术在公司及整个行业发展中的决定性作用，加大了自主研发领域的人力和资金投入，对国外汽车生产技术的依赖正逐步降低。从汽车市场的销售规模来看，合资品牌依然占据整个市场份额的一半以上。2009 年我国就已经在全球汽车销售领域占据榜首位置。近年来，我国汽车市场的销售规模不断增长，2017 年达到销售顶峰(年销售 2 887.9 万辆)，2018 年出现略微下滑(年销售 2 808.1 万辆)。市场的绝大份额依然被通用、本田、大众等合资品牌占据，这些品牌的销售规模在整体规模中的占比约为 58%。而长城汽车凭借 SUV 系列产品始终在这一细分市场上稳居第一。

从汽车产业的产业结构来看，新能源汽车在整个汽车销售领域正突飞猛进。新能源汽车在 2018 年首次突破百万辆销售规模，尽管在整体销售规模中的占比相对较小，但拥有十分强劲的增长趋势。国内新能源汽车市场是自主品牌公司打造核心竞争优势的一个支撑点，并且显现出明显的集中化趋势。2018 年，新能源汽车销售市场中约 60%的市场份额被比亚迪、吉利、奇瑞、上汽以及北汽 5 家公司占据。

（三）内部环境分析

1. 内部优势

(1) 技术优势

长城汽车通过自主研发掌握了全球领先技术，拥有三大自主品牌车型的独立研发和设计能力，组建了万人研发团队。公司旗下设立了长城汽车、生产技术以及精工汽车模具三大技术中心，可同时支持十多种车型的研究与开发，并且在整车领域从最初的设计研发到关键零部件、仿真模拟以及验证等多个环节形成了自主核心技术，拥有独立的自主产权。长城汽车在整个行业内率先完成了自主设计平台的构建与完善，应用最具先进性的计算机和电子机械设计技术，以集成开发体系为载体，提升了整体的产品研发水平，并大幅缩短了产品上市周期。

(2) 研发优势

长城汽车拥有国内汽车领域较先进的研发能力，所设立的研发中心担负着整个汽车集团的核心技术研发与设计，并将其技术理念和方法渗透到每一个工艺环节，配备高级研发人员1 000人以上，建立了比较健全的自主研发体系。

(3) 成本优势

与欧美发达国家相比，国内汽车公司在制造成本上占据优势。源于我国相对较低的劳动力和资源价格，长城汽车具有成本领先优势。长城汽车早期凭借成本优势在低档汽车市场中站稳脚跟，尤其是其旗下的哈佛品牌以高性价比稳居同类市场首位。2018 年上市的哈弗 H6 的市场报价为 10.2 万至 14.2 万元，而同期上市的大众探歌的市场报价则在 13.98 万至 20.98 万元。以这两个品牌的标配车型进行对比，报价 10.2 万元的哈弗 H6 在性能上配备了 6 挡手动，相应的排量为 1.5 T，最高马力可达 150 匹；而报价 13.98 万元的大众探歌只配备了 5 挡手动，相应的排量仅为 1.2 T，最高马力只有 116 匹。长城汽车无论是在国内还是在国外，都以其高性价比赢得了低端市场消费者的青睐。

2. 内部劣势

长城汽车在新能源汽车方面缺乏优势。长城汽车在 2010 年就对外宣称开始致力于油电混动和电动四驱相关技术的研发与应用，但至今在其产品中缺乏应用和体现，而同期的比亚迪已经将这些技术应用到其“唐”品牌中并获得一定程度的市场认可。长城汽车在 2015 年宣布将在新能源领域投资 117.8 亿元，并且要将插电式混动技术与 SUV 车型相融合，但直至 2018 年才推出欧拉新能源并开始量产，市场反响一般。长城汽车在轿车市场近期表现乏力。基于长城汽车历年年报，2009—2013 年轿车销量呈稳步上升态势，2013 年达到 20.54 万辆的销售顶峰，之后市场销量迅速下跌，在 2016 年市场销售规模仅为 3.21 万辆。这一局面的直接原因在于长城汽车的战略重心在 SUV 车型上的过度偏移，SUV 市场竞争加剧，销售空间不断压缩，导致长城汽车面临更为复杂的经营风险。

三、长城汽车财务战略现状及评价

长城汽车多年来始终采用纵向一体化发展战略，实现了前向零部件和后向汽车流通销售的充分整合，对产业链上下游优秀公司实施兼并或收购，拓展了自身的价值创造空间。

(一) 长城汽车投资战略现状及评价

表 1 主要列示近 5 年来长城汽车的资产增长状况。表 2 主要列示近 5 年来长城汽车的投资状况。从对内投资和对外投资两个领域看，长城汽车的投资主要为内部投资。内部投资主要集中在研发支出和在建工程两个领域。

表 1　　长城汽车 2014—2018 年资产增长率　　单位：元

年　份	2014 年	2015 年	2016 年	2017 年	2018 年
资产总额	5 494 368	7 191 063	9 230 916	11 054 707	11 180 041
资产总额年度同比	17.21%	30.88%	28.37%	19.76%	1.13%

数据来源：长城汽车年报。

表 2　　长城汽车 2014—2018 年主要投资结构　　单位：元

年　份		2014 年	2015 年	2016 年	2017 年	2018 年
对内投资	开发支出	2 571 581 207.82	2 760 609 085.70	3 180 236 419.29	3 364 573 281.17	3 959 230 333.92
	在建工程	5 274 343 890.07	6 240 538 917.53	4 859 178 711.02	4 878 838 563.57	4 405 617 743.58
对外投资	长期股权投资		18 006 939.74			
	可供出售金融资产	72 000 000.00	72 000 000.00	7 700 000.00	7 700 000.00	

数据来源：长城汽车年报。

1. 研发支出

自 2014 年起，研发支出金额逐年上升，这与长城汽车所奉行的战略有关。长城汽车历来重视新产品及新技术的研发，坚持“过度投入”，注重有效研发，建立了研究基地。各个报告期内的研发支出主要用于汽车整车、核心零部件及新能源技术的研发，特别是近年来国家重视新能源汽车的研发，长城汽车在新能源汽车上投入研发的资金的比重逐年上升，有关情况见表 3。

表 3　　长城汽车 2014—2018 年研发支出增长率

年　份	2014 年	2015 年	2016 年	2017 年	2018 年
研发支出增长率	51.91%	7.35%	15.20%	5.80%	17.67%

数据来源：长城汽车年报及新浪财经。

2. 在建工程

2014 年在建工程增长源于工业园一、二、三期改扩建，天津整车项目，徐水整车项目，徐水零部件项目，徐水配套设施及新技术中心等项目的建设。2015 年继续增长的原因是除对 2014 年项目继续投入外，还新增俄罗斯 8 万辆整车厂及生活区项目。2016 年增长率下降的主要原因是徐水整车项目二工厂投产并转入固定资产。2018 年增长率下降则是由于徐水三工厂投产并转入固定资产，有关情况见表 4。

表 4　　长城汽车 2014—2018 年在建工程年度同比增长率

年　份	2014 年	2015 年	2016 年	2017 年	2018 年
在建工程增长率	32.21%	18.32%	−22.14%	0.40%	−9.70%

数据来源：长城汽车年报。

3. 投资战略评价

本案例选取销售毛利率、销售净利率等相关指标来分析长城汽车的价值创造能力，在此基础上对其当前的投资战略做出综合性评价。

（1）销售毛利率和销售净利率

2014—2018 年长城汽车的销售净利率和毛利率呈不断下滑的态势，从两者的变动幅度看，销售净利率的变动幅度明显低于销售毛利率，有关情况见表 5 和图 1。

表 5　　长城汽车 2014—2018 年销售毛利率和销售净利率

年　份	2014 年	2015 年	2016 年	2017 年	2018 年
销售毛利率	27.70%	25.20%	24.28%	18.90%	17.50%
销售净利率	14.50%	10.61%	10.72%	5.02%	5.37%

数据来源：长城汽车年报及新浪财经。

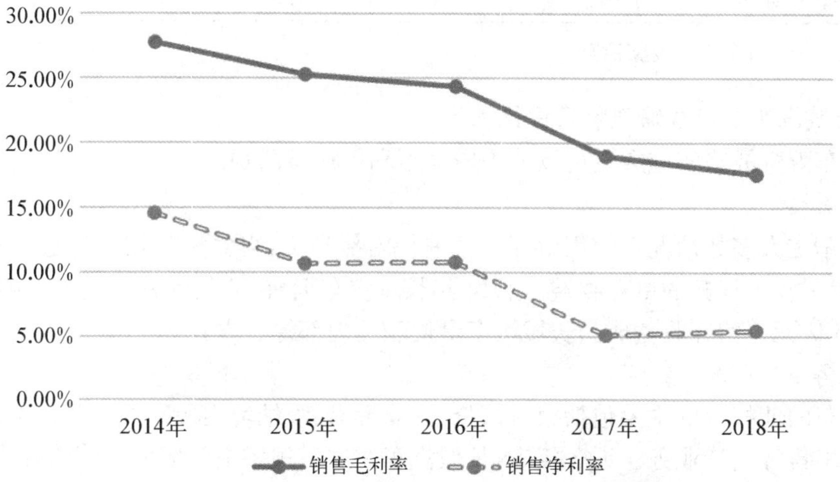

图 1　长城汽车 2014—2018 年销售毛利率和销售净利率折线图

（2）净资产收益率

根据表 6，2014—2016 年长城汽车所实现的净资产收益率始终保持在 22%以上，实现了相对显著的收益水平。2017 年和 2018 年净资产收益率下降，原因在于生产基地扩建和投资建设新厂导致的净资产规模扩大，以及 2017 年后国内汽车市场低迷导致的营业收入表现不佳。

表 6　　长城汽车 2014—2018 年净资产收益率

年　份	2014 年	2015 年	2016 年	2017 年	2018 年
净资产收益率	26.17%	22.45%	24.64%	10.43%	10.12%

数据来源：长城汽车年报及新浪财经。

（3）存货周转率

基于表 7，2014—2018 年长城汽车的存货周转天数基本维持在 24 天左右，表明这一期间存货拥有较好的流动性，没有出现存货严重积压的现象，在一定程度上反映公司具有良好的销售业绩和营运效率。2017 年存货周转天数出现短暂上升，2018 年又迅速下降。整体而言，长城汽车的存货周转率在同行业中保持领先。

表 7　　长城汽车 2014—2018 年存货周转天数　　单位：天

年　份	2014 年	2015 年	2016 年	2017 年	2018 年
存货周转天数	24.798 3	24.026 4	24.644 5	25.552 6	22.134 9

数据来源：长城汽车年报及新浪财经。

(4) 总资产周转次数

基于表8,长城汽车总资产周转次数出现先升后降的态势,下降的原因主要在于近年来资产规模的不断扩大。

表8　　长城汽车2014—2018年总资产周转次数　　单位:次

年　份	2014年	2015年	2016年	2017年	2018年
总资产周转次数	1.10	1.14	1.20	0.99	0.88

数据来源:长城汽车年报及新浪财经。

(二) 长城汽车筹资战略现状及评价

长城汽车筹资战略实施渠道可以分为内部型和债权型两种。

1. 内部筹资

长城汽车在大多数情况下使用留存收益进行内部筹资,得益于长城汽车近年来的良性发展,自身积累了较大规模的留存收益。2014年长城汽车拥有56亿元留存收益,两年后这一规模上升至76亿元。留存收益成为长城汽车最便利的内部筹资方式。

2. 债权筹资

长城汽车的债权筹资主要包括银行信贷、同业拆借、吸纳境内股东3个月以上期限存款以及汽车转让出售等信贷业务。近5年来,长城汽车在这一领域主要借助举债的方式筹集资金。历年财报显示:2015年长期借款为5 000万元;2018年长期借款规模增加至21.57亿元;2015年短期借款为3亿元,至2018年年底激增至近128亿元。

3. 筹资战略评价

(1) 固定资产与流动资产

基于表9,长城汽车2014年流动资产规模占比约64.27%,2018年这一占比下降至59.15%;2014年固定资产规模占比为28.3%,2018年下降至26.16%。固定资产与流动资产的规模比例基本保持在1∶2.2左右。这表明,长城汽车的资产拥有较强的流动性,资产结构相对合理。

表9　　长城汽车2014—2018年固定资产与流动资产结构

年　份	2014年	2015年	2016年	2017年	2018年
流动资产比重	64.27%	56.17%	58.42%	62.68%	59.15%
固定资产比重	28.30%	26.75%	26.94%	25.25%	26.16%
流固比率	2.27	2.10	2.17	2.48	2.26

数据来源:长城汽车年报。

(2) 净资产结构分析

基于表10,长城汽车自2014年起出现负债规模占比不断攀升的态势,2014年的负债比重为45.36%,到了2018年增加至52.87%,这与长城汽车近年来扩张性财务战略的实施有关。从2015年开始,长城汽车的长期借款与短期借款逐年增加,这在很大程度上增加了公司的负债规模及其占比。

表 10 长城汽车 2014—2018 年净资产结构

年　份	2014 年	2015 年	2016 年	2017 年	2018 年
负债比重	45.36%	46.62%	48.71%	55.44%	52.87%
权益比重	54.64%	53.38%	51.29%	44.56%	47.13%

数据来源：长城汽车年报。

基于以上分析，长城汽车的留存收益规模占比不断降低，长期借款整体呈现上升态势，公司拥有较低的财务负担，经营的灵活性和自主性较强。整体而言，长城汽车拥有较为合理的筹资结构，能够保障公司经营所需的营运与发展资金。

（三）长城汽车股利分配战略现状及评价

1. 股利分配现状

长城汽车近年来大多采用发放现金股利的方式分配股利。一般而言，现金股利是最受股东欢迎的股利分配方式。近年来，长城汽车制定和实施了相对稳定的股利分配政策。

2015 年 6 月 30 日，长城汽车以 3 042 423 000 股的总股本作为基数，以当期所实现的未分配利润向所有股东发放股票股利，按照每持有 10 股发放 10 股股票股利的方式，将未分配利润按照相应的比例换算为每 10 股派发 2.5 元现金股利（含税），最终完成了所有股本的股票股利派送，发放的现金股利规模为 760 605 750 元（含税），并且将股本溢价以资本公积的形式向所有股东每 10 股转增 10 股，最终完成的转增股数为 3 042 423 000 股。本次股票股利派发和资本公积金转增股本实施完成后，公司总股本增加 6 084 846 000 股，总股本变更为 9 127 269 000 股。虽然每股股票现金股利下降，但每年分配的现金股利从金额总数上看还是比较稳定的，有关情况见表 11。

表 11 2014—2018 年长城汽车现金股利分配 单位：元

年　份	2014 年	2015 年	2016 年	2017 年	2018 年
每 10 股派息	8.0	2.5	3.5	1.7	2.9

数据来源：长城汽车年报。

2. 股利分配战略评价

股利分配是公司反馈股东的有效方式，也能集中体现公司在特定会计期间所实现的经营业绩、投资效益和发展能力。股东从股利分配政策中能够权衡公司当前的经营状况，评价自身所获得的收益水平，并对公司的发展前景进行预测。

根据表 12，从 2014 年至 2018 年，长城汽车的净利润波动较大。2016 年净利润增长较多，现金股利分配总额是近 5 年最高的。2017 年与 2018 年净利润相差较大，主要原因是国内汽车

表 12 长城汽车 2014—2018 年净利润分析 单位：元

年　份	2014 年	2015 年	2016 年	2017 年	2018 年
净利润	8 041 196 445.17	7 843 852 602.47	10 903 341 208.51	5 043 386 456.53	5 247 639 134.50
年度同比	−2.32%	−2.45%	39.00%	−53.74%	4.05%

数据来源：长城汽车年报。

市场增速放缓，长城汽车降价促销导致毛利率下降和净利润下降。尽管如此，长城汽车仍每年定期向股东回馈现金股利，并保持回馈规模相对稳定，充分显现了长城汽车对股东收益的重视，这也展示了长城汽车对未来良好发展的自信。

四、长城汽车财务战略矩阵

（一）矩阵横轴——资金余缺情况

利用销售增长率和可持续增长率的差额作为坐标横轴。如果这一差额大于0，那么将处在矩阵的第一和第四象限，处于现金短缺状态；如果差值小于0，那就说明处在矩阵的第二和第三象限，处于现金剩余状态。

1. 长城汽车实际增长率分析

长城汽车2014—2018年营业收入的实际增长率见表13，呈先升后降的趋势，2016年达到最高点。

表13　长城汽车2014—2018年实际增长率情况　单位：元

年　份	2014年	2015年	2016年	2017年	2018年
营业收入	62 590 772 605	75 954 585 965	98 443 665 116	100 491 618 178	97 799 859 204
实际增长率	10.23%	21.35%	29.61%	2.08%	−2.68%

数据来源：长城汽车年报。

2. 长城汽车可持续增长率分析

通过计算长城汽车近5年来的销售净利率、权益乘数、留存收益率以及总资产周转率等相关指标，最终计算出这一期间的可持续增长率。

由表14可以看出，长城汽车2014—2018年的可持续增长率呈现明显下滑态势，2014年这一指标值达到最大，同时实现最高的留存收益率；而当2017年可持续增长率下降时，销售净利率下降得最多。销售净利率、留存收益率对可持续增长率形成关键性影响。

表14　长城汽车2014—2018年可持续增长率

年　份	2014年	2015年	2016年	2017年	2018年
销售净利率	14.50%	10.61%	10.72%	5.02%	5.37%
总资产周转率	1.10	1.14	1.20	0.99	0.88
权益乘数	1.79	1.91	1.84	2.08	2.10
留存收益率	69.73%	69.04%	69.72%	69.14%	49.17%
可持续增长率	24.81%	18.98%	19.74%	7.70%	5.12%

数据来源：长城汽车年报。

3. 资金状况

基于表15和图2，长城汽车2014年、2017年和2018年实际增长率与可持续增长率的差值为负，说明这3年公司存在资金剩余。2018年长城汽车的实际增长率为负值，但营业收入与2017年相差不大，主要原因是，2017年购置税优惠政策提前透支、宏观经济增速回落、中美贸易摩擦等因素导致我国汽车行业产销量同比下滑。2015年和2016年，公司均存在资金短缺状况。

表 15　　长城汽车 2014—2018 年实际增长率与可持续增长率差值

年　份	2014 年	2015 年	2016 年	2017 年	2018 年
实际增长率	10.23%	21.35%	29.61%	2.08%	−2.68%
可持续增长率	24.81%	18.98%	19.74%	7.70%	5.12%
实际增长率－可持续增长率	−14.59%	2.37%	9.86%	−5.62%	−7.80%

数据来源：长城汽车年报。

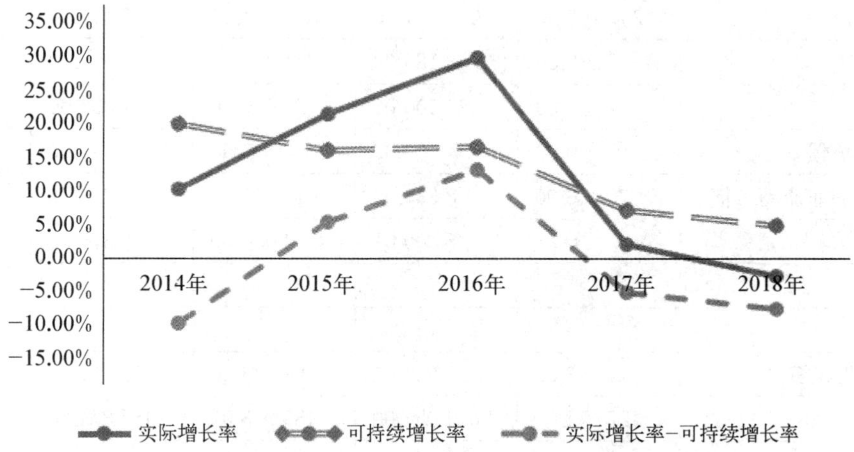

图 2　长城汽车 2014—2018 年实际增长率与可持续增长率对比图

（二）矩阵纵轴——价值创造情况

1. 税后净营业利润的计算

依据税后净营业利润的计算公式，表 16 计算出了长城汽车 2014—2018 年的税后净营业利润。

表 16　　长城汽车 2014—2018 年税后净营业利润计算结果　　单位：元

年　份	2014 年	2015 年	2016 年	2017 年	2018 年
净利润	804 120.00	784 385.00	1 090 334.00	504 339.00	524 764.00
利息支出	0.00	701.00	1 713.00	7 970.00	37 117.00
资产减值损失	7 212.00	8 185.00	41 315.00	31 708.00	13 653.00
营业外支出	4 418.00	5 919.00	4 235.00	1 187.00	785.00
本期研发费用	257 158.00	276 061.00	318 024.00	336 457.00	174 338.00
每年摊销	51 431.60	106 643.80	170 248.60	237 540.00	272 407.60
减：研究开发费用本年摊销	51 431.60	55 212.20	63 604.80	67 291.40	34 867.60
营业外收入	44 057.00	46 735.00	24 893.00	39 069.00	25 288.00
1−所得税税率	0.85	0.85	0.85	0.85	0.85
加：递延所得税负债增加额	0.00	109.00	123.00	1 828.00	23 233.00
减：递延所得税资产增加额	4 087.00	−18 304.00	709.00	42 558.00	−1 447.00
税后净营业利润	1 024 764.00	1 098 360.60	1 536 785.80	972 110.60	987 589.00

数据来源：长城汽车年报。

2. 投入资本的计算

长城汽车 2014—2018 年投入资本的计算结果如表 17 所示。

表 17　　长城汽车 2014—2018 年投资成本计算结果　　单位：元

年　份	2014 年	2015 年	2016 年	2017 年	2018 年
权益资本合计	3 351 845.00	3 838 692.00	4 735 364.00	4 925 796.00	5 268 859.00
加：递延所得税负债	0.00	109.00	233.00	206.00	25 295.00
本期研究费用	257 158.00	276 061.00	318 024.00	336 457.00	174 338.00
资产减值损失	7 212.00	8 185.00	41 315.00	31 708.00	13 653.00
短期借款	0.00	30 000.00	25 000.00	1 303 798.00	1 279 997.00
交易性金融负债	0.00	0.00	0.00	0.00	0.00
一年内到期的非流动负债	7 566.00	8 330.00	10 517.00	14 253.00	23 900.00
长期借款		5 000.00	4 980.00	42 375.00	215 781.00
应付债券					
长期应付款					
减：递延所得税资产	44 138.00	25 834.00	26 543.00	69 101.00	67 654.00
在建工程	527 434.00	624 054.00	485 918.00	487 884.00	440 562.00
TC	3 052 209.00	3 516 489.00	4 622 972.00	6 097 608.00	6 493 607.00

数据来源：长城汽车年报及 WIND 数据库。

3. ROIC 计算

长城汽车 2014—2018 年 ROIC 的计算结果如表 18 所示。

表 18　　长城汽车 2014—2018 年 ROIC 计算结果

年　份	2014 年	2015 年	2016 年	2017 年	2018 年
ROIC	33.57%	31.23%	33.24%	15.94%	15.21%

数据来源：笔者自制。

4. 加权平均资本成本的计算

长城汽车 2014—2018 年税后债务资本成本的计算如表 19 所示。其中，短期债务利率根据中国人民银行历年短期贷款利率(6 个月至 1 年)确定，长期债务利率则取自中国人民银行长期贷款利率(1 至 5 年)。

表 19　　长城汽车 2014—2018 年税后债务资本成本计算结果　　单位：元

年　份	2014 年	2015 年	2016 年	2017 年	2018 年
流动负债	2 614 469.70	3 178 643.75	4 325 223.98	5 888 122.37	5 461 842.18
短期债务税前资本成本	5.60%	4.62%	4.35%	4.35%	4.35%
非流动负债	2 782 680.60	3 352 371.04	4 495 551.60	6 128 911.21	5 911 182.38
长期债务税前资本成本	6%	4.75%	4.75%	4.75%	4.75%

续表

年　份	2014 年	2015 年	2016 年	2017 年	2018 年
税前债务资本成本	5.81%	4.69%	4.55%	4.55%	4.56%
适用税率	15%	15%	15%	15%	15%
税后债务资本成本	4.94%	3.98%	3.87%	3.87%	3.87%

数据来源：长城汽车年报和中国人民银行官网。

长城汽车 2014—2018 年的权益资本成本如表 20 所示。其中，无风险利率选取 10 期国债平均利率，β 系数采用国泰安数据库提供的调整后的长城汽车综合市场年 β 值，市场风险溢价则取国内各年 GDP 增长率。

表 20　　长城汽车 2014—2018 年权益资本成本计算结果

年　份	2014 年	2015 年	2016 年	2017 年	2018 年
无风险利率	4.42%	3.64%	2.90%	3.80%	4.00%
风险溢价	7.30%	6.90%	6.70%	6.90%	6.60%
β 系数	1.072 4	0.969 62	1.025 65	0.434 8	0.706 34
权益资本成本	12.25%	10.33%	9.77%	6.80%	8.66%

数据来源：长城汽车年报及国泰安数据库。

长城汽车 2014—2018 年的加权平均资本成本如表 21 所示。

表 21　　长城汽车 2014—2018 年加权平均资本成本计算结果

年　份	2014 年	2015 年	2016 年	2017 年	2018 年
权益资本成本比重	54.64%	53.38%	51.30%	44.56%	47.13%
权益资本成本	12.25%	10.33%	9.77%	6.80%	8.66%
债务资本成本比重	45.36%	46.62%	48.70%	55.44%	52.87%
税后债务资本成本	4.94%	3.98%	3.87%	3.87%	3.87%
加权平均资本成本	8.93%	7.37%	6.90%	5.18%	6.13%

数据来源：长城汽车年报。

5. 价值创造情况

由表 22 可以看出，长城汽车 2014—2018 年始终处在价值增值状态。

表 22　　长城汽车 2014—2018 年 ROIC 与 WACC 差值计算结果

年　份	2014 年	2015 年	2016 年	2017 年	2018 年
ROIC	33.57%	31.23%	33.24%	15.94%	15.21%
加权平均资本成本	5.19%	5.20%	5.17%	5.06%	5.08%
ROIC-加权平均资本成本	28.39%	26.04%	28.08%	10.88%	10.13%

数据来源：笔者自制。

(三) 长城汽车财务战略矩阵分析

根据表 23 和图 3,Y 轴的正半轴是公司最佳发展状态,处在价值增值状态并且资金不会产生短缺或过剩现象。长城汽车 2014—2018 年在矩阵中的位置均偏离 Y 轴。其中,2014 年、2017 年和 2018 年处于第二象限,表现为增值型的现金剩余;2015 年和 2016 年处在第一象限,表现为增值型的现金短缺。

表 23　　长城汽车 2014—2018 年财务战略矩阵象限

年　份	2014 年	2015 年	2016 年	2017 年	2018 年
实际增长率－可持续增长率	−14.59%	2.37%	9.86%	−5.62%	−7.80%
ROIC -加权平均资本成本	28.38%	26.04%	28.08%	10.88%	10.13%
所处象限	二	一	一	二	二

数据来源：笔者自制。

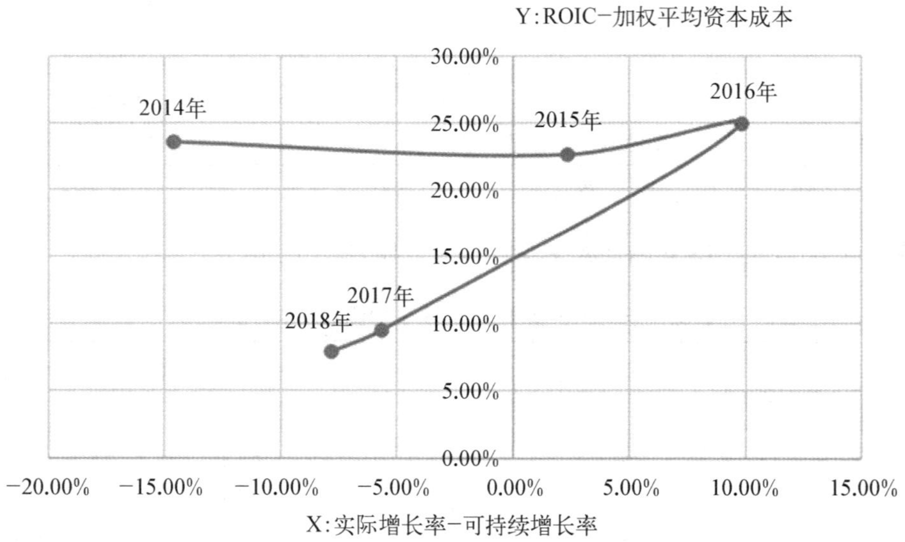

图 3　长城汽车财务战略矩阵

基于财务战略矩阵的财务战略选择理论,长城汽车在 2014 年、2017 年和 2018 年度应当选择有效的投资和股利分配战略,以有效解决资金剩余,提高资金利用率,实现更高的增值收益;2015 至 2016 年,公司应采用更为有效的筹资战略,降低现金股利分配规模,以确保公司所拥有的资金能够满足正常经营所需。

随着财务战略理论的不断发展与完善,财务战略矩阵对公司财务战略分析实践的适用性和准确性会越来越强。因此,理解并熟练掌握财务战略矩阵分析方法与工具能够有效帮助财务分析人员开展财务分析和财务战略评估,提升分析结果的准确性与合理性,最终促进公司财务战略的优化。

本案例通过构建财务战略矩阵,针对长城汽车当前所处的内外部环境,计算和分析矩阵中相关参数指标,期望能够对长城汽车现有财务战略提出优化和改进,也期望对汽车产业中同类公司的财务战略选择提供参考。

五、参考文献

[1] (英)基恩·沃德.公司财务战略(第3版)[M].扬农,邱南南,译.北京:清华大学出版社,2013.

[2] (美)加布里埃尔·哈瓦维尼,(美)克劳德·维埃里.经理人员财务管理:创造价值的过程[M].王全喜等,译.北京:机械工业出版社,2000.

[3] 刘志远.企业财务战略[M].沈阳:东北财经大学出版社,1997.

[4] 赵秀芳.集群企业财务战略管理研究[M].上海:上海财经大学出版社,2009.

[5] 赵月圆.跨国公司财务战略管理:入世后我国企业进军国际市场的现实选择[M].北京:中国财政经济出版社,2002.

案例使用说明书

1. 本案例需要解决的关键问题

本案例通过讲解长城汽车财务战略分析与评价的具体过程,引导学生掌握财务战略理论和财务战略矩阵工具等相关知识,进而熟练利用相关的理论与工具开展具体案例公司的财务战略分析、设计与优化。

(1) 如何进行战略环境分析

搜集相关行业的行业态势及分析资料,案例公司近年来的战略资料、财务报告及重要公告,选择合适的战略分析工具(PEST、SWOT等),对公司竞争环境和财务战略环境进行分析与评价。

(2) 如何使用财务战略矩阵

明确构建公司财务战略矩阵的方法与步骤,依据矩阵分析公司当前的价值创造能力和现金状况,并对公司当前的财务战略做出评价,进而提出财务战略设计与优化建议。

2. 案例讨论的准备工作

课前打印案例背景资料、案例使用说明书(教师用)、分组名单(含角色分配)、讨论及辩论流程等文件。

3. 案例分析要点

(1) 长城汽车财务战略存在的问题

基于前述分析结果,2014—2018年长城汽车处于财务战略矩阵的第一和第二象限,表明其当前财务战略具有较好的增值效果;但这5年的资金状态均偏离Y轴,说明资金使用存在短缺或剩余问题,表明长城汽车的财务战略存在改进的空间。

① 投资项目存在不合理之处

第一,基于长城汽车财务战略矩阵,公司2015—2016年处于资金短缺状态,而2014年、2017年和2018年处于资金剩余状态。但在2015年和2016年,长城汽车在资金短缺的情况下,其旗下的子公司依然保留风险较大的基金投资项目,这对于长城汽车而言并非最佳选择。

第二,长城汽车对内投资中的工程类和基础建设类项目仍占较大比重,研发投资项目比重相对较小。自2018年以来,我国汽车行业产销量同比下滑,长城汽车的两大生产基地的产能与当下的市场需求相匹配,短时间内无须扩大产能,但长城汽车在2018年依旧投资建设了重庆整车生产基地。

第三，新能源项目投资起步晚，成效低。根据表24，在政府政策的支持下，2016—2018年新能源汽车产销量每年以50%以上的增长率增长。但当前长城汽车的新能源研发仍处于弱势。长城汽车旗下子公司欧拉新能源直至2018年才成立，当前在新能源汽车市场的占有率不到1%，远远落后于比亚迪、北汽、上汽、奇瑞和江淮等同类竞争者。

表24　　我国新能源汽车2016—2018年产销量及增长率

年　份	2016年	2017年	2018年
产量(万辆)	51.7	79.4	127.0
产量增长率	51.7%	53.8%	59.9%
销量(万辆)	50.7	77.7	125.6
销量增长率	53%	53.3%	61.7%

数据来源：中国汽车工业协会。

② 筹资渠道选择有待优化

长城汽车在选择筹资路径时通常以内部筹资为首选，没有充分利用多年来积累的良好信誉，没有在不同的筹资路径上实现有效平衡，没有充分发挥举债等融资路径的价值，在筹资时间上也没有实现最优安排。例如，长城汽车在2015—2016年正处于资金短缺状态，但这两年的短期借款和长期借款均处于极低的水平；而在2017年和2018年，其资金处于剩余状态时，短期借款和长期借款却突然激增，在公司内部资金没有充分利用时增加负债。此外，通过对长城汽车的资本结构的分析发现，长城汽车在债券筹资领域完全空白，从未以发行债券的方式进行过筹资，其筹资渠道过窄。

③ 现金股利分配政策存在弊端

基于长城汽车的财务战略矩阵，2015年和2016年其位于矩阵的第一象限，即增值型现金短缺状态，但长城汽车并没有对自身的股利分配战略进行调整。尽管国家政策是鼓励公司分配股利，但长城汽车在自身陷入资金短缺状态时，还是可以选择在不影响公开增发新股的前提下缩减股利分配比例，同时发放适量的股票股利，以应对资金短缺状况。

(2) 长城汽车财务战略优化建议

① 投资战略优化建议

一是继续深化发展核心品牌。2018年长城汽车所实现的市场销售总规模高达102.74万辆，而SUV、皮卡所实现的市场销售规模分别为86.97万辆和14.36万辆，两大车型合计销售规模在长城汽车市场销售总规模中的占比在98%以上。因此，长城汽车应当紧紧抓住SUV和皮卡在市场中占据的竞争优势，继续保持自身在整个汽车市场中所占据的市场份额，特别是当公司出现如2016年的资金短缺状况时，更应该将投资项目集中在资金消耗较低并且能为公司带来稳定收益的成熟业务领域。

二是加大核心技术与新能源汽车的研发投入。长城汽车多年来始终坚持自主研发发动机技术，并且充分学习和吸收外来先进技术，但从整体上，该公司的发动机技术创造能力与先进技术相比依然存在较大差距，特别是近年来的节能减排政策，如何降低油耗对长城汽车的核心产品SUV是亟须攻克的技术难题。此外，新能源汽车是国家现在及未来的重点扶持项目，2018年长城汽车与宝马汽车共同出资建立的光束汽车，为长城汽车在未来抢占新能源汽车市场增加了动力。长城汽车必须紧紧抓住新能源汽车领域的利好政策，以打造竞争优势。

三是继续拓展海外市场、推进国际化进程。长城汽车早在 2004 年便进入俄罗斯市场，又在 2005 年与莫斯科伊利托公司共同出资组建大型配件中心，如今在俄罗斯已有整车生产工厂，这为长城汽车继续开拓海外市场积累了经验。“一带一路”的时代机遇不可错失，长城汽车应在目前已拓展海外市场的基础上，制定公司的中长期发展战略，充分利用海外市场的当地资源，提高全球资源配置效率，提升全球品牌影响力，努力打造全球化经营模式。

② 筹资战略优化建议

一是适度增加借款。尽管长城汽车近年来的负债率一直在增长，但仍未超 60%，并且银行信贷仍是其债务融资的主要方式。因此，长城汽车存在适度增加负债的空间，能够利用举债发挥财务杠杆的积极效应。此外，由于当前大多数汽车销售网点可以提供无息分期付款服务，长城汽车可以利用应收账款设定保底业务，利用尚未到期的应收账款作为抵押标的向银行申请资金，以满足自身经营的流动资金需求，同时可以有效转嫁应收账款的坏账风险。

二是增加可转换债券。当前，长城汽车处于增值型现金短缺状态。可转换债券可以通过科学设定转换价格，在有效规避每股净利润被稀释的同时筹集资金。长城汽车在满足相关条件的情形下，可选择增发可转换债券的方式筹集资金，由此能够有效规避传统举债方式所引发的财务风险。

三是适度增发新股。长城汽车自上市至今，只在 2015 年对全体股东发放股票股利并利用资本公积转增资本，但新增的股票并没有给长城汽车带来新的资金流入。长城汽车历年均为盈利且分配股利达到公开增发新股的标准。因此，长城汽车可在控制权不受影响的情况下通过适度增发新股进行筹资。

③ 股利分配战略优化建议

长城汽车可以在保持原有现金股利发放政策的同时，适度减少现金股利分配比例，同时适时辅以股票股利政策，以应对公司未来发展的资金需求。但在使用股票股利分配政策时，要用合理方式向投资者传递利好消息，降低对投资者信心的影响。股票股利政策只能是短期行为，长期使用会挫伤股东的积极性甚至引发股东流失。

4. 教学组织方式

(1) 问题清单及提问顺序、资料发放顺序

问题清单：

① 公司内外部环境分析的要素有哪些？可以使用哪些分析工具？

② 公司战略和财务战略之间的关系是什么？

③ 请汇报长城汽车战略分析结果。

④ 财务战略的本质是什么？进行财务战略选择的思路有哪些？

⑤ 请描述财务战略矩阵的横纵坐标的指标含义和各象限代表的公司财务状态。

⑥ 请构建并描述长城汽车的财务战略矩阵。

⑦ 请根据长城汽车的财务战略矩阵分析长城汽车的财务战略目前存在的问题。

⑧ 请根据长城汽车财务战略的评价结果提出对其财务战略的设计或优化建议。

按照小组序号顺序提问，每个小组至少回答 3 个问题(①—⑥为选答题，⑦、⑧为必答题)。按照案例背景资料(学生用)、分组名单(含角色分配)、讨论流程顺序发放资料。

(2) 课时分配(时间安排)

案例讨论课安排在课程中段，在“战略选择”与“职能战略”相关章节理论知识的讲授完毕后组织进行，预计占用 3 至 4 课时。

(3) 讨论方式

采用小组式和辩论式相结合的方式进行案例讨论。

(4) 课堂讨论与总结

课堂提问与小组展示完毕后,教师对案例及讨论过程进行总结。

5. 其他

无。

亿纬锂能：员工持股计划动因及效果

陈丽英　马文慧

专业领域/方向： 财务管理

适用课程： 会计、财务管理

编写目的： 本案例旨在引导学生关注股权激励中员工持股计划的动因及其对公司的财务影响和非财务影响。根据本案例资料，一方面，学生可以思考混合所有制改革背景下，公司实施员工持股计划的宏微观因素，深入理解我国实体经济；另一方面，员工持股作为一种激励方式，多次被倡议和启用，又多次被叫停，备受争议，通过本案例的具体分析，有助于学生思考员工持股在改善公司治理、提高公司绩效方面的作用。

知 识 点： 公司治理、股权激励、员工持股、财务绩效

关 键 词： 员工持股计划、股权激励、实施绩效

中文摘要： 本文选取电子制造业的典型公司——亿纬锂能作为研究对象，分析其实施员工持股计划的动因及效果。首先介绍我国上市公司员工持股计划的实施状况并据此归纳我国员工持股计划面临的一些问题。在对亿纬锂能的概况和员工持股计划进行详细介绍后，从宏观和微观两个方面分析公司实施员工持股计划的动因，并结合财务指标和非财务指标，运用对比分析法及连环替代法对亿纬锂能员工持股计划的实施效果进行分析。最后总结案例，得出启示并提出一些合理建议。

英文摘要： The focus of the article is to study the motivation and effect of the ESOP by selecting the case of EVE Energy; because it is representative in electronic manufacturing industry. This paper first introduces and summarizes the implementation of the ESOP of listed companies in China, then briefly introduces the basic information. Then the author analyzes the motivation of the employee ownership plan from macro and micro aspects, and then analyzes the effect of the ESOP with comparative analysis method and serial substitution method by combining the financial index and non-financial index. Finally, according to the previous analysis, the enlightenment, summary and some reasonable suggestions are put forward.

案　例

2014 年 6 月是我国员工持股计划真正意义上的开始时间，证监会发布了《关于上市公司实施员工持股计划试点的指导意见》，其中明确提出上市公司可以在公司内部实施员工持股计划，员工在合法、自愿的方式下可以获得公司的股票并长期持有，这是员工持股计划在我国有了质的飞跃的标志，至此，一些上市公司开始推行员工持股计划。截至 2019 年 10 月底，我国上市公司中申请实施员工持股计划的共计 1 077 家，除去小部分股东大会未通过，大部分通过

股东大会的能够实施完成。员工持股计划在实施过程中遇到不少问题，如利益输送质疑、实施效果与预想不一致等。本案例的重点是研究公司实施员工持股计划的动因及效果，以便更好地设计出便于执行的方案。

在研究意义方面，员工持股计划近年来迅速崛起，不断有上市公司涌入实施员工持股计划的浪潮中。通过研究案例公司员工持股计划的动因及实施后的激励效果，可以帮助公司解决实施过程中遇到的问题，使公司能够制定出更适合公司成长的员工持股计划。选择好的案例深入探讨，可以探索实践中的创新，补充和完善公司治理的相关理论，推动员工持股计划理论的发展。

一、案例公司简介

（一）公司的基本情况

惠州亿纬锂能股份有限公司（简称“亿纬锂能”）自 2001 年成立以来就稳居“中国最大、世界第五”的宝座，是具有国际先进技术水平的绿色高能锂电池全球供应商，也是具有自主知识产权、拥有国际先进技术水平的新型锂电能源领先公司。亿纬锂能是国家重点高新技术公司，公司品牌和产品获得了客户及社会各界的广泛认可，市场份额持续提升。亿纬锂能的主导产品是技术领先的高能锂。亿纬锂能自成立以来一直致力于成为环保高能新型锂能源领域的领先公司。公司的基本情况如表 1 所示。

表 1　亿纬锂能基本情况

项　　目	具　体　内　容
公司全称	惠州亿纬锂能股份有限公司
公司简称	亿纬锂能
股票代码	300014
成立时间	2001 年
所属行业	电子行业
主要业务	① 研究生产及销售锂原电池，主要应用于智能表、智能交通、安防及医疗器械等领域 ② 研究生产及销售消费类锂离子电池，主要应用于电子雾化器、可穿戴设备及蓝牙设备等领域 ③ 研究生产及销售动力储能电池，主要应用于电动乘用车、电动船及储能系统等领域
公司影响	亿纬锂能是具有国际先进技术水平的绿色高能锂电池全球主要供应商之一，在 2019 年 9 月 2 日发布的“2019 年国家技术创新示范公司拟认定公司名单公示”中榜上有名

（二）公司组织架构

亿纬锂能经过几十年的发展及对经营模式和业务创新的探索，已经发展成为研发中心设备齐全、销售领域广阔、资产规模庞大的中国最大、世界第五的高能锂一次电池供应商。经过公司董事会会议审议，公司增加了市场部等部门，调整后的组织框架如图 1 所示。

亿纬锂能采用美国霍顿模式的集权管理来定制其组织框架，总部采用“战略型”管理模式，总经理是整个公司的支持和决策平台。组织结构呈现扁平化特征，反映亿纬锂能在管理模式上注重公司的效率。

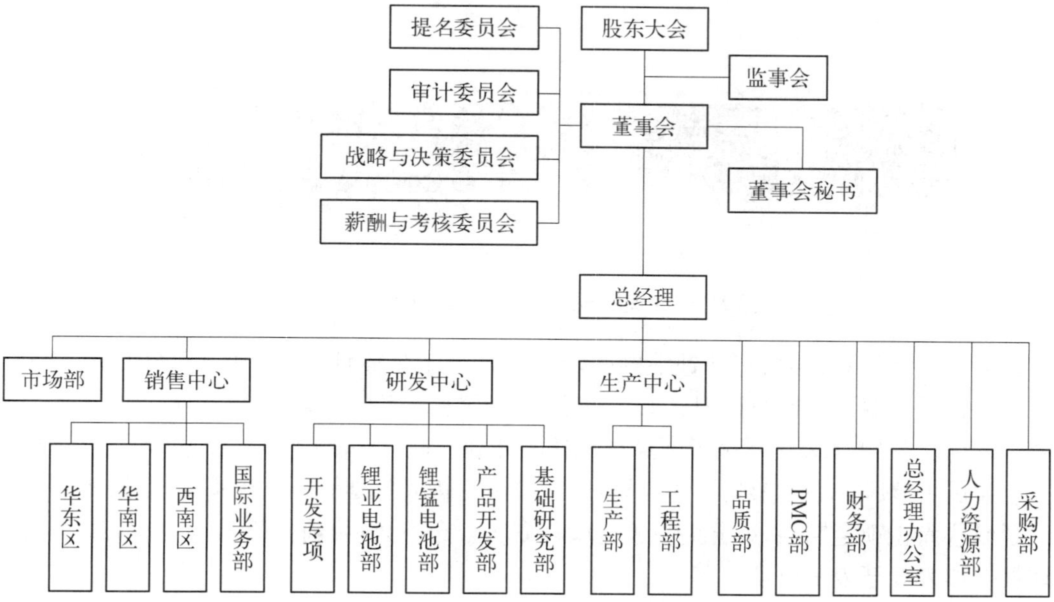

图 1　亿纬锂能调整后的组织框架

（三）亿纬锂能近几年业绩状况

近几年，亿纬锂能发展迅速，公司的经营规模不断扩大，公司的总体竞争力也在不断提高。亿纬锂能的成长速度惊人，业绩不断攀升（如表 2 所示）。

表 2　　亿纬锂能 2014—2018 年经营业绩一览表　　单位：元

年　度	2014 年	2015 年	2016 年	2017 年	2018 年
营业收入	12.09 亿	13.49 亿	23.40 亿	29.82 亿	43.51 亿
利润总额	0.99 亿	1.81 亿	3.59 亿	4.82 亿	6.06 亿
净利润	0.81 亿	1.66 亿	3.15 亿	4.33 亿	5.83 亿
总资产	16.80 亿	24.88 亿	43.88 亿	74.60 亿	100.32 亿
基本每股收益	0.21	0.38	0.59	0.47	0.67

数据来源：根据公司年报整理而得。

从表 2 亿纬锂能的几个关键财务指标中可以看出，亿纬锂能经过 5 年的发展，业绩和公司规模呈现爆发式增长，总资产从十亿元跨入百亿元，同时，营业收入、利润总额及净利润的增长幅度也很大。

亿纬锂能是中国最大的高能锂电池一次电池供应商，市场占有率高，产品口碑好，公司的销售中心成熟，销售形式灵活，有自己的品牌效应和产品优势，各业务板块稳定发展，公司业绩持续提升。

二、亿纬锂能员工持股计划案例介绍及动因分析

（一）亿纬锂能员工持股计划案例介绍

1. 亿纬锂能员工持股计划的具体实施内容

图 2 是亿纬锂能员工持股计划的具体实施时间。

图 2　亿纬锂能员工持股计划的具体实施时间

截至 2019 年 10 月底，亿纬锂能共推出了 5 期员工持股计划。2015 年、2016 年、2017 年每年都实施了一期员工持股计划。2018 年公司未实施员工持股计划，但当年公司开始实施股权激励计划。2019 年公司实施了两期员工持股计划。截至 2019 年 10 月底，亿纬锂能第一期和第二期员工持股计划股票均出售完毕，第三期员工持股计划股票已过锁定期，第四期员工持股计划股票尚在锁定期内，第五期员工持股计划刚公布不久，目前处于禁售期。5 期员工持股计划数据如表 3 至表 7 所示。

表 3　亿纬锂能第一期员工持股的主要内容

序号	摘　要	具　体　内　容
1	员工持股的通过	2015 年 7 月 25 日第三届董事会第十一次会议和 2015 年 8 月 12 日召开的 2015 年第三次临时股东大会审议通过了“第一期员工持股计划(草案)及其摘要”
2	管理模式	委托广发证券资产管理(广东)有限公司设立“广发原驰・亿纬锂能 1 号集合资产管理计划”
3	资金来源	参与员工持股计划的员工的合法薪资报酬以及股东或实际控制人借款
4	股票获取方式	通过二级市场购买、大宗交易等法律法规许可的方式获得公司股票
5	标的股票数量	公司股票共计 3 547 732 股，占公司总股本的比例为 0.83%，购买均价为 29.76 元/股
6	激励对象	公司员工，其中，董事、监事、高管占员工持股计划总份额的比例为 8.375%，其他员工占总份额的比例为 91.625%
7	存续与终止	股票锁定期为 12 个月，为 2015 年 12 月 23 日至 2016 年 12 月 22 日；至 2017 年 3 月 27 日，股票均出售完毕

资料来源：根据公司公告整理而得。

表 4　亿纬锂能第二期员工持股的主要内容

序号	摘　要	具　体　内　容
1	员工持股的通过	2016 年 7 月 8 日第三届董事会第三十六次会议和 2016 年 8 月 16 日召开的 2016 年第一次临时股东大会审议通过了“第二期员工持股计划(草案)及其摘要”
2	管理模式	委托广发证券资产管理(广东)有限公司设立“广发原驰・亿纬锂能 2 号定向资产管理计划”
3	资金来源	参与员工持股计划的员工的合法薪资报酬以及股东或实际控制人借款

续表

序号	摘　要	具　体　内　容
4	股票获取方式	通过二级市场购买、大宗交易等法律法规许可的方式获得公司股票
5	标的股票数量	公司股票共计851 622股，占公司总股本的比例为0.20%，购买均价为34.58元/股
6	权益分派	以公积金向全体股东每10股转增9.958 566股，实施后股票数量变更为1 699 715股，均价变为17.32元/股
7	激励对象	公司员工，其中，董事、监事、高管占员工持股计划总份额的比例为7.67%，其他员工占总份额的比例为92.33%
8	存续与终止	股票锁定期为12个月，为2016年11月11日至2017年10月31日；至2019年3月22日，股票均出售完毕

资料来源：根据公司公告整理而得。

表5　　亿纬锂能第三期员工持股的主要内容

序号	摘　要	具　体　内　容
1	员工持股的通过	2017年11月13日第四届董事会第十四次会议和2017年11月29日召开的2017年第三次临时股东大会审议通过了“第三期员工持股计划（草案）及其摘要”
2	管理模式	委托广发证券资产管理（广东）有限公司设立“广发原驰·亿纬锂能3号定向资产管理计划”
3	资金来源	参与员工持股计划的员工的合法薪资报酬以及股东或实际控制人借款
4	股票获取方式	通过二级市场购买、大宗交易等法律法规许可的方式获得公司股票
5	标的股票数量	公司股票共计2 910 536股，占公司总股本的比例为0.34%，购买均价为18.72元/股
6	激励对象	公司员工，其中，董事、监事、高管占员工持股计划总份额的比例为8.375%，其他员工占总份额的比例为91.625%
7	存续与终止	股票锁定期为12个月，为2017年12月27日至2018年12月26日

资料来源：根据公司公告整理而得。

表6　　亿纬锂能第四期员工持股的主要内容

序号	摘　要	具　体　内　容
1	员工持股的通过	2019年1月2日第四届董事会第十四次会议和2019年1月18日召开的2019年第一次临时股东大会审议通过了“第四期员工持股计划（草案）及其摘要”
2	管理模式	委托广发证券资产管理（广东）有限公司设立“广发原驰·亿纬锂能4号单一资产管理计划”
3	资金来源	参与员工持股计划的员工的合法薪资报酬以及股东或实际控制人借款
4	股票获取方式	通过二级市场购买、大宗交易等法律法规许可的方式获得公司股票
5	标的股票数量	公司股票共计2 477 963股，占公司总股本的比例为0.29%，购买均价为21.51元/股

续表

序号	摘　要	具　体　内　容
6	激励对象	公司员工，其中，董事、监事、高管占员工持股计划总份额的比例为 8.45%，其他员工占总份额的比例为 91.55%
7	存续与终止	股票锁定期为 12 个月，为 2019 年 3 月 1 日至 2020 年 2 月 29 日

资料来源：根据公司公告整理而得。

表 7　　亿纬锂能第五期员工持股的主要内容

序号	摘　要	具　体　内　容
1	员工持股的通过	2019 年 7 月 19 日第四届董事会第四十二次会议和 2019 年 8 月 5 日召开的 2019 年第四次临时股东大会审议通过了“第五期员工持股计划（草案）及其摘要”
2	管理模式	委托广发证券资产管理（广东）有限公司设立“广发原驰・亿纬锂能 5 号单一资产管理计划”
3	资金来源	参与员工持股计划的员工的合法薪资报酬以及股东或实际控制人借款
4	股票获取方式	通过二级市场购买、大宗交易等法律法规许可的方式获得公司股票
5	标的股票数量	公司股票共计 1 051 700 股，占公司总股本的比例为 0.11%，购买均价为 32.97 元/股
6	激励对象	公司员工，其中，董事、监事、高管占员工持股计划总份额的比例为 20.00%，其他员工占总份额的比例为 80.00%
7	存续与终止	股票锁定期为 12 个月，为 2019 年 8 月 21 日至 2020 年 8 月 20 日

资料来源：根据公司公告整理而得。

2. 亿纬锂能员工持股计划的特点

（1）员工持股计划实施范围广，众多员工响应

传统的员工持股计划关注激励公司决策者、高级管理人员，对普通员工的激励不够明显。亿纬锂能的这 5 期员工持股计划激励的是公司所有员工，既包括董事、监事、高管，又包含公司的普通员工。对一家环保高能新型锂能源领域的公司而言，存在员工归属感弱、流动性强的问题，这会影响公司的稳定和长期发展，吸引和留住优秀人才是公司需重点关注的问题。公司实施员工持股计划可以将公司的利益和员工的利益紧密联系起来，进而增强员工的归属感、凝聚力并提高员工工作的积极性，最终为公司创造更大效益。亿纬锂能的 5 期员工持股计划中普通员工的持股比例高于高管人员的占比，说明公司员工激励的范围广泛，持股分布广（如表 8 所示）。

表 8　　员工持股比例情况

员工持股比例	2015 年	2016 年	2017 年	2019 年 A	2019 年 B
普通员工	91.63%	92.33%	91.63%	91.55%	80.00%
高管人员	8.37%	7.67%	8.37%	8.45%	20.00%

亿纬锂能的员工按照自己的意愿认购公司股票，并承担相应的风险，公司明确提出绝对不会以任何形式强行让员工参与公司的员工持股计划。考虑到员工持有公司股票后在一定程度上会承受市场风险，亿纬锂能的员工认购公司较多的股票后，公司会进行两次确认，确保员工是按照自己的意愿购买股票，同时保证了购买股票是员工及其家属对公司员工持股计划的认可。从最终认购公司股票的结果来看，内部员工积极认购，参加人数众多。

（2）员工持股计划资金来源明确

员工持股计划的资金来源可以是员工的合法薪酬、自筹资金和法律、行政法规允许的其他方式。通过查阅亿纬锂能的员工持股计划公告可以发现，其员工持股计划的资金来源十分明确，均为员工的薪酬及自筹资金。募集的资金的用途也非常清晰，扣除发行费用后的资金全部用于偿还贷款。规范资金用途使资金的运作方向更加明确，补充和丰富了资本渠道，同时提高了公司的市场竞争力及资本实力，也彰显了公司员工对公司未来的发展充满信心，增强了公司的凝聚力。

（3）员工持股计划的管理机制公开透明

亿纬锂能的员工持股计划在实施过程中对管理机制做到了公开透明。首先，公司员工只要认购了公司的员工持股计划份额，就是公司此次计划的持有人。员工持股计划的内部管理权力机构是由全体持有人组成的持有人会议。持有人通过出席持有人会议来行使自己的表决权。其次，每次员工持股计划都会设立管理委员会，他们的职责是监督员工持股计划的全过程并对员工持股计划负责。他们可代表持有人行使股东权利，也可授权资产管理机构行使股东权利。一般情况下，5 名委员即可组成管理委员会，其中 1 人为管理委员会主任。管理委员会委员的产生是公开透明的，由持有人选举产生。最后，将广发证券资产管理（广东）有限公司作为员工持股计划的管理机构，严格遵守中国证监会等监管机构发布的资产管理业务相关规则以及员工持股计划的约定管理公司的员工持股计划，保障员工的合法权益，维护员工持股计划的财产安全。

（二）亿纬锂能员工持股计划实施动因分析

1. 响应国家政策

自 2008 年起，我国证监会、财政部及税务机关多次出台了与员工持股计划相关的文件，保障了我国员工持股计划的发展，同时创造了良好的实施环境。表 9 为员工持股计划相关法律法规一览表。

表 9　　员工持股计划相关法律法规一览表

颁发日期	发文机构	文件标题	文件内容
2008 年 1 月 7 日	国家外汇管理局	《境内个人参与境外上市公司员工持股计划和认股期权计划等外汇管理操作规程》	国家外汇管理局决定将境内个人参与境外上市公司员工持股计划首次购付汇额度及开立外汇账户的审批权限下放至各分局、外汇管理部
2012 年 8 月 3 日	中国证监会	《上市公司员工持股计划管理暂行办法》	将员工持股计划提上日程，征求员工持股计划指导意见
2013 年 11 月 9 日	十八届三中全会	《中共中央关于全面深化改革若干重大问题的决定》	推进员工持股计划，深化混合所有制改革

续表

颁发日期	发文机构	文 件 标 题	文 件 内 容
2014 年 6 月 19 日	中国证监会	《关于上市公司实施员工持股计划试点的指导意见》	为改善公司治理水平，提高职工的凝聚力和公司竞争力，稳妥有序开展员工持股计划试点提出指导意见，上市公司可以根据员工的意愿自主实施员工持股计划
2014 年 9 月 22 日	上海证券交易所	《上海证券交易所上市公司员工持股计划信息披露工作指引》	贯彻落实中国证监会《关于上市公司实施员工持股计划试点的指导意见》(证监会公告〔2014〕33 号)的要求，引导上市公司实施员工持股计划，规范上市公司及相关主体的信息披露行为
2014 年 11 月 21 日	深圳证券交易所	《中小公司板信息披露业务备忘录第 7 号——员工持股计划》	引导上市公司实施员工持股计划，规范上市公司及相关信息披露义务人的信息披露行为，为审议程序及披露要求提供指导
2015 年 1 月 10 日	国资委	《关于国有控股混合所有制公司开展员工持股试点的意见》	为员工持股计划在国企改革中的开展打下基础
2015 年 9 月 14 日	深圳证券交易所	《创业板信息披露业务备忘录第 20 号——员工持股计划》	引导上市公司实施员工持股计划，规范上市公司及相关信息披露义务人的信息披露行为，为审议程序及披露要求提供指导
2016 年 8 月 12 日	深圳证券交易所	《主板信息披露业务备忘录第 3 号——股权激励及员工持股计划》	规范主板员工持股计划披露的指引
2018 年 6 月 6 日	中国证监会	《关于试点创新公司实施员工持股计划和期权激励的指引》	支持纳入试点的创新公司实施员工持股计划和期权激励，发挥资本市场服务实体经济的作用
2019 年 11 月 3 日	深圳证券交易所	《深圳证券交易所上市公司信息披露指引第 4 号——员工持股计划》	规范上市公司及相关主体实施员工持股计划的信息披露行为，提高披露质量

资料来源：根据 choice 数据整理而得。

从表 9 可以发现，随着经济的不断发展，国家出台的政策对员工持股计划的各个方面有了明确的规定且在不断完善，为员工持股计划的实施提供了更多制度保障和政策指引。这些政策也反映国家对员工持股计划的重视，使得越来越多的上市公司愿意实施员工持股计划。在这样的大环境下，亿纬锂能希望能够跟上国家形势，所以多次尝试员工持股计划。

2. 营造公司激励氛围

公司的长久发展需要高管人员及董事、监事的参与，而亿纬锂能中普通员工的占比非常高。只有少数高管的付出而忽视调动普通员工的工作积极性，很难带动整个公司进步与发展。经过多年摸索，亿纬锂能通过实施员工持股计划，将员工的利益和公司的长远利益关联起来，使员工更多地关注公司的经营与发展，以此来提升员工工作的积极性并完善公司的决策和治理机制。在亿纬锂能实施的5期员工持股计划中，有90%左右的普通员工持有公司的股份，这使员工有成为公司主人的潜意识，众多员工的参与也普遍增强了公司员工的工作积极性。

亿纬锂能定向增发的方式是非公开发行，使得员工可以低于从二级市场购买的价格购买股票，这有助于达到激励员工的目的。亿纬锂能股票的锁定期为1年，可以对持有公司股票的员工有一定的约束效果，从中长期协调和融合员工与公司的利益。

亿纬锂能实施员工持股计划，让员工一方面可以通过股票价格的波动获得利益，另一方面可以通过拥有公司分配的股票红利和升值收益持续获益。公司实施员工持股计划后，会让员工更关注公司的价值和发展方向；同时，员工对公司业务的关注也会形成对公司高管人员及董事的监督，降低委托代理的不利影响，促进公司健康持续地发展。

3. 提高公司经营效率

在电气机械及电子行业中，员工普遍工作压力大且竞争激烈，员工存在不稳定及频繁流动的现象，导致行业内因人才流失而造成的损失不断增加。

我国电气机械及电子行业对人力资本的要求很高，尤其是掌握研发技能的专业人员，要吸引和留住人才，仅靠提高薪资和福利待遇是不够的，员工持股计划可以降低人才流失率并有效提高员工的工作积极性和创造性，让员工不断提高服务质量、服务效率及经营绩效。实施员工持股计划能够让公司产生不断前进的动力，充分发挥内部协调作用，让持股员工的自身利益与公司的发展和创造价值融合起来，员工创造公司价值，员工和公司“双赢”，进而提高公司的经营效率。实施员工持股计划可以让持股员工更加关注公司的稳定发展，有助于推进公司高能新型锂能源的发展，实现公司的愿景。

在电气机械及电子行业的上市公司中，有一部分已经实施员工持股计划，亿纬锂能加入了这支队伍，以期提高公司的经营效率。

三、亿纬锂能员工持股计划实施效果分析

本案例从财务指标和非财务指标两个方面来评价亿纬锂能员工持股计划的实施效果。表10为财务和非财务指标评价体系一览表。

表10　　财务和非财务指标评价体系一览表

评价实施效果的指标	财务指标	偿债能力	流动比率、速动比率、资产负债率
		营运能力	总资产周转率、流动资产周转率、应收账款周转率、存货周转率
		盈利能力	销售毛利率、净资产收益率
		成长能力	净利润同比增长率、净资产同比增长率、总资产同比增长率、营业收入同比增长率
	非财务指标	创新能力	研发投入与创新产品
		人才保留与吸引	人才结构和人才流失率
		股权结构变动	员工持股比例

（一）对财务指标的影响

1. 偿债能力分析

通过评价偿债能力来分析亿纬锂能实施员工持股计划后公司到期偿还债务的能力。偿债能力可用于评价公司的风险。偿债水平是衡量公司能否健康发展的重要指标。偿债能力强，说明公司有能力偿还债务；偿债水平低或者大幅下降甚至出现资不抵债的情况，则说明公司很可能会面临破产的风险。偿债能力包含短期偿债能力和长期偿债能力。公司的短期偿债能力一般用流动比率和速动比率衡量，长期偿债能力一般用资产负债率衡量。表 11 是亿纬锂能 2013—2018 年的偿债能力情况及行业均值。

表 11　　亿纬锂能 2013—2018 年偿债能力情况及行业均值

指标 年份	流动比率(%)		速动比率(%)		资产负债率(%)	
	亿纬锂能	行业平均	亿纬锂能	行业平均	亿纬锂能	行业平均
2013 年	2.45	1.88	1.92	1.40	0.30	0.53
2014 年	1.91	1.84	1.35	1.40	0.40	0.53
2015 年	2.33	1.94	1.91	1.53	0.29	0.47
2016 年	1.21	2.13	0.90	1.71	0.54	0.49
2017 年	1.03	2.46	0.71	1.98	0.58	0.52
2018 年	1.10	1.80	0.81	1.41	0.64	0.91

流动比率是流动资产与流动负债的比值。一般认为，流动比率处在 2∶1 较好。亿纬锂能的流动比率一直在 2∶1 上下波动，但 2013—2018 年公司的流动比率呈波动下降趋势。2013—2018 年公司的销售收入不断增长，各年的增长率分别为 13.36%、11.58%、73.46%、27.44%及 45.91%，这使得公司的应收账款及货币资金增加，但公司每年的厂房、仓库、车间及机器等固定资产均大幅增加，固定资产的各年增长比例分别为 22.17%、16.18%、50.75%、147.90%及 69.01%；同时，在建工程和无形资产每年也在大幅增加，公司面临较大的债务偿还压力。这说明，亿纬锂能合理利用资产的能力欠缺，资产的变现能力不强，导致其短期偿债能力比较弱。亿纬锂能通过实施员工持股计划来支撑公司的现金流，公司将募集到的资金偿还公司债务，缓解公司的偿债压力，进而降低公司的财务风险。2015—2018 年实施员工持股计划后，公司的流动比率虽在下降，但下降的幅度不大，2018 年流动比率略有上升。就 2013—2018 年而言，行业的流动比率是先升后降，亿纬锂能的流动比率虽低于行业平均水平，但与其他公司的差距正在逐渐缩小。图 3 是 2013—2018 年亿纬锂能和行业平均流动比率趋势图。

速动比率是流动资产剔除存货后与流动负债的比值。像锂原电池、动力储能等存货可能不能立即变现，所以剔除存货后的速动比率比流动比率更能客观地反映公司的偿债能力。速动比率一般应保持 1∶1。亿纬锂能的速动比率在 2∶1 上下波动，速动比率和流动比率的趋势一致，均为波动下降，经过分析流动比率后，发现公司的流动比率和速动比率与公司的运营、融资和投资是相符合的。图 4 是 2013—2018 年亿纬锂能和行业平均速动比率趋势图。

资产负债率是负债总额与资产总额的比值，体现的是资产中通过举债获得的比例，通常用来反映公司的长期偿债能力。这个比率高，说明公司的长期偿债压力大。一般而言，这个比例低于 60%比较合适，说明公司是能够承担负债的。亿纬锂能的资产负债率在 2013—2017 年

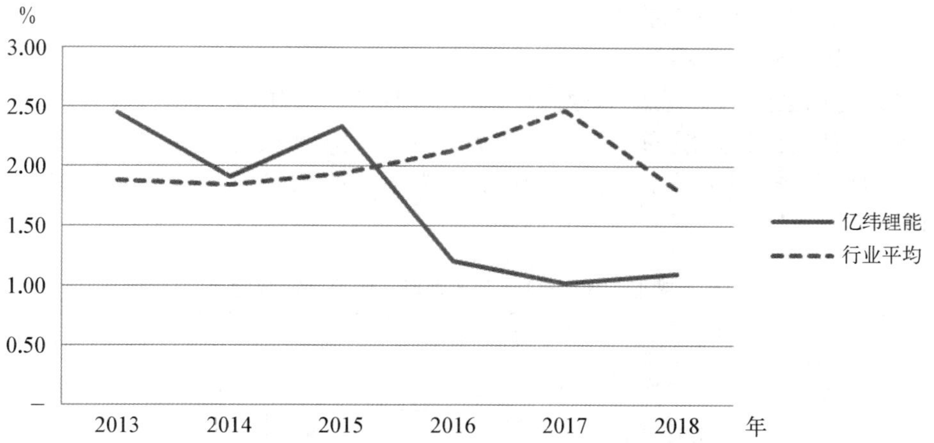

图 3　2013—2018 年亿纬锂能和行业平均流动比率趋势图

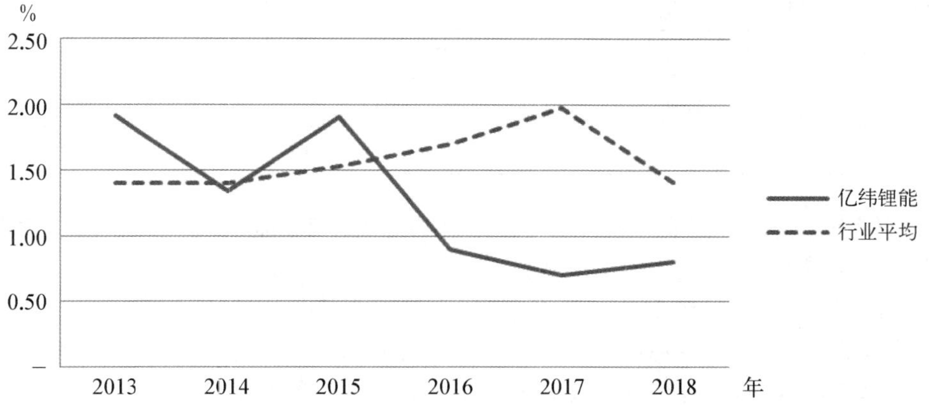

图 4　2013—2018 年亿纬锂能和行业平均速动比率趋势图

均低于 60%，2018 年为 64%。近几年，亿纬锂能在不断扩张，资产增长较快，实施员工持股计划可将募集到的资金偿还公司债务，进而调整公司的债务股权比例，因此公司的资产负债率一直较低。2013—2017 年行业平均资产负债率几乎不动，2017—2018 年该比率急速上升，但亿纬锂能却保持着低增长且增长速度显著低于行业平均增长水平。图 5 为 2013—2018 年亿纬

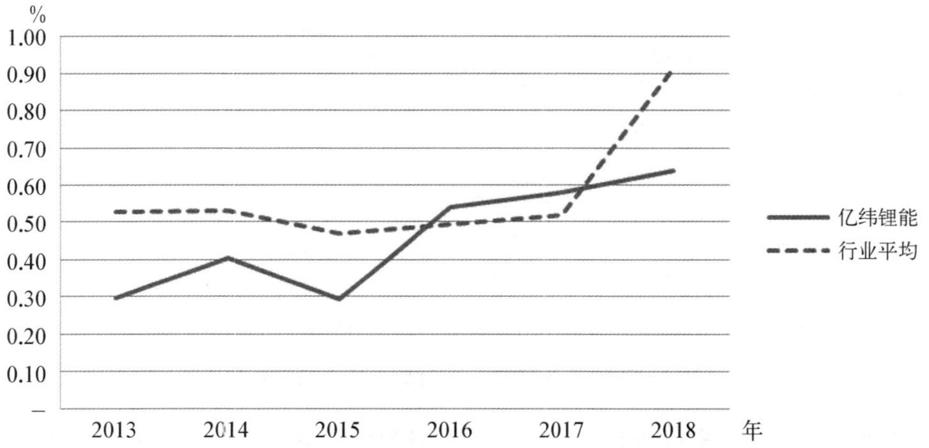

图 5　2013—2018 年亿纬锂能和行业平均资产负债率趋势图

锂能和行业平均资产负债率趋势图。

2. 营运能力分析

营运能力是指公司的经营能力，也指公司用资产赚取利润的能力。一般通过研究各项资产的周转率来反映公司的营运能力。选取存货周转率、应收账款周转率、总资产周转率及流动资产周转率等财务指标来衡量公司的营运能力。表 12 为亿纬锂能 2013—2018 年营运能力情况及行业均值。

表 12　亿纬锂能 2013—2018 年营运能力情况及行业均值

指标 / 年份	存货周转率		应收账款周转率		总资产周转率		流动资产周转率	
	亿纬锂能	行业平均	亿纬锂能	行业平均	亿纬锂能	行业平均	亿纬锂能	行业平均
2013 年	4.90	4.62	2.98	4.84	0.96	0.85	1.46	1.50
2014 年	4.23	4.44	3.13	4.78	0.82	0.95	1.45	1.50
2015 年	4.14	4.91	3.07	4.74	0.65	0.95	1.30	1.50
2016 年	4.32	4.73	3.29	4.64	0.68	0.87	1.38	1.35
2017 年	2.93	4.49	2.43	4.31	0.50	0.80	1.18	1.20
2018 年	3.15	4.22	2.41	3.75	0.50	0.72	1.16	1.12

存货周转率是公司主营业务收入与存货余额的比值。该指标通常用来衡量存货资金的占用是否合理及存货的流动性。2013—2016 年，亿纬锂能的存货周转率比较稳定，维持在 4 次左右，营运能力最低点出现在 2017 年。在 2017—2018 年第三次实施员工持股计划后，公司的营运能力有所提升，说明亿纬锂能的员工持股计划在提升营运能力方面有显著作用。行业的平均存货周转率出现波动下降，亿纬锂能的存货周转率低于行业平均水平，一方面是因为亿纬锂能的主营业务中增加了电子烟，目前国家出台了各项政策禁止使用电子烟，导致存货积压；另一方面是因为亿纬锂能业务扩张后公司的原材料和半成品等数量增加，导致公司的存货增加。因此，公司的存货管理水平需要提高。图 6 是 2013—2018 年亿纬锂能和行业平均存货周转率趋势图。

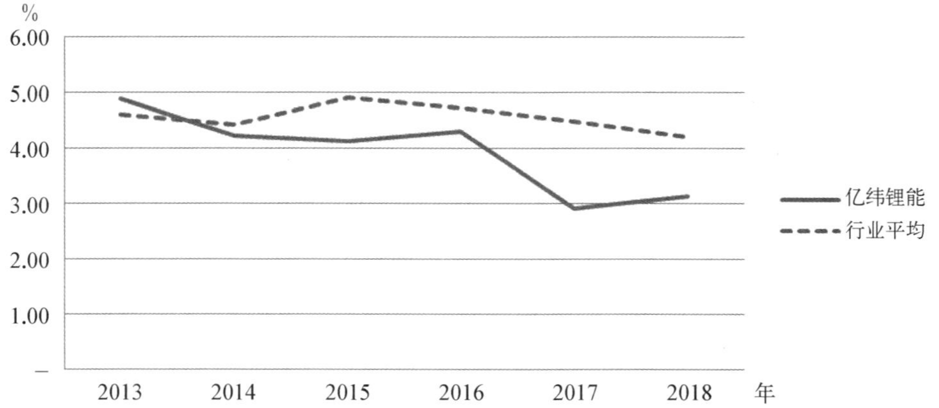

图 6　2013—2018 年亿纬锂能和行业平均存货周转率趋势图

应收账款周转率是公司销售收入与应收账款余额的比值，这个指标通常用来衡量应收账款的周转速度及管理效率。从数据上看，亿纬锂能的应收账款周转率在 2013—2018 年波动下降后有上升趋势。2013—2018 年公司的业务规模扩大，业务品种逐渐丰富，销量不断攀升，公司的应收账款数额大幅增加。此外，因为国家出台的新能源汽车补贴政策发生了变化，存在部分客户延迟支付货款的现象，行业的平均应收账款周转率缓慢下降，但还是优于亿纬锂能的应收账款周转率，说明亿纬锂能在资金管理方面还有待提高。亿纬锂能正在不断缩小与行业平均应收账款周转率的差距。图 7 是 2013—2018 年亿纬锂能和行业平均应收账款周转率趋势图。

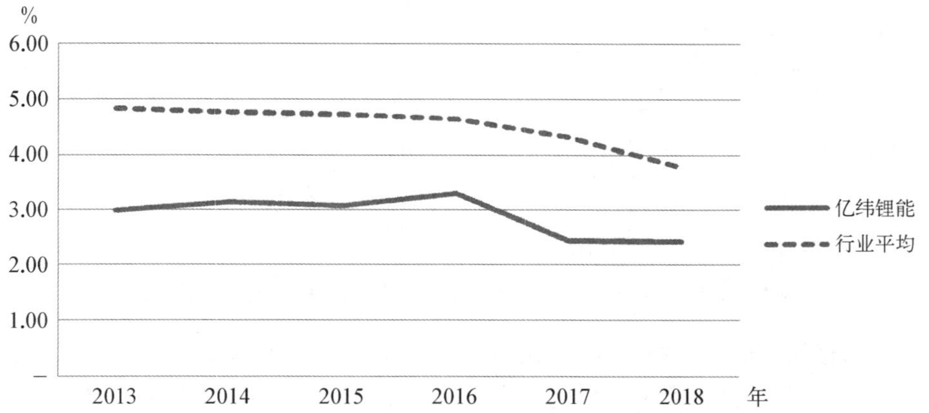

图 7　2013—2018 年亿纬锂能和行业平均应收账款周转率趋势图

总资产周转率是公司主营业务收入与资产总额的比值，这个指标通常用来衡量公司对总资产的利用情况。总资产周转率越高，说明公司的营运能力越强。从 2013—2018 年的数据来看，亿纬锂能的总资产周转率没有提高，反而下降了，这是因为公司的应收账款及存货等流动资产不断增加，引起公司总资产的增加，但公司总资产的增长幅度大于公司营业收入的增长幅度，因此公司的总资产周转率呈下降趋势，这也说明公司对资产的利用能力需提升。反观行业的总资产周转率水平，是在波动中下降。亿纬锂能的总资产周转率虽低于行业水平，但已经在不断缩小与行业平均水平的差距。图 8 是 2013—2018 年亿纬锂能和行业平均总资产周转率趋势图。

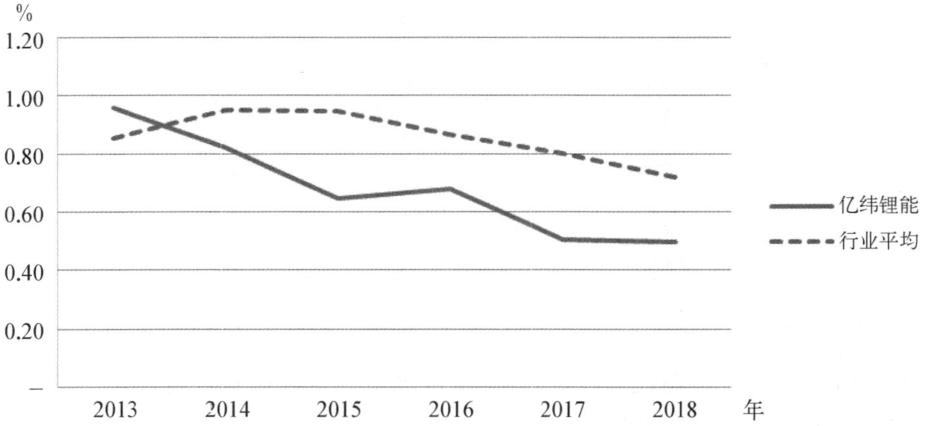

图 8　2013—2018 年亿纬锂能和行业平均总资产周转率趋势图

流动资产周转率是公司主营业务收入与流动资产的比率。公司流动资产周转率的高低可以反映公司利用流动资产的程度。亿纬锂能的流动资产周转率及行业的平均流动资产周转率都在波动中下降，就最近一期来看，亿纬锂能的指标优于行业平均水平，说明亿纬锂能在流动资产利用方面的水平正在不断提高。图 9 是 2013—2018 年亿纬锂能和行业平均流动资产周转率趋势图。

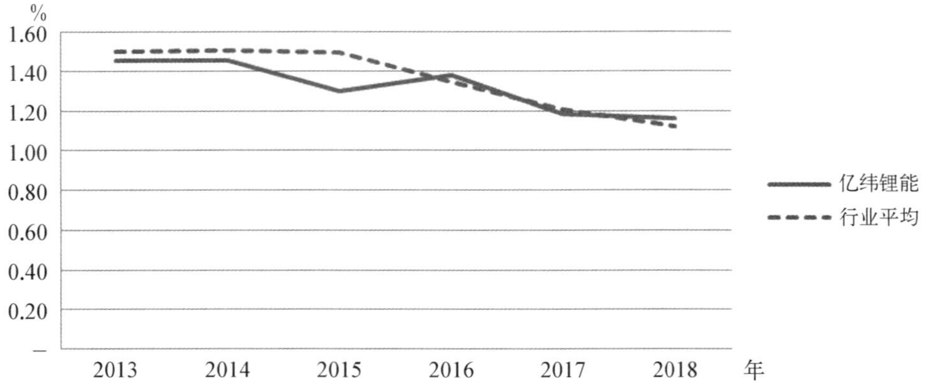

图 9　2013—2018 年亿纬锂能和行业平均流动资产周转率趋势图

综上所述，亿纬锂能在公司规模不断扩张的同时，存货、应收账款及总资产都在不断增加。员工持股计划的实施虽然没有从本质上提高公司的营运能力，但有效地减小了公司营运能力下降的幅度。

3. 盈利能力分析

盈利能力反映的是公司资金和资本的增值能力，即公司赚取利润的能力。公司的盈利能力决定公司的生存，提升公司的盈利能力也是实施员工持股计划的目的之一。实施员工持股计划后，对公司最直接的影响应当是公司盈利能力的提高。一般用净资产收益率及销售净利率等指标反映公司盈利能力的强弱。表 13 是亿纬锂能 2013—2018 年盈利能力情况及行业均值表。

表 13　　亿纬锂能 2013—2018 年盈利能力情况及行业均值

指标 年份	净资产收益率		销售净利率	
	亿纬锂能	行业平均	亿纬锂能	行业平均
2013 年	19.83	15.04	15.44	6.48
2014 年	9.05	12.12	6.69	4.80
2015 年	11.28	15.01	12.31	7.11
2016 年	13.79	13.59	13.47	7.86
2017 年	16.05	10.24	14.52	6.72
2018 年	17.18	−8.40	13.40	−9.16

净资产收益率是净利润与股东权益的比值，这个指标通常用来评价公司对资本的使用效果，也用来体现股东权益的收益情况。2013—2018 年，亿纬锂能净资产收益率的最低点出现在 2014 年。2014 年后，亿纬锂能实施了员工持股计划，净资产收益率每年都在稳步增长。由此可见，员工持股计划的实施促进了亿纬锂能规模的扩张，提高了公司的市场占有率，增强了公司赚取利润的能力。员工持股计划鼓励员工参与公司的经理管理。因为员工的参与，公司

的内部治理能力得到提升，最终提升了公司的盈利能力。反观整个行业的平均净资产收益率，整体状态是波动中下降，尤其是2017年后急剧下降，而亿纬锂能净资产收益率的增长速度远高于行业平均水平，可见其资本使用情况很不错。图10是2013—2018年亿纬锂能和行业平均净资产收益率趋势图。

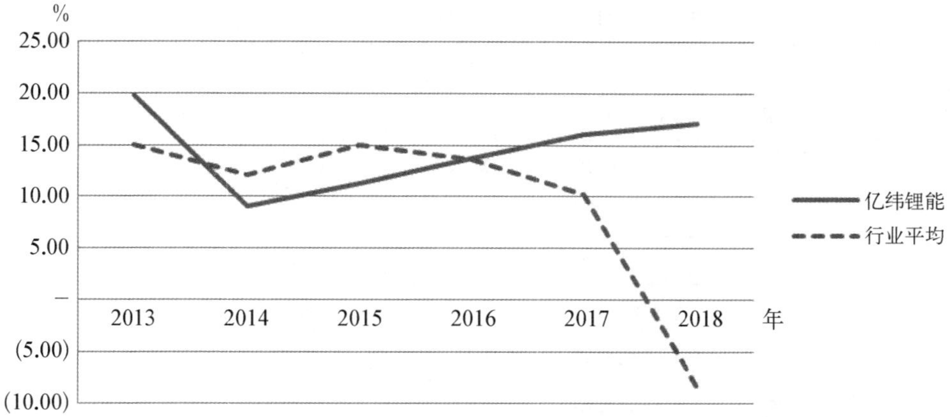

图10　2013—2018年亿纬锂能和行业平均净资产收益率趋势图

销售净利率是净利润与销售收入的比值，通常用以衡量公司一定时期获取销售收入的能力。亿纬锂能2013—2018年销售净利率波动上升，最低点出现在2014年，原因是当年电子烟产品结构发生变化，对电池的需求量下降，因而锂电池的销售量与其他年份相比明显下降。2015年亿纬锂能实施员工持股计划后，销售净利率不断攀升。可见，员工持股计划起到了显著提升公司盈利能力的作用。与行业平均销售净利率相比，亿纬锂能的销售净利率明显高于同行业。最近，亿纬锂能自身的经济效益一直在提升，在行业中名列前茅。图11是2013—2018年亿纬锂能和行业平均销售净利率趋势图。

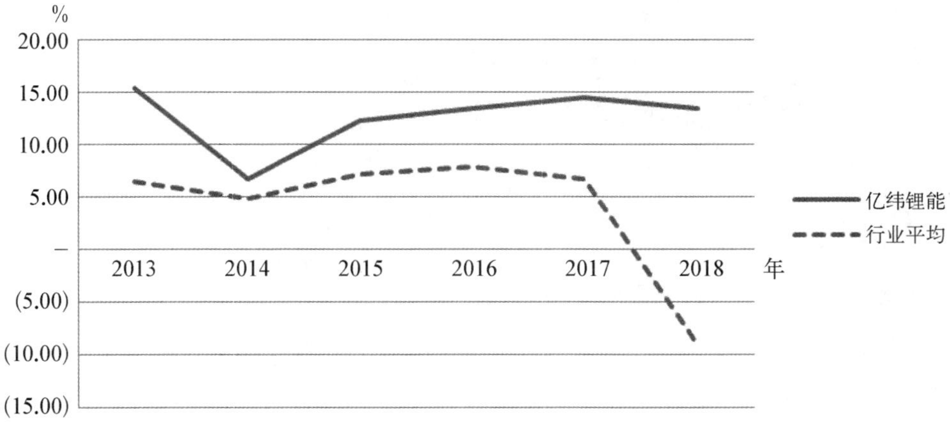

图11　2013—2018年亿纬锂能和行业平均销售净利率趋势图

综上对盈利指标的分析，亿纬锂能实施员工持股计划后，公司的盈利能力有了明显的增强，尤其是在净资产收益率和净利润这两个指标上，上升趋势显著。

4. 成长能力分析

公司的发展能力又叫成长能力，指的是公司不断发展壮大和扩大规模的能力，最终反映的是为公司和股东持续带来财富并不断提升公司的价值。在竞争激烈的市场中，唯有不断发展并保持较强的发展能力才能与市场上的竞争对手抗衡。衡量公司的发展能力一般选用净利润同比增长率、净资产同比增长率及总资产同比增长率等指标。这三个指标越高，说明公司的发展能力越强、发展速度越快。表 14 反映了 2013—2018 年亿纬锂能的成长能力及行业均值情况。

表 14　　亿纬锂能 2013—2018 年成长能力情况及行业均值

年份＼指标	净利润同比增长率		净资产同比增长率		总资产同比增长率	
	亿纬锂能	行业平均	亿纬锂能	行业平均	亿纬锂能	行业平均
2013 年	63.35	16.69	21.16	11.74	41.82	11.34
2014 年	−49.58	−86.74	9.68	26.23	32.31	27.80
2015 年	107.86	87.99	75.48	44.84	47.10	29.25
2016 年	89.91	110.94	13.78	43.77	76.35	41.35
2017 年	37.37	−125.60	58.51	53.08	70.03	47.44
2018 年	34.61	−556.49	15.57	−1.69	34.47	5.98

净利润增长率是公司本年的净利润增长额与去年净利润总额的比值。该指标通常用来反馈公司经营过程中盈利方面的发展能力。2013—2018 年，亿纬锂能的净利润增长率比较稳定，平均值维持在 47.25%，可能是之前发展过快的缘故，2014 年亿纬锂能的净利润增长率急速下降，2014 年后净利润增长率波动增长。与同行业的平均水平相比，2013—2016 年亿纬锂能的净利润增长率与同行业走势一致，略优于行业平均水平，2016 年后亿纬锂能的净利润增长率上升而行业平均水平直线下降，这说明亿纬锂能的发展能力较强，发展前景不可估量。图 12 是 2013—2018 年亿纬锂能和行业平均净利润同比增长率趋势图。

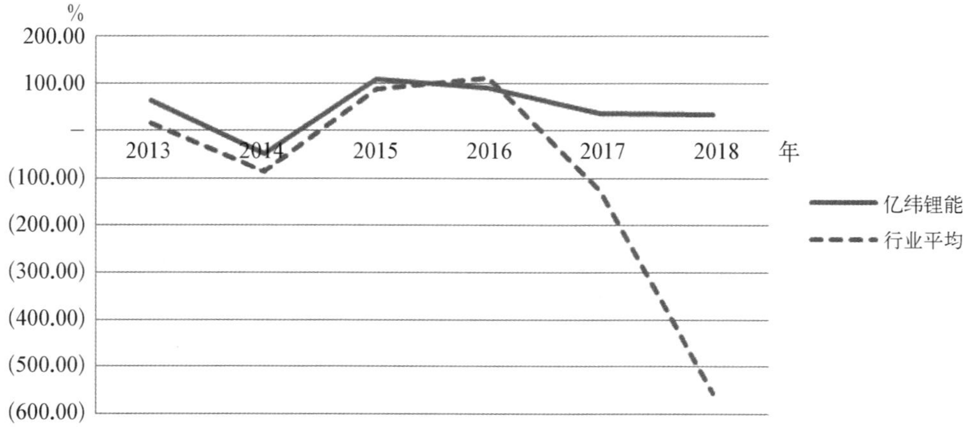

图 12　2013—2018 年亿纬锂能和行业平均净利润同比增长率趋势图

净资产增长率是公司当期净资产增加额与上年净资产总额的比值。这个指标通常用来衡量公司的总量变动情况，反映公司资本的扩张能力。2013—2018 年亿纬锂能的净资产增长率出现波动下降再上升的趋势，平均增长速度为 32.37%，发展非常迅速。行业的平均净资产增长率为 29.66%，亿纬锂能的增长速度优于行业平均水平。可见，亿纬锂能未来的发展势头很不错。图 13 是 2013—2018 年亿纬锂能和行业平均净资产同比增长率趋势图。

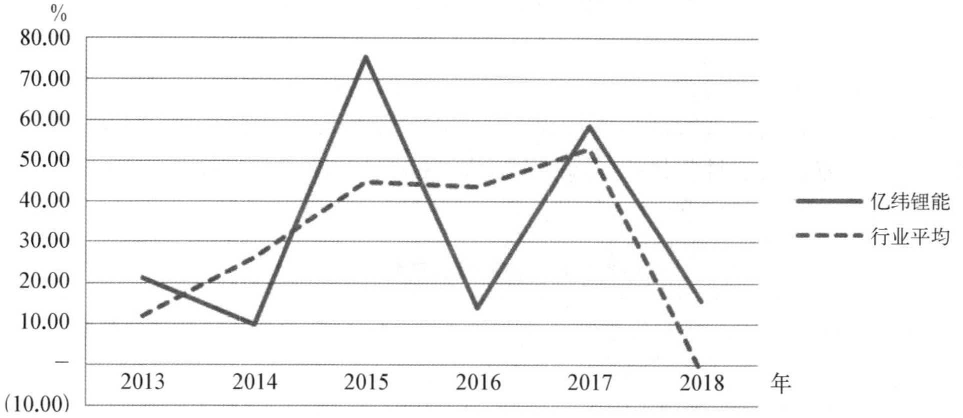

图 13　2013—2018 年亿纬锂能和行业平均净资产同比增长率趋势图

总资产增长率是公司总资产增加额与上年公司总资产的比值。该指标是分析公司当年资本积累能力和发展能力的主要指标。2013—2016 年，亿纬锂能的总资产增长率不断增长，说明亿纬锂能在这段时间内资产扩张速度快、发展能力强。2017—2018 年公司的发展速度略慢，应是之前的快速发展后出现了疲软现象。与行业的平均总资产增长率相比，亿纬锂能的平均总资产增长率维持在 50.35%，而行业的平均总资产增长率仅有 27.2%，是行业平均的将近两倍。由此可见，亿纬锂能在把握市场动向的同时稳定扩张。图 14 是 2013—2018 年亿纬锂能和行业总资产同比增长率趋势图。

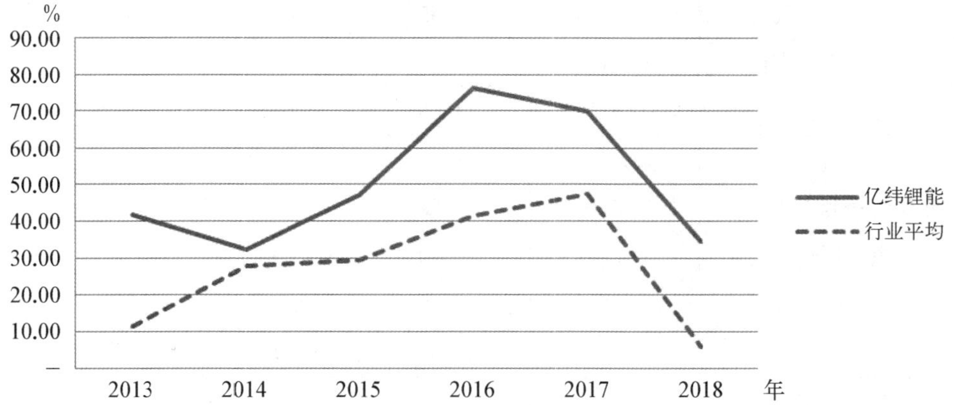

图 14　2013—2018 年亿纬锂能和行业总资产同比增长率趋势图

综合分析上述三个指标可以发现，在员工持股计划的推动下，亿纬锂能的发展能力较强，发展势头迅猛。

通过对亿纬锂能的偿债能力、营运能力、盈利能力及成长能力的分析可知，员工持股计划的实施对公司产生了积极的影响。一方面，员工持股计划的实施激发了员工的工作积极性，增加了公司的销售收入，提高了公司的盈利能力；另一方面，员工持股计划增加了公司的资金来源，增强了公司的偿债能力。通过研究后发现，员工持股计划的实施未增强公司的营运能力，主要原因是公司的业务规模扩大，品种逐渐丰富，销量不断攀升，公司的应收账款和存货都不断增加；同时，公司的存货和应收账款及总资产的增长幅度远高于公司销售收入的增长幅度，所以公司的营运能力未得到增强。公司 2015—2018 年的偿债能力指标也不是特别好，这是因为这几年公司进行了大量并购，当然也受整个行业的情况的影响，最近几年整个行业的偿债能力不佳。

5. 连环替代法分析权益净利率

在亿纬锂能实施员工持股计划的过程中，权益净利率也是一个需要重点关注的指标。下面采用杜邦分析体系的连环替代法来分析各个因素对权益净利率的影响，进一步分析员工持股计划对公司业绩的影响程度(见表 15)。

表 15 亿纬锂能权益净利率连环替代法分析

项　目	销售净利率	总资产周转率	权益乘数	权益净利率	变动情况
2013 年(基期)	15.44%	0.96	1.34	19.80%	
将 2014 年销售净利率代入	6.69%	0.96	1.34	8.58%	−11.22%
将 2014 年总资产周转率代入	6.69%	0.82	1.34	7.33%	−1.25%
将 2014 年权益乘数代入	6.69%	0.82	1.58	8.69%	1.36%
2014 年	6.69%	0.82	1.58	8.69%	
将 2015 年销售净利率代入	12.31%	0.82	1.58	15.98%	7.29%
将 2015 年总资产周转率代入	12.31%	0.65	1.58	12.62%	−3.36%
将 2015 年权益乘数代入	12.31%	0.65	1.56	12.41%	−0.21%
2015 年	12.31%	0.65	1.56	12.41%	
将 2016 年销售净利率代入	13.47%	0.65	1.56	13.59%	1.18%
将 2016 年总资产周转率代入	13.47%	0.68	1.56	14.29%	0.70%
将 2016 年权益乘数代入	13.47%	0.68	1.88	17.26%	2.97%
2016 年	13.47%	0.68	1.88	17.26%	
将 2017 年销售净利率代入	14.52%	0.68	1.88	18.60%	1.34%
将 2017 年总资产周转率代入	14.52%	0.50	1.88	13.76%	−4.84%
将 2017 年权益乘数代入	14.52%	0.50	2.36	17.23%	3.47%
2017 年	14.52%	0.50	2.36	17.23%	
将 2018 年销售净利率代入	13.40%	0.50	2.36	15.90%	−1.33%
将 2018 年总资产周转率代入	13.40%	0.50	2.36	15.71%	−0.19%
将 2018 年权益乘数代入	13.40%	0.50	2.63	17.55%	1.84%
2018 年	13.40%	0.50	2.63	17.55%	

从历年数据来看，影响亿纬锂能权益净利率的主要因素是销售净利率及总资产净利率，其中，影响最大的是销售净利率。2014 年权益净利率急速下降的原因是销售净利率的急剧下降。销售净利率下降的主要原因是当年电子烟产品结构变化，对电池的需求量下降，锂电池销售量与其他年份相比明显下降。2015 年及以后年度实施员工持股计划后，销售净利率不断攀升，是因为员工持股计划提高了员工的积极性，使得员工积极开拓大客户，积极推广新产品和新应用，公司的营业收入增加，净利润不断攀升。2013—2018 年公司总资产周转率也在不断

下降，这是因为公司的应收账款及存货等流动资产不断增加，引起公司总资产的增加，但公司总资产的增长幅度大于公司营业收入的增长幅度，因而这个指标的下降使得权益净利率下降。但总的来看，实施员工持股计划后，亿纬锂能的权益净利率维持在17%左右，说明员工持股计划对公司的发展是有积极作用的。

（二）对非财务指标的影响

在分析亿纬锂能员工持股计划的实施效果时，除了对财务绩效进行分析外，还需分析公司的非财务指标。非财务指标主要从创新能力、人才保留与吸引及股权结构变动三个方面来考虑。

1. 创新能力分析

公司要想从激烈的同行业竞争中脱颖而出，必须具备创新能力，研发投入就是创新能力的重要考核指标之一。下面将从亿纬锂能的研发人员、研发投入金额、研发投入占营业收入的比例及申请专利数量来分析公司的科研成果，相关指标见表16。

表16　　亿纬锂能创新的相关指标

年　份	2013年	2014年	2015年	2016年	2017年	2018年
研发人数（人）	186	420	560	664	906	1 178
研发人员占比	4.21%	10.29%	10.67%	10.68%	13.81%	16.71%
研发投入金额（元）	0.54亿	0.85亿	0.71亿	1.16亿	2.33亿	3.95亿
研发投入占营业收入的比例	5.20%	7.10%	5.23%	4.97%	7.81%	9.07%
申请专利数量（累计数）	121	594	647	756	902	1 083

数据来源：根据公司年报整理而得。

为了能够长远发展，公司会注重增加研发投入，以期提升公司的创新能力来超越同行业的竞争对手，在行业中拥有更多话语权。亿纬锂能的创新技能一直走在行业前列，研发投入大且拥有完整的研发体系。除2016年亿纬锂能的研发投入略微减少外，其他年份其研发投入一直稳定增长，到2018年其研发投入占营业收入的比例高达9.07%。由此可见，亿纬锂能非常重视研发投入。员工持股计划的实施让公司更为关注研发创新，加大研发投入力度，提高公司的创新能力。

公司的研发人员是帮助公司实现创新和发展的主要因素。2013年，公司的研发人员只有186人，到2018年年底已经达到1 178人，是2013年的近7倍。与此同时，研发人员占比也在不断提高，从2013年的4.21%增长至2018年的16.71%，这也可以看出亿纬锂能对研发人员的重视。同时，亿纬锂能的专利申请数量也在逐年增加，2018年的专利数量是2013年专利数量的9倍。这些均说明亿纬锂能实施员工持股计划后，公司员工的研发积极性提高，公司的创新产出增加、创新能力增强。

2. 人员保留与吸引

公司的发展主体是员工，管理层主要起领导作用，其他员工积极工作，为公司的生存和发展做出贡献。为了起到激励作用，多数公司的第一选择是股权激励，但是对于亿纬锂能来说，生产人员达到公司全部员工的70%左右，属于劳动密集型公司，所以注重对公司高管和核心技术人员进行激励的股权激励并不适合亿纬锂能，公司不仅要关注核心员工，而且要关注普通员工。

(1) 员工专业结构方面

亿纬锂能是典型的劳动密集型上市公司。从员工总数上看,2013—2018 年,亿纬锂能的员工数在不断增加,2018 年的员工数比 2013 年翻了将近一倍。从员工专业部门上看,2013 年生产人员占员工总数的比例高达 90.02%,近 6 年该比例一直呈下降趋势,到 2018 年生产人员占比下降到 69.90%。销售人员和研发人员的人数则不断攀升,2013 年公司仅有 17 名销售人员,截至 2018 年,公司的销售人员已达到 208 人,是 2013 年的近 12 倍;2013 年研发人员有 186 人,至 2018 年,研发人员已达到 1 178 人,除 2014 年激增外,其他各年保持 30%左右的增长率。此外,行政人员的人数也有小幅增加,而财务人员的数量无明显变化。表 17 是亿纬锂能员工专业结构表,图 15 是 2013—2018 年亿纬锂能员工分专业趋势图。

表 17　　亿纬锂能员工专业结构表　　单位:人

岗　位	2013 年	2014 年	2015 年	2016 年	2017 年	2018 年
生产人员	3 973	3 201	4 216	4 882	4 823	4 928
销售人员	17	141	152	197	231	208
研发人员	186	420	560	664	906	1 178
财务人员	32	38	47	48	74	66
行政人员	205	280	271	427	525	670

数据来源:根据公司年报整理而得。

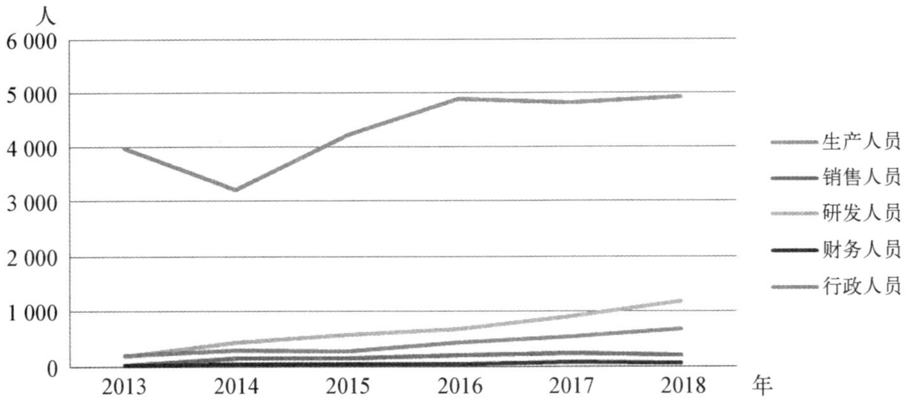

图 15　2013—2018 年亿纬锂能员工分专业趋势图

综上可知,2013—2018 年亿纬锂能实施员工持股计划后,公司的员工结构在不断优化。可见,员工持股计划的实施在一定程度上可以为公司留住和吸引相关人才。

(2) 员工人才变动方面

亿纬锂能在优化员工结构的同时提高员工的受教育程度。2013—2018 年,公司员工中的博士人数变动不明显,但每年都在上升,至 2018 年年底,博士人数已经达到 26 人;硕士人数增加明显,2013 年仅有 17 人,至 2018 年已达 229 人;大学本科人数也在不断增加;大专及以下学历的员工这 6 年来虽然人数也在不断增加,但占总人数的比例却在不断下降,2013 年占比高达 93.70%,至 2018 年已下降至 81.60%。这些结构上的变化说明亿纬锂能员工的整体素质在不断提高，实施员工持股计划后能得到较高层次人员的青睐，最终会促进公司的不断发展。表 18 是亿纬锂能人才变动情况。图 16 是 2013—2018 年亿纬锂能员工分学历趋势图。

表 18　亿纬锂能人才变动情况　单位：人

学　历	2013 年	2014 年	2015 年	2016 年	2017 年	2018 年
博士	5	7	9	11	14	26
硕士	17	54	70	115	157	229
大学本科	256	422	421	566	831	1 042
大专及以下	4 135	3 597	4 746	5 526	5 557	5 753
员工总数	4 413	4 080	5 246	6 218	6 559	7 050

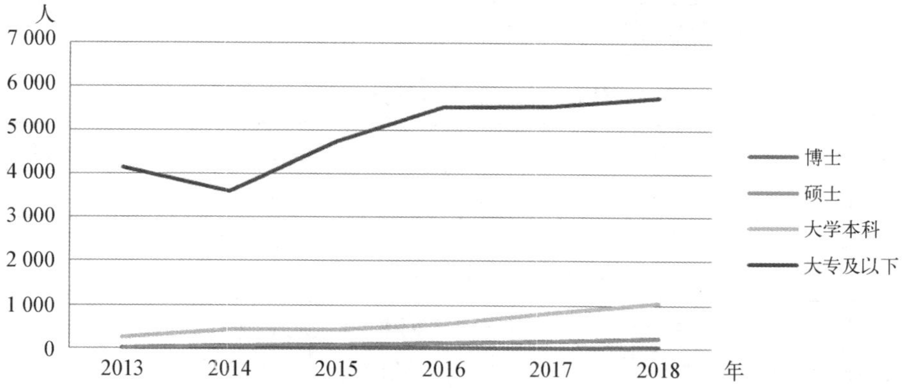

图 16　2013—2018 年亿纬锂能员工分学历趋势图

3. 股权结构变动

从表 19 至表 21 可以看出，在实施员工持股计划前，公司的股权比例属于集中型，2013 年实际控制人控股比例高达 51.63%，如此高的比例会让公司有较严重的代理问题，会使得小股东的权益容易被大股东侵犯。2015 年实施员工持股计划后，控股股东和前十名股东的持股比例不断下降。从理论上看，员工持股可以将分散的股权集中起来，在员工持股大会选出员工代表参与公司的经营决策，持有股票的员工在权利上可以抗衡大股东，防止小股东的权益被大股东侵犯，但是，员工持股计划中员工持有公司总股票的股数的比例较低，员工代表在股东大会上的话语权效果不明显，这也在一定程度上影响着制衡大股东股权方面的作用。员工持股计划让员工有机会参与公司的经营和决策，与大股东相比，员工对公司的情况更熟悉，在进行决策时会从自身及公司利益角度出发。与此同时，员工持股计划使得股东的利益和员工的利益紧密结合，也减小了管理层侵犯股东权益的可能性，较好地解决了公司的委托代理问题。

表 19　亿纬锂能 2013—2018 年股权结构明细表

项　目	2013 年	2014 年	2015 年	2016 年	2017 年	2018 年
股份总数	100.00%	100.00%	100.00%	100.00%	100.00%	100.00%
非限售流通股	77.51%	78.32%	79.81%	95.91%	95.65%	95.76%
限售流通股	22.49%	21.68%	20.19%	4.09%	4.35%	4.24%

续表

项　目	2013 年	2014 年	2015 年	2016 年	2017 年	2018 年
国家持股						
国有法人持股						
其他内资持股	22.49%	21.68%	20.19%	4.09%	4.35%	4.24%
其中：境内法人持股	16.97%	16.96%	15.82%	0.00%	0.00%	0.00%
境内自然人持股	5.52%	4.72%	4.37%	4.09%	4.30%	4.20%
外资持股合计					0.05%	0.04%
其中：境外法人持股						
境外自然人持股					0.05%	0.04%

数据来源：根据公司年报整理而得。

表 20　　亿纬锂能控股股东持股比例明细表

项　目	2013 年	2014 年	2015 年	2016 年	2017 年	2018 年
控股股东持股比例	51.63%	51.62%	47.91%	47.96%	43.05%	43.11%

表 21　　亿纬锂能前十名股东持股比例明细表

项　目	2013 年	2014 年	2015 年	2016 年	2017 年	2018 年
前十名股东持股比例	67.44%	56.21%	53.97%	52.82%	47.00%	49.74%

4. 机构投资者分析

亿纬锂能自 2015 年实施员工持股计划后，公司的治理结构不断得到完善，财务绩效也一直在提升。2013—2014 年公司的机构投资者持股比例明显下降，但从 2015 年公司实施员工持股计划后，机构投资者的比例比较稳定，保持在 52%左右，说明亿纬锂能的快速成长和不断提升市场业绩的行为已经引起机构投资者的广泛关注，投资者对公司发展前景的信心不断增强。从机构投资者的构成明细来看，2015—2018 年，基金、证券及投资公司的持股比例在不断增加，而基金及投资公司在进行投资前会对公司进行专业的调查与详细的分析，这说明亿纬锂能是一家发展潜力很大的公司，对投资机构和基金公司都有很大的吸引力。表 22 是亿纬锂能机构投资者变化表。

表 22　　亿纬锂能机构投资者变化表

项　目	2013 年	2014 年	2015 年	2016 年	2017 年	2018 年
保险产品				0.38%		
基金资产管理计划			0.51%			
集合理财计划			1.47%	0.83%		
其他	53.34%	55.48%	53.32%	53.61%	52.64%	53.18%
投资公司		0.50%	1.25%			

续表

项目	2013年	2014年	2015年	2016年	2017年	2018年
证券投资基金	14.10%	0.24%	0.49%	0.54%	2.03%	3.87%
合计	67.44%	56.21%	53.97%	52.82%	47.00%	49.74%

数据来源：根据 choice 数据整理而得。

本节基于非财务指标，从创新能力、人员保留与吸引、股权结构变动及机构投资者四个方面分析了公司实施员工持股计划后的效果，发现：第一，公司实施员工持股计划后，员工的研发积极性提高，公司的创新产出增加、创新能力增强；第二，员工持股计划的实施有利于公司吸引和保留更多优秀人才，优化公司员工结构；第三，虽然员工持股计划中员工的持股比例不能有效地与大股东的权力相制衡，但员工持股能够有效解决代理问题，降低股东权益被管理层侵犯的可能性；第四，实施员工持股计划后，公司的财务业绩有了明显提升，公司内部的治理机制更为完善，更多机构投资者愿意投资亿纬锂能。

四、案例启示与总结

（一）案例启示

亿纬锂能员工持股计划的动因：宏观方面，亿纬锂能顺应发展趋势，通过员工持股计划改善公司的经营；微观方面，亿纬锂能希望通过员工持股计划提升公司业绩，改善经营状况，成为行业“领头羊”。从员工持股计划的实施效果来看，亿纬锂能的财务绩效得到提升，非财务指标也得到优化。

1. 员工持股计划有利于提升公司的财务绩效

本文通过分析亿纬锂能实施员工持股计划后的财务指标的变化及经营状况的改变来分析员工持股计划的实施效果，发现其对公司的财务绩效具有正向效应。实施员工持股计划后，公司的偿债能力和营运能力因为一些因素而变化不大，但公司的盈利能力有了很大提升，在净利润和销售净利率及权益净利率上尤为明显；同时，公司的成长能力也有很大提升，公司的经营规模扩大，扩张速度加快。可见，亿纬锂能员工持股计划的实施对公司的财务绩效产生了积极作用。

2. 员工持股计划有利于改善公司的非财务指标

亿纬锂能通过多次实施员工持股计划，不但留住了公司的大量人才，而且留住了公司的普通员工。实施员工持股计划后，公司的创新能力得到提升，申请专利的数量不断增加；公司的高学历员工人数不断增加，员工结构不断优化；公司的股权结构也得以优化，内部控制更加高效，员工持股后能与大股东相制衡，使公司的股权治理结构更加稳健。这些都说明亿纬锂能实施员工持股计划不但提升了公司的财务绩效，而且改善了公司的非财务绩效，最终使公司良性发展。

（二）案例总结

本文选取亿纬锂能实施员工持股计划的案例来分析员工持股计划的动因及实施后的影响效果。选取亿纬锂能是因为其处于电子制造业，有一定的研究意义，且其自从颁布了员工持股计划的政策后几乎每年都实施该计划，有一定的代表性。对其进行研究以期为我国的上市公司提供参考，希望能在一定程度上推动我国的经济发展。另外，一些上市公司实施员工持股计划的效果与预想不一致，出现了较大的盈亏差等，公众对员工持股计划的实施效果产生了质疑，因而研究公司实施员工持股计划的动因及效果，期望上市公司实施员工持股计划后能够产生好的效果。

本案例首先介绍我国上市公司员工持股计划的状况，研究后发现其中存在员工承担较大投资风险、当股票来源是大股东无偿赠予时会重复征税、持股计划相关条款设计单一以及部分操作不规范等现象。接着简介亿纬锂能，详细介绍了其实施员工持股计划的过程及特点。然后分析公司实施员工持股计划的动因：从宏观方面看，国家颁布了一系列法律法规，亿纬锂能顺应发展趋势，通过员工持股计划改善公司的经营；从微观方面看，亿纬锂能希望通过员工持股计划提升公司业绩，改善公司经营状况，促进公司的可持续发展。紧接着结合财务指标和非财务指标，运用对比分析法及连环替代法对亿纬锂能员工持股计划的实施效果进行分析，发现：亿纬锂能实施员工持股计划后，偿债能力和营运能力变动虽不大，但降低了公司偿债能力和营运能力相关指标下降的速度；公司的盈利能力和成长能力显著提高；公司的创新能力提高，人才占比不断提高，人员结构及公司的股权结构均在不断优化。最后根据前文的分析得出一些启示。亿纬锂能实施员工持股计划既提升了财务绩效，也优化了非财务绩效，但其计划也存在股票和资金来源较单一、员工持股比例较低及锁定期过短等弊端；同时给出了相关建议，如亿纬锂能员工持股计划的股票和资金、员工持股比例、锁定期均需合理规划，相关部门还需完善相关法律法规等。

五、参考文献

[1] Chang X., Fu K., Low A., et al.. Non-executive Employee Stock Options and Corporate Innovation[J]. Journal of Financial Economics, 2015, 115(1): 168—188.

[2] Fang H., Nofsinger J. R., Quan J.. The Effects of Employee Stock Option Plans on Operating Performance in Chinese Firms[J]. Journal of Banking & Finance, 2015(54): 141—159.

[3] Joseph Blasi, Richard Freeman, Douglas Kruse. Do Broad-based Employee Ownership, Profit Sharing and Stock Options Help the Best Firms Do Even Better? [J]. British Journal of Industrial Relations, 2016, 54(1).

[4] 黄桂田，张悦.国有公司员工持股绩效的实证分析——基于1 302家公司的样本数据[J].经济科学，2009(4)：86—94.

[5] 蒋运冰，苏亮瑜.员工持股计划的股东财富效应研究——基于我国上市公司员工持股计划的合约要素视角[J].证券市场导报，2016(11)：13—22.

[6] 吕长江，严明珠，郑慧莲，许静静.为什么上市公司选择股权激励计划[J].会计研究，2011(1)：68—75.

[7] 王晋斌，李振仲.内部职工持股计划与公司绩效——对西方和我国公司案例的考查[J].经济研究，1998(5)：65—72.

[8] 杨华领，宋常.员工股权激励范围与公司经营绩效[J].当代财经，2016(12)：109—118.

[9] 沈红波，华凌昊，许基集.国有公司实施员工持股计划的经营绩效：激励相容还是激励不足[J].管理世界，2018，34(11)：127—139.

[10] 张小宁.经营者报酬、员工持股与上市公司绩效分析[J].世界经济，2002(10)：57—64.

案例使用说明书

1. 本案例要解决的关键问题

本案例要实现的教学目标：引导学生关注股权激励中员工持股计划实施方式、动因及对公司的影响。根据本案例资料，一方面，学生可以思考为何我国推行员工持股计划困难重重，为何屡次提出又屡次叫停，理解不同制度背景下尤其是混合所有制改革背景下推行员工持股计划的政策动因；另一方面，从解决公司代理冲突、改善公司治理的角度，进一步引导学生探讨什么样的员工持股计划更容易帮助公司实现财务和非财务绩效目标。本案例可以让学生从公司治理的视角研究员工持股计划对公司的影响。

2. 案例讨论的准备工作

为了有效实现本案例目标，学生应该具备下列相关知识：

(1) 理论背景

股权激励的相关理论；员工持股计划与股权激励的区别；委托代理理论；人力资本理论、激励理论。

(2) 社会背景

2012 年 8 月，证监会出台了《上市公司员工持股计划管理暂行办法》，公开向社会公众征求关于员工持股计划的指导意见，标志着员工持股计划得到国家的推行，开始重启。2013 年 11 月，《中共中央关于全面深化改革若干重大问题的决定》在十八届三中全会上通过，目的是深化混合所有制改革的发展，进一步推进员工持股在我国的进程，标志着员工持股计划有了制度依靠。2014 年 6 月是我国员工持股计划真正意义上的开始，这一年证监会发布了《关于上市公司实施员工持股计划试点的指导意见》，明确提出上市公司可以在公司内部实施员工持股计划，员工在合法、自愿的方式下可以获得公司的股票并长期持有。该意见为上市公司实施员工持股计划提供了政策依据。

(3) 制度背景

我国员工持股制度从 1980 年首次引入至 2014 年再次被监管部门提出，历经了多个历史阶段。

3. 案例分析要点

(1) 需要学生识别的关键问题

本案例需要学生识别的主要知识点包括管理层与员工之间的代理冲突、公司推行员工持股计划的动机、员工持股计划给公司造成的财务和非财务影响。

(2) 解决问题的可供选择方案及其评价

① 员工持股计划的动因

宏观方面，亿纬锂能顺应发展趋势，通过员工持股计划改善公司的经营；微观方面，亿纬锂能希望通过员工持股计划提升公司业绩，改善经营状况，成为行业"领头羊"。

② 员工持股计划有利于提升公司的财务绩效

通过分析亿纬锂能实施员工持股计划后财务指标的变化及经营状况的改变来分析员工持股计划的实施效果，发现其对公司的财务绩效具有正向效应。实施员工持股计划后，公司的偿债能力和营运能力因为一些因素变化不大，但公司的盈利能力有了很大的提升，在净利润和销售净利率及权益净利率上尤为明显；同时，公司的成长能力也有很大的提升，公司的经营规模扩大，扩张速度明显加快。可见,亿纬锂能员工持股计划的实施对公司的财务绩效产生了积极作用。

③ 员工持股计划有利于改善公司的非财务指标

亿纬锂能通过多次实施员工持股计划,不但留住了公司的大量人才,而且留住了公司的普通员工。实施员工持股计划后,公司的创新能力得到提升,申请专利的数量不断增加;公司的高学历员工人数不断增加,员工结构不断优化;公司的股权结构也得以优化,内部控制更加高效,员工持股后能与大股东相制衡,让公司的股权治理结构更加稳定。这些都说明亿纬锂能实施员工持股计划不但提升了公司的财务绩效,而且改善了公司的非财务绩效,最终使公司良性发展。

④ 对员工持股计划的建议

第一,员工持股计划股票和资金的来源多样化。股票和资金的来源有多种选择方案,股票来源可以是定向受让、股东赠予、竞价转让、非公开发行、认购信托计划、上市公司回购及其他混合方式等,公司应对不同的员工采用不同的激励方法。刚进公司的新员工工资薪酬不高,通过奖励股票份额等方式可以提高新员工的收入,新员工受到激励就会为公司努力工作。在公司工作多年的老员工普遍薪酬较高,他们对物质奖励可能不太在意,而提升职务等方式会增强老员工的归属感和荣誉感。对同一层级的员工采用阶梯化的股票奖励并与员工绩效挂钩,可以让公司内部有一种良性的竞争氛围,员工为了获得更多激励就会更加努力工作。

资金来源可以有持股计划奖励金、股东或实际控制人借款及向第三方融资等。若公司采用计划奖励金方式,每年需从上一年的净利润中提取一部分发给员工购买股票。如此在降低员工持有股票的风险的同时还能捆绑公司和员工的利益,让员工更愿意参与员工持股计划,这对员工的激励作用非常明显。除了计划奖励金外,公司也可以采用股东或实际控制人借款的方式实施员工持股计划,这样一方面可以促使刚加入公司的新员工积极参与计划,降低其离职率,为公司节约新员工培训等方面的费用,也可以扩大公司实施员工持股计划的范围。大股东提供借款是其对公司发展有信心的标志,这种行为会向公司员工和市场上的投资者传递公司未来可期的信号,也会让市场上的投资者更愿意购买公司的股票,从而达到提高公司市值的目的。

第二,提高公司员工持有公司股票总额的比例。员工持股的比例应提高到参与员工持股计划的员工有机会参与公司的经营管理和决策的程度,也就是说,员工可以通过其持有的份额参与公司的董事会决议和股东大会。一方面,这会提升公司的治理能力,员工持股计划将公司的利益和员工的利益捆绑在一起,内部员工比外部投资者更了解公司的经营和财务状况,因此员工在为公司提出有效建议的同时还能和外部投资者协同监督公司高管的经营决策,降低公司高管侵犯股东权益的可能性,减少公司的代理成本。另一方面,员工持股计划将公司员工凝聚起来,防止小股东的利益被大股东侵犯。最终,员工的主人翁意识增强,内部团结一致促进公司的可持续发展。

第三,合理规定员工持股计划的锁定期。员工持股计划是一种中长期的激励措施,应合理设计持股计划期限。持股期限过短,员工持股计划的效果会呈现短期化,过长的持股期限又不利于公司的后续管理。员工持股计划的实施是要稳定员工并防止其承受过大的经济风险,最终是要实现公司和员工双方的利益。有些公司的员工持股计划的实施有着短期集资的倾向,这是万万不可的。公司应当意识到员工持股计划的重要性,把其当成公司的长期制度,恰当延长持股期限,让公司的长期发展与员工的利益挂钩,如此员工才能切实推动公司的发展,提升公司的综合竞争力。

第四，完善相关法律法规。员工持股计划是激发公司竞争力的措施，但目前我国上市公司的参与度不高，在通过股东大会后正式实施并能顺利完成的公司的比例有待提高，因而要完善相关法律法规来保证员工持股计划的顺利推行。相关部门需加快制定政策法规，指导上市公司员工持股计划的推行并约束实施过程中的不规范行为。首先，员工持股计划实际操作和信息披露方面的法律条文较少，相关部门可以出台相关政策来规范公司的行为；其次，提高员工持股计划相关信息的透明度；再次，完善退出机制；最后，加强对实施员工持股计划的上市公司的监督，并对有违法违规行为的公司进行严厉惩罚。目前，我国员工持股计划的相关法规似乎存在"一刀切"的问题，相关部门可分行业设置不同的标准。完善相关的法律法规可以营造良好的实施环境，让员工持股计划的实施发挥最大的效用。

4. 教学组织方式

(1) 问题清单及提问顺序、资料发放顺序

本案例讨论的题目依次为：

① 分析员工持股在我国的发展历程，回顾以往失败的原因及制度背景。

② 分析亿纬锂能推行员工持股计划的动因。

③ 分析亿纬锂能员工持股计划对公司的财务和非财务影响。

④ 如何设计员工持股计划，以更好地激励员工，带来更多的创新绩效？

本案例的参考资料及其索引在讲授有关知识点后一次性布置给学生。

(2) 课时分配

① 课后自行阅读资料：约 3 个小时。

② 小组讨论并提交分析报告提纲：约 3 个小时。

③ 课堂小组代表发言，进一步讨论：约 3 个小时。

④ 课堂讨论与总结：约 0.5 个小时。

(3) 讨论方式

本案例可以采用小组式进行讨论。

(4) 课堂讨论与总结

课堂讨论与总结的关键：归纳发言者的主要观点，重申其重点及亮点，提醒大家对焦点问题或有争议的观点进行进一步思考，建议大家对案例素材进行扩展研究和深入分析。

5. 其他

无。

公司环境成本核算研究

——以 A 药业为例

鲁瑛均　王炜炜

专业领域/方向：环境会计

适用课程：环境会计、成本会计、管理会计

编写目的：掌握公司环境成本核算方法，了解高污染行业公司的主要生产经营流程及相关环境成本产生的动因，掌握设计环境成本会计核算账户的基本方法，掌握基于生命周期的作业成本法在公司环境成本核算中的应用，学会按照作业成本法对环境成本进行归集与分配。

知 识 点：公司环境成本核算

关 键 词：环境成本会计、作业成本法、生命周期

中文摘要：本文选取 A 药业作为对象进行研究。通过分析 A 药业现行的环境成本核算内容和方式，指出 A 药业在环境成本核算方面存在的不足与风险；同时，尝试构建科学、合理的环境成本核算体系。环境成本核算体系的构建包括设置专门的环境成本核算账户、明确环境成本确认原则、针对不同的环境成本项目选择适当的计量方式、提出采用基于产品生命周期的作业成本法对间接环境成本进行分配的方法，设计环境信息披露内容。将采用新环境成本核算体系得出的核算结果与 A 药业现行的核算结果进行比较，分析差异并为 A 药业的环境成本核算提出改善建议，希望能为其他制药公司乃至高污染行业公司提供借鉴。

英文摘要：By analyzing the current content and method of environmental cost accounting of company A, the deficiencies and risks in environmental cost accounting of company A are pointed out. At the same time, this study attempts to build a scientific and reasonable environmental cost accounting system. Environmental cost accounting system structures, including setting up special environment cost accounting accounts, and clear environment cost confirmation principle, for different environment cost project selecting the appropriate measurement methods, put forward the homework cost method based on product life cycle of an indirect environmental cost allocation method, design of environmental information disclosure content. The results obtained by the new environmental cost accounting system will be compared with the current accounting results of company A, and the differences will be analyzed, and suggestions for improving the environmental cost accounting of company A will be put forward, hoping to provide reference for other pharmaceutical industry and even high pollution enterprises.

案　　例

本研究以 A 药业为例，分析其环境成本核算及管理现状，结合生命周期法确认 A 药业环

境成本核算内容，设计专门的环境成本核算账户；同时，按照作业成本法对A药业的环境成本重新进行归集和分配，并比较新旧环境成本核算体系造成的产品成本差异。

环境成本又称绿色成本，是指由于经济活动造成环境污染而使环境服务功能质量下降的代价，包含资源开采、生产、运输、使用、回收和处理，是解决环境污染和生态破坏所需的全部费用。对于政府机构，通过了解公司的环境成本信息、对环境的污染及其在环保方面的业绩，做出公正的评价和正确的总体规划。对于公司自身，环境责任是其社会责任的一部分。环境成本能够帮助公司更精确地核算成本；同时，可以通过环境成本评价各业务流程，找到关键的风险控制点，从而设计出更科学的业务流程。对于其他信息使用者，如投资者、债权人、客户等，可以通过环境成本了解公司的长期盈利能力和持续经营能力，回避相关风险，从而做出准确的总体规划。因此，如何合理、科学地进行环境成本核算，实施环境成本控制，为信息使用者提供有效的环境成本信息，将成为高污染公司关注的重点。本文希望通过案例分析，探讨高污染公司的环境成本核算体系。

一、A药业的基本情况

（一）概况及行业地位

A药业的主营业务涵盖新药研发、制剂生产、医药销售、制药装备及原料药生产等方面，搭建了慢病普药业务、专科业务和输液业务三大业务平台，具有较强的研发实力，丰富的产品线，优质的产品质量，较强的渠道和终端覆盖及管理能力，良好的品牌优势和国际化优势，其经济实力、竞争活力和可持续发展能力位居国内制药公司前列。A药业目前拥有16家子公司，近1.3万名员工，19家生产基地分布在国内东北、华北、西北、华东、华南等地区的15个省市，致力于构建先进的生产管理体系，营销网络遍布全国。

（二）主要产品与品牌

A药业目前在产文号近400个，拥有〇号、糖适平、冠爽、压氏达、穗悦系列、珂立苏、小儿氨基酸、腹膜透析液、双鹤输液、利复星、硝苯地平、丙戊酸镁等多个知名产品。其中，〇号、糖适平、冠爽、压氏达、穗悦系列、珂立苏、利复星、硝苯地平等19个产品单品种销售超过1亿元。

（三）环境管理

A药业在全公司范围内推进环境管理体系ISO14001的建立和认证，截至2018年年底已有10家公司通过ISO14001环境管理体系认证；同时，成立了环境健康安全（EHS）委员会，建立并完善了节能减排的三级管理网络，在公司内部设有专门的管理机构，并配备专业人员负责节能减排工作。

二、A药业环境成本核算与管理现状

（一）主要产品生产经营流程

A药业主要从事药品开发、制造和销售。A药业制造药品的种类主要分为片剂、胶囊及注射剂。

（二）主要污染物及处理方式

A药业在生产过程中的主要污染物可分为废气、废水、固体废物及噪声。

废气主要分为有组织废气和无组织废气。有组织废气主要为片剂及胶囊剂生产过程中的干燥工序产生的分成及消毒产生的乙醇挥发。有组织废气的主要处理方式为采用布袋静电除尘。每条生产线产生的废气分别经车间通风系统及布袋除尘过滤除尘后，通过排气筒排放。无组织废气主要为污水处理站产生的废气，主要包括硫化氢、氨和臭气。无组织废气的主要处理方法为在污水站曝气池底部鼓风曝气，加强污水处理站密闭系统，并结合光照及活性炭吸附来减少污水处理站产生的异味。

废水主要为各车间设备清洗废水、地面冲洗废水、生活污水和纯化水制备系统排污，污染物包括 COD、氨氮、浊度、总磷、PH、BOD5、SS、色度、挥发酚、总氰化物等。废水的主要处理方式为经过厂区配套污水处理站或者市政污水管网后入市政建设的污水处理厂。

固体废物包括一般工业废物、危险废物和生活垃圾。一般工业废物为污水处理污泥，主要处理方式为与生活垃圾一起，由环卫部门清运。危险废物主要为生产过程中产生的废活性炭、废液、除尘器手收集的粉尘等，主要处理方式为委托具有相关资质的公司进行回收处理。

噪声主要来源于压片机、整理机等设备的运行，主要采取控制噪声源与隔断噪声传播相结合的方式，包括厂房内安装隔音门窗、设备基座减震等措施，同时在设备选型时采用低噪声设备，以控制噪声对厂界外声环境的影响。

（三）主要环境成本内容

根据 A 药业 2018 年度社会责任报告披露的信息，其近 3 年环境成本的总投入如表 1 所示。

表 1　A 药业 2016—2018 年环境成本总投入　单位：万元

项　目	2018 年	2017 年	2016 年
环保总投入	2 163	1 794	2 335
节能减排技术改造投入	2 006	617	2 070
合　计	4 169	2 411	4 405

数据来源：A 药业 2018 年社会责任报告。

1. 环保设备购置费

A 药业 2018 年度新增 3 座污水处理站，造价约 673.71 万元；新增 3 座事故水池，造价约 129.54 万元；新增布袋除尘器 8 个，造价约 10.8 万元；新增隔音板房 6 个，造价约 41.1 万元；新增通风净化设备 18 台，造价约 277.5 万元。

2. 生产阶段的污染物处理

（1）污水处理站

每座污水处理站每年的运行成本主要包括电费约 10.09 万元、药剂费约 3.78 万元、化验费约 1.15 万元、设备维护费约 3.98 万元、污泥处理费约 2.16 万元、消耗品更换费约 4.5 万元等，合计每座污水处理站的运行成本约为 25.66 万元。A 药业合计拥有 19 座污水处理站，因此，污水处理站每年合计的运行成本约为 487.54 万元。

（2）布袋除尘器及通风系统

布袋除尘器及通风系统每年的运行成本主要为电费，合计每年约为 543.4 万元。

（3）危险废物外包处理费用

A 药业产生的危险废物主要为废活性炭、废弃药物、废液及除尘器手收集的粉尘。不同的危险废物的处置方式不同，回收价格也不同。废活性炭及废弃药物主要的处置方式为高温焚烧处置，回收价格约为 3 500 元/吨。A 药业各工厂每年合计产生废活性炭及废弃药物约 228 吨，每年外包处置费约为 79.8 万元。废液按含易制化学品类处置，回收价格约为 67 000 元/吨。A 药业各工厂每年合计排放废液约 3.04 万吨，对其中约 270 吨特殊废液进行外包回收处置，每年外包处置费约为 1 809 万元。粉尘的主要处置方式为直接填埋，回收价格约为 1 800 元/吨。A 药业各工厂每年合计产生粉尘约 72 吨，每年外包处置费约为 12.96 万元。

3. 员工培训费

A 药业 2018 年度发生员工培训费约 154.69 万元，其中，用于环保宣传活动、新建环保设备培训费约 32.11 万元。

4. 环境保护税

《中华人民共和国环境保护税法》在十二届全国人大常委会第二十五次会议上获表决通过，并于 2018 年 1 月 1 日起施行，针对污水、废气、噪声和废弃物等污染物的排放进行征税。A 药业 2018 年缴纳环境保护税 307 607.2 元。该税费可视为 A 药业外部环境成本。

（四）主要环境成本核算现状

A 药业并未单独设立环境成本核算体系。上述环境成本项目分散在“固定资产”“在建工程”“应付职工薪酬”“税金及附加”“管理费用”“制造费用”等科目中进行核算。环保设备的采购按历史成本记入“固定资产”或“在建工程”科目。投入使用后，生产设备每月折旧记入“制造费用——折旧”科目，非生产设备每月折旧记入“管理费用——折旧”科目。生产阶段的各环保设施的运行成本记入“制造费用”科目，危险废物外包处理费用则记入“管理费用”科目。与环境保护相关的员工培训费通过“应付职工薪酬——职工教育经费”科目进行核算，记入“管理费用”科目。环境保护税则记入“税金及附加”科目进行核算。

三、A 药业环境成本核算方案设计

（一）建立环境成本核算账户

A 药业环境成本核算账户的设置可以采用以下两种方式：一是在原有会计科目中增加次级科目，如在原有成本核算科目中设置“生产成本——基本生产成本——环境维护成本”“生产成本——基本生产成本——环境预防成本”“制造费用——环境治理成本”等科目；二是在成本科目中设置专门的核算科目，即“环境成本”科目，用于核算 A 药业经营活动中发生的全部环境支出项目。A 药业成本核算涉及的产品较多，工艺较复杂，相比第一种方式，采用专门的环境成本核算科目能够更直观、更集中地反映 A 药业的环境成本情况，更有利于环境成本的核算和公司获取环境成本信息。

新设立的“环境成本”科目为一级成本类科目，期末归集至各产品账面价值，当产品实现销售时结转至“本年利润”科目。为便于环境成本信息的获取，环境成本应区别于其他生产成本、制造费用等单独进行归集；同时，损益类科目应同时增加“主营业务成本——环境成本”或者一级损益类科目“环境成本”，单独结转当期损益。

在 A 药业成本核算体系中，拟按环境成本支出动因对环境成本的分类设置“环境预防成本”“环境维护成本”“环境治理成本”作为明细科目。在各明细科目下根据 A 药业日常生产经营活动的具体内容进行具体记录，设置三级科目，如“监测成本”“排放成本”“设备维护成本”等。

设置“环境预防成本”科目用于核算 A 药业生产经营活动与环境相关的事前成本，即为了预防对环境产生不利影响但尚未发生的成本支出，主要包括产品研发阶段与环境相关的研发支出，产品生产阶段为减少产品生产过程中对环境造成不利影响的环保设备的购置费及维修保养费、员工培训费、相关环境项目的投资及利息费用，产品包装销售阶段采用环保材料的包装费等。

设置“环境维护成本”科目用于核算A药业在生产经营活动中因为对环境造成的不利影响而形成的环境支出，主要包括产品生产阶段“三废”（废气、废水、固体废弃物）排放处理成本、购置的污染物处理设备及其运营成本、监测费用、产品回收阶段的回收物改造费用等相关支出。

“环境治理成本”是指A药业在对环境造成污染后，为减少环境负荷、降低环境污染和资源消耗程度而采取相应治理措施所形成的成本支出，主要包括对造成污染的场地进行恢复的费用、与环境相关的罚款或赔偿费用及其他产品生命周期阶段产生的弥补环境恶化的环境支出等。

设置“环境或有负债”科目以核算A药业将来可能发生的环境支出项目。根据联合国贸易与发展会议发布的《环境成本和负债的会计与财务报告指南》，如果公司有支付环境费用的义务，则应将其确认为负债。因此，根据谨慎性原则，除应缴环境保护税等相关税金外，A药业应将未来可能发生的环境成本记入“环境或有负债”科目；同时，应设置“环境准备金”科目，并每年按一定比例提取相应准备金，以预防突发环境事件对公司的正常经营带来的负面影响。

2018年1月1日开始征收的环境保护税可视为外部环境成本。环境保护税的计税依据为公司“三废”排放量及噪声的分贝数，主要为产品生产阶段发生的环境成本，理应分配计入相关产品的环境成本。但根据企业会计准则对税金核算的规定，以及各重污染公司主流的处理办法，环境保护税应记入损益类科目“税金及附加——环境保护税”进行核算，期末计入当期利润而不是环境成本作为成本项目进行核算。环境成本核算账户的设置如表2所示。

表2　　环境成本核算账户的设置

账户名称	二级明细	三级明细
存货	产品名称	环境成本
环境成本	环境预防成本	研发支出
		环保设备维护、改造、运行及保养费
		环境预防设备折旧费
		培训费
		环保包装材料
		其他环境预防成本
	环境维护成本	“三废”处理费
		环境维护设备折旧费
		监测费
		回收物改造费
		其他环境维护成本
	环境治理成本	污染场地恢复费
		其他环境治理成本
环境或有负债		

续表

账户名称	二级明细	三级明细
环境准备金		
主营业务成本	环境成本	
税金及附加	环境保护税	

（二）环境成本的确认和计量

对于A药业环境成本的确认，核心步骤即判断当期发生的环境成本的确认是否基于会计估计变更、环境成本是否产生效益以及判断环境成本的效益期间。A药业需要根据实际情况确认是否进行会计估计变更、会计差错或者会计政策处理。对于可以资本化的环境支出进行资本化，如购置的相关环保设备应计入资产，并在每期计提相应的折旧。对于无法资本化的环境支出，则在当期确认损益。

对于A药业环境成本的计量可采用的方法主要有实际成本法、重置成本法、收益现值法及市场价值法等。就A药业的实际情况来看，应记入“环境成本”及“税金及附加——环境保护税”科目的多为A药业实际承担的环境支出，结合A药业现有的成本核算体系应采用实际成本法计量。“环境或有负债”用于计量将来可能发生的环境支出项目，由于尚未发生，可采用重置成本法计量。“环境准备金”也为尚未发生项目，但与“环境或有负债”不同的是，相关项目可能发生，也可能不发生，发生具体项目的情况未知，因此，可采用机会成本法，以税后利润为基准，按适当的比例进行计提，计提至一定金额后可不再计提。根据A药业环境支出的情况，环境成本的内容及核算如表3所示。

表3　　环境成本的内容及核算示意

项　目	金　额	核算科目	归集与分配
环保设备购置费	1 132.65万元	“固定资产”；相应折旧记入“制造费用”	按产品产量分配计入产品成本
环保设备折旧费	565.37万元	“制造费用”	
污水处理站运营费	487.54万元	“制造费用”	
布袋除尘器及通风系统运营费	543.40万元	“制造费用”	
废活性炭外包处理费	79.80万元	“制造费用”	
废液外包处理费	1 809.00万元	“制造费用”	
粉尘外包处理费	12.96.00万元	“制造费用”	
员工培训费	32.11万元	“应付职工薪酬——职工教育经费”	结转至“管理费用”科目
环境保护税	30.76万元	“税金及附加”	—

A药业现行的计量方法基本为历史成本法，而制造费用的分配依据为产品产量，这样的分配方法无法对制造费用进行准确的分配，应确认各项目的成本动因，根据成本动因进行分配。

因此，使用基于生命周期的作业成本法对环境成本进行核算较为合理。

1. 产品研发阶段

A 药业属于制药行业，其研发内容主要为新药物的研究。在这个阶段，对环境成本的影响以预防、控制为主。比如，在药品研发过程中，规划将来生产时采用环保材料和环保工艺进行生产，并对药品原材料涉及的环保指标、生产过程中可能遇到的环境问题、药品的回收处理要求等进行整体规划，尽可能降低 A 药业的环境成本，降低环境风险。由于 A 药业在研发过程中基本不涉及环保工艺及环保设备的研发，因此这一阶段的环境支出较少，主要涉及实验药品生产过程中产生的环保材料、环保设备的损耗，以及药品回收处置的支出。但是，相比大批量的药品生产，研发产生的相关支出对于 A 药业整体利润的影响较小，可不参与分配。研发过程中产生的支出将记入“研发费用”科目，若项目研发失败，则直接计入当期损益；若项目研发成功，则计入无形资产。根据 A 药业制定的公司会计制度，按照 5 至 10 年进行摊销，摊销费用应计入相关产品的成本。

2. 材料获取阶段

A 药业的生产原材料主要包括医药原料药、医药中间体、医用食品添加剂、胶囊原料及各类化学品等。其中，部分化学物品会对环境造成一定的损害，因此，在运输过程中，需要由专业运输团队进行密封运送。A 药业承担的相关运输费用应记入“原材料——环境成本”科目。

3. 产品生产阶段

(1) 环保设备购置费

2018 年度 A 药业新增环保设备 1 132.65 万元。截至 2018 年 12 月 31 日，其账面环保设备原值约为 4 000 万元，将相关设备区分为环境预防设备和环境维护设备，A 药业未购置专用的环境治理设备，相关原值分别为 2 700 万元和 1 300 万元。所有设备都按照直线法计提折旧，折旧年限为 5 至 10 年，残值率为 5%。环境预防设备和环境维护设备 2018 年的折旧费用分别为 445 万元和 120 万元。相关费用应分别记入“环境成本——环境预防成本——环境预防设备折旧费”和“环境成本——环境维护成本——环境维护设备折旧费”科目。

(2) 环保设备运行费

2018 年度 A 药业的污水处理站产生检测费、药剂费、电费等运行成本 487.54 万元，布袋除尘器及通风系统产生电费、维护费等运行成本 543.4 万元。相关费用应记入“环境成本——环境预防成本——环保设备运行费”科目。

(3)“三废”处置费用

2018 年度 A 药业发生废活性炭及废弃药物外包处理费 79.8 万元、废液外包处理费 1 809 万元及粉尘外包处理费 45 万元。相关处置费应记入“环境成本——环境维护成本——‘三废’处理费”科目。

(4) 员工培训费

2018 年度 A 药业发生与环保相关的培训费 32.11 万元，主要用于员工环保设备使用培训和环保意识教育活动，相关费用应记入“环境成本——环境预防成本——培训费”科目，其余员工培训支出仍按部门分别记入“制造费用”“销售费用”和“管理费用”科目。

(5) 环境保护税

2018 年度 A 药业发生环境保护税 30.76 万元，根据企业会计准则的规定，环境保护税仍记入“税金及附加”科目，不计入成本。

（6）环境准备金

为了应对突发环境风险，2018 年度 A 药业应按照当期税后净利润计提一定比例的环境准备金。相关比例可参照“一般风险准备金”的计提方式，并设置上限。结合 A 药业的情况，计提比例可定为税后净利润的 5%，当环境准备金超过 5 000 万元时，不再计提环境准备金。2018 年度 A 药业的税后净利润为 9.89 亿元，即 2018 年应计提 5 000 万元环境准备金，并记入“环境准备金”科目。

4. 产品包装阶段及销售阶段

A 药业在这两个阶段基本不发生环境支出。产品包装基本为不可循环利用材质，由于药品的特殊性，使用过的输液瓶、输液袋等需严格按照医疗废物集中处理，不得重复利用。而其他药品及外包装，多混入生活垃圾进行管理。

5. 产品的循环利用及处理阶段

我国对于药品废弃物的处理有严格的管理办法，必须交由有资质的回收机构进行统一处理。相关环境成本不再单独计算。

（三）环境成本的归集与分配

在确认并计量了 A 药业的相关环境成本后，将待分配的环境成本进行归集并进行一定的细化，详见表 4。

表 4　　环境成本的归集与分配　　单位：万元

科目名称				待分配金额
环境成本	环境预防成本	环保设备维护、改造、运营及保养费	污水处理站运行费	487.54
			布袋除尘器运行费	543.40
		环境预防设备折旧费	环境预防设备折旧费	445.00
		培训费	培训费	32.11
	环境维护成本	环境维护设备折旧费	环境维护设备折旧费	120.00
		“三废”外包处理费	废液外包处理费	1 809.00
			粉尘外包处理费	12.96
			废活性炭外包处理费	1 904.79
			废弃药物外包处理费	29.01

接下来需要采用作业成本法，将上述待分配的环境成本分配至各产品。根据作业成本的核算步骤，确定作业成本库，分析合理的成本动因，并根据成本动因分配作业成本库中的环境成本。

1. 确定 A 药业环境成本的作业，建立成本作业库

作业可以按照产品生产流程进行划分，也可以根据职能部门进行划分。A 药业待分配的环境成本项目基本集中在产品的生产阶段，且考虑到不同产品生产流程的差异，可将表 4 中细化后的各项费用单独确认为一项作业。其中，除了环保设备运行作业和环保设备折旧作业存在关联外，其他作业之间并不存在直接的关联，因此，各项作业建立单独的作业库。包括“三废”处理等作业，虽然都属于废物处理，成本动因也为污染物的排放量，但是由于不同产品的生

产工艺不同，实际产生的污染物也不同。A药业的产品按性状可分为片剂、胶囊和注射剂。粉尘多由片剂和胶囊在生产过程中产生，废液则多由注射剂在生产过程中产生，而废弃药物的数量根据不同产品的产品不合格率，以及因产品滞销或保管不当导致过期、损坏等情况决定。因此，不能将“三废”处理作业合并为一个作业成本库(详见表5)。

表5　作业成本库　单位：万元

作业成本库	作业	成本动因	待分配金额
环保设备运行作业成本库	污水处理站运行作业	生产工时	487.54
	布袋除尘器运行作业	生产工时	543.40
	环境预防设备折旧作业	生产工时	445.00
	环境维护设备折旧作业	生产工时	120.00
员工环保培训作业成本库	员工环保培训作业	职工人数	32.11
废液处理作业成本库	废液处理作业	污染物排放量	1 809.00
粉尘处理作业成本库	粉尘处理作业	污染物排放量	12.96
废活性炭处理作业成本库	废活性炭处理作业	污染物排放量	1 904.79
废弃药物处理作业成本库	废弃药物处理作业	污染物排放量	29.01

2. 分析成本动因

作业成本动因可分为三类：执行动因、数量动因和强度动因。由表5可知，从成本归属的角度分析，除培训费采用的是数量动因外，其余作业实际采用的是执行动因，即将作业的执行次数作为成本动因。表6是分析成本动因。

表6　分析成本动因

作业	成本动因
环保设备运行作业成本库	生产工时(105 792小时)
员工环保培训作业成本库	职工人数(6 393人)
废液处理作业成本库	污染物排放量(270吨)
粉尘处理作业成本库	污染物排放量(72吨)
废活性炭处理作业成本库	污染物排放量(215吨)
废弃药物处理作业成本库	污染物排放量(13吨)

其中，生产工时是按照2018年232个工作日，每个工作日工作24个小时估算，A药业共19个生产基地，由此得出相关生产工时。环保相关培训费为针对生产部门全体员工，根据A药业年报公示信息，2018年其生产人员共6 393人。污染物排放量则是按照2018年A药业的实际排放情况记录。

3. 计算作业成本动因分配率，分配环境成本

根据作业成本动因，计算A药业的各个作业成本库的成本动因分配率，如表7所示。

表 7 作业动因分配率的计算

作业成本库	待分配金额	作业成本动因	成本动因分配率
环保设备运行作业成本库	1 595.94 万元	105 792 小时	0.02 万元/小时
员工环保培训作业成本库	32.11 万元	6 393 人	0.01 万元/人
废液处理作业成本库	1 809.00 万元	270 吨	6.70 万元/吨
粉尘处理作业成本库	12.96 万元	72 吨	0.18 万元/吨
废活性炭处理作业成本库	1 904.79 万元	211 吨	9.03 万元/吨
废弃药物处理作业成本库	29.01 万元	17 吨	1.71 万元/吨

根据产品生产工艺，现将 A 药业的产品核算对象初步分为片剂、胶囊和注射剂。各产品的资源耗用情况如表 8 所示。

表 8 各产品的资源耗用情况

作业成本库	片　剂	胶　囊	注射剂	合　计
员工数量	3 662 人	110 人	2 621 人	6 393 人
废液排放量	64 吨	2 吨	204 吨	270 吨
粉尘排放量	70.5 吨	1.5 吨		72 吨
废活性炭排放量	52.43 吨	1.64 吨	167.13 吨	221.2 吨
废弃药物排放量	4.1 吨	0.3 吨	2.4 吨	6.8 吨

其中，粉尘排放主要在片剂压片工艺过程中大量产生，而注射剂生产过程中不产生粉尘。废活性炭主要由用于吸附污水处理池废气的配套活性炭产生，因此，各产品的废活性炭排放量按照各产品对应的污水排放比例进行拆分。

根据成本动因分配率，计算各产品应当承担的环境成本（如表 9 所示）。

表 9 各产品应当承担的环境成本

作业成本库	片　剂	胶　囊	注射剂
环保设备运行作业成本库	531.98 万元	531.98 万元	531.98 万元
员工环保培训作业成本库	18.39 万元	0.55 万元	13.16 万元
废液处理作业成本库	428.8 万元	13.4 万元	1 366.8 万元
粉尘处理作业成本库	12.69 万元	0.27 万元	
废活性炭处理作业成本库	473.33 万元	14.79 万元	1 508.75 万元
废弃药物处理作业成本库	7 万元	0.51 万元	4.1 万元
合计环境成本	1 472.19 万元	561.51 万元	3 424.79 万元
2018 年产量	300 232 万片	19 361 万粒	68 621.24 万支
单位环境成本	0.005 元/片	0.029 元/粒	0.05 元/支

经过作业成本法重新分配后，A 药业的片剂、胶囊和注射剂的环境成本分别为 1 472.19 万元、561.51 万元和 3 424.79 万元，单位成本分别为 0.005 元/片、0.029 元/粒和 0.05 元/支。

4. 环境成本核算差异比较

从环境成本总量上看，A 药业的环境成本核算中新增了员工环保培训费的相关内容。从单个产品来看，各产品需承担的环境成本产生了较大的差异(如表 10 所示)。

表 10　各产品需承担的环境成本

作业成本库	片　剂	胶　囊	注射剂
原环境成本总额	5 351.7 万元		
2018 年产量	300 232 万片	19 361 万粒	68 621.24 万支
原方式核算下的环境成本	4 138.83 万元	266.90 万元	945.97 万元
基于生命周期的作业成本法核算的环境成本	1 472.19 万元	561.51 万元	3 424.79 万元
核算差异	2 666.64 万元	−294.61 万元	−2 478.82 万元

差异产生的主要原因为基于生命周期的作业成本法逐一分析了各个环境成本项目，以及各环境成本合理的成本动因，导致各产品环境成本分配率发生较大的变化。由此可见，原环境成本核算方式低估了胶囊和注射剂的环境成本，高估了片剂的环境成本。即使这对 A 药业整体利润的影响金额不大，对其内部决策和成本管理也会产生较大的影响。

5. 基于生命周期的作业成本法的实施条件

基于生命周期的作业成本法能够比较准确地对环境成本进行核算。但是对 A 药业原有的成本核算体系和管理流程来说会造成一定的冲击，对会计核算、员工素质、资金支持等各个方面都提出了一定的要求。

一是思想上的转变。无论是环境成本核算，还是基于生命周期的作业成本法，对于 A 药业都是新的概念。在核算过程中，将改变原有的成本核算思路。新的核算方式引入了资源、作业、作业成本库、成本动因等新的概念，推翻原有的分配方式。如何放弃原有的核算模式，接受新的核算方式，是思想上需要扭转的第一个方面。此外，我国尚未出台相关规章制度对环境成本核算和披露进行规范与约束，如何让 A 药业能够自愿采用规范、科学，但核算要求较高的环境成本核算方式，是思想上需要扭转的另一个方面。唯有引起 A 药业对环境成本的足够重视，树立正确的环境成本核算意识，才能解决思想转变上的障碍。

二是对员工的要求。环境成本核算体系的推广对 A 药业全体员工而言是一个巨大的挑战，尤其是对财务核算人员而言。财务核算人员需要学习新的成本核算方式，一旦启用新的环境成本核算，整个成本核算制度将随之改变。面对复杂的生产工艺，如何识别作业、建立作业成本库，如何分析合适的成本动因等对于财务核算人员而言都是挑战，而且这将大大增加工作量。此外，如何提供核算所需的基础数据，还需要技术人员甚至生产部门的支持。因此，环境成本核算体系的推广需要全体员工的参与，一旦某个环节出现问题，就可能会影响整个环境成本的核算，乃至影响 A 药业的整体利润，这就对员工素质提出了较高的要求。

三是资金上的支持。无论是组织员工培训，还是聘请新的员工，都需要资金。对于环境成本核算过程中需要的基础数据不可能完全依靠人工进行统计，势必需要运用到 ERP 系统。无论是改造 ERP 系统还是设计新的 ERP 系统，都需要资金。甚至连相关生产设备都需要进行相应的改造，才能支持环境成本核算的推进。

四是制度上的规范。A药业需要将新的环境成本核算制度纳入原有的公司会计制度中，将环境成本控制作为重要内容纳入公司内部控制规范中，并将环境成本分析纳入日常财务分析中，以此达到控制成本的目的；必要时，还可纳入人事考核制度。

四、结论

本文运用基于生命周期的作业成本法为A药业建立了一套新的环境成本核算体系，包括设置专门的环境成本核算账户，并按照产品生命周期对环境成本进行梳理，充分考虑了各环节可能发生的环境成本。然后按照作业成本法的步骤，建立作业和作业成本库，并分析合适的成本动因，将环境成本分配至各产品。

A药业属于重污染公司，随着社会越来越关注环境污染问题，对环境成本核算的要求势必越来越高。本文设计环境成本核算体系有一定的现实意义。首先，该体系中环境成本核算的内容比较全面。将环境成本账户分为“环境预防成本”“环境维护成本”和“环境治理成本”三大类，基本涵盖了环保相关事前、事中和事后的各项支出，也涵盖了产品生命周期各个环节的环境成本。其次，该体系中对环境成本的分配比较合理。逐一分析各作业成本库较为合理的作业动因，再分配至各产品，使得产品成本信息更科学，也为公司成本控制和产品决策提供可靠的数据支持。最后，提出了对环境成本管理的建议，并建立了环境成本信息披露的初步框架，为外部信息使用者提供了决策依据。

在建立环境成本核算体系的同时，本文还分析了新核算体系实施的条件，为A药业提升实力提供了建议。

五、参考文献

[1] Lu, Y. &Abeysekera, I.. Social and Environmental Disclosure by Chinese Firms [M]. Routledge, 2014.

[2] Jasch, C.. The Use of Environmental Accounting (EMA) for Identifying Environmental Costs[J]. Journal of Cleaner Production, 2003.

[3] Okafor, G. O.. Environmental Cost Accounting and Cost Allocation (A Study Selected Manufacturing Companies in Nigeria) [J]. European Journal of Business and Management, 2013.

[4] 王京芳，陶建宏，张蓉.基于生命周期的公司环境成本核算研究及实例分析[J].科技进步与对策，2008.

[5] 王立彦.环境成本核算与环境会计体系[J].经济科学，1998.

[6] 王小鹏，李子洋.基于生命周期的公司环境成本核算探析——以Y煤化工公司为例[J].财会月刊，2018.

[7] 肖序，周志方.环境管理会计国际指南研究的最新进展[J].会计研究，2005.

[8] 肖序.环境会计制度构建问题研究[M].北京：中国财政经济出版社，2010.

[9] 谢东明，肖红军，郭洪波.公司环境成本核算和分配中存在的问题及对策[J].财务与会计，2016.

[10] 徐苑琳.公司环境成本的核算方法与应用研究[J].价格理论与实践，2018.

[11] 袁广达.我国工业行业生态环境成本补偿标准设计——基于环境损害成本的计量

方法与会计处理[J].会计研究,2014.

案例使用说明书

1. 本案例要解决的关键问题

(1) 掌握公司环境成本核算方法;了解高污染行业公司的主要生产经营流程及相关环境成本产生的动因,掌握设计环境成本会计核算账户的基本方法;掌握基于生命周期的作业成本法在公司环境成本核算中的应用,能够按照作业成本法对环境成本进行归集与分配,并比较新核算体系与传统核算体系的差异。

(2) 将运用新环境成本核算体系得出的核算结果与A药业现行的核算结果进行比较,分析差异并为A药业的环境成本核算提出改善建议,希望能为其他制药公司乃至高污染行业公司提供借鉴。

2. 案例讨论的准备工作

(1) 须事先掌握环境成本的基本概念以及作业成本法和产品生命周期的相关理论。

(2) 熟悉A药业的基本情况。

(3) 熟悉A药业的环境成本核算与管理现状。

(4) 熟悉和理解A药业环境成本核算方案的设计。

3. 案例分析要点

(1) 需要学生识别的关键问题

环境成本的定义及内容,结合生命周期法确认A药业的环境成本核算、设计环境成本会计核算账户的基本方法、按照作业成本法对环境成本进行归集与分配的基本方法。

(2) 根据与案例相关的知识点提出解决问题的可供选择方案

介绍A药业的环境成本核算与管理现状,阐明环境成本的定义及内容;根据A药业的情况,详细介绍环境成本核算账户的设置依据;阐述使用生命周期法替换历史成本法的理由,介绍如何针对不同的环境成本项目选择适当的计量方式;运用A药业的数据,按照作业成本法对公司的环境成本进行归集与分配,并对比新核算方法与原核算方法的差异。

(3) 推荐解决问题的方案及具体措施

引导学生思考A药业在环境成本核算方面存在的不足与风险,介绍基于生命周期的作业成本法在公司环境成本核算中的应用。

4. 教学组织方式

(1) 问题清单及提问顺序、资料发放顺序

① 为顺利介绍采用基于产品生命周期的作业成本法对环境成本进行核算的方法,可以要求学生事先预习环境成本核算方法的相关概念,并在发放案例前进行提问。

② 发放本案例,采用小组讨论模式分析A药业在环境成本核算方面存在的不足与风险,并派出代表发言。

③ 邀请学生讨论可以设计哪些环境成本核算的相关账户,并做出评价。

④ 介绍环境成本核算可采用的方法,邀请学生讨论并选择合适的计量方法,做出评价。

(2) 课时分配

建议分配2课时:发放案例前15分钟讨论作业成本法等预习内容,30分钟阅读案例并进行小组讨论(A药业环境核算的不足之处、环境成本账户设计、可采用的计量方式),10分钟邀

请小组代表发言、评价、总结，30 分钟讲授 A 药业环境成本核算方案设计，最后 5 分钟总结回顾。

(3) 讨论方式

小组式讨论。

(4) 课堂讨论与总结

课堂最后 5 分钟对案例讨论进行总结。

5. 其他

无。

审计任期、强制轮换与审计质量
——以广东正中珠江会计师事务所审计康美医药为例

王开秀

专业领域/方向：注册会计师审计

适用课程：审计原理

编写目的：通过本案例的讨论，使学生能够应用分析程序识别和评估财务报表重大错报风险；能够在深入分析审计任期对审计质量影响的基础上，深刻理解强制轮换制度的政策含义；能够从多维度衡量审计质量。

知 识 点：应用分析程序识别重大错报风险、强制轮换制度的政策含义，审计质量的定义及衡量

关 键 词：审计任期、强制轮换、审计质量

中文摘要：本案例主要分析审计任期和强制轮换对审计质量的影响。通过对康美药业财务报表执行分析程序，识别已经审计的康美药业年度报表仍存在重大错报风险。按审计客户资产规模，康美药业是广东正中珠江会计师事务所最重要的客户。广东正中珠江会计师事务所连续审计康美药业 19 年，虽然在形式上，审计师未违反强制轮换制度，但实质上，广东正中珠江会计师事务所审计师的轮换并未有效防范审计师与审计客户的长期关系对独立性的损害。

英文摘要：The case mainly analyzes the impact of audit tenure and auditor rotation on audit quality. Through performing analytical procedure, material misstatements are identified in audited financial statement of Kangmei Pharmaceutical Co., Ltd. According to the assets scale of audit clients, Kangmei pharmaceutical is the most important client of GP Certified Public Accountants.GP have continuously audited Kangmei for 19 years. Although in appearance, auditors did not violate the mandatory rotation system, in fact, the rotation of auditors in GP did not effectively prevent the long-term relationship between auditors and audit clients from damaging independence.

案　　例

一、引言

2020 年 5 月 13 日，中国证监会依法对康美药业违法违规案做出行政处罚及市场禁入决定，决定对康美药业责令改正，给予警告，并处以 60 万元罚款，对 6 名主要责任人采取 10 年至终身证券市场禁入措施。证监会最终认定，2016 年至 2018 年，康美药业虚增巨额营业收入，通过伪造、变造大额定期存单等方式虚增货币资金，将不满足会计确认和计量条件的工程项目纳入报表，虚增固定资产等；同时，康美药业存在控股股东及其关联方非经营性占用资金情况。上述行为致使康美药业披露的相关年度报告存在虚假记载和重大遗漏。其中，在 2018 年半年度

报告中，康美药业虚增货币资金 36 亿元，占公司披露总资产的 45.96%和净资产的 108.24%。在 2018 年年度报告中，康美药业虚增营业收入 16.13 亿元，虚增营业利润 1.65 亿元，占合并利润表当期披露利润总额的 12.11%；虚增固定资产 11.89 亿元，虚增在建工程 4.01 亿元，虚增投资性房地产 20.15 亿元。2016 年 1 月 1 日至 2018 年 12 月 31 日，康美药业在未经决策审批或授权程序的情况下，累计向控股股东及其关联方提供非经营性资金 11 亿元，但其并未按规定披露控股股东及其关联方非经营性占用资金的关联交易情况。

面对数额如此巨大的虚假陈述和重大遗漏，我们不禁要问，对康美药业进行审计的中介机构是否归位尽责、勤勉从业？

二、康美药业简介

康美药业股份有限公司(简称“康美药业”,600518)成立于 1997 年，于 2001 年在上海证券交易所上市。根据中国证监会网站显示的上市公司行业分类结果，康美药业所处的行业为医药制造业。公司以中药饮片生产、销售为核心，通过互联网链接中医药全产业链的各个环节，以“智慧药房”“智慧药柜”及“药葫芦”三大核心产品构成的“智慧＋”大健康为服务平台，打通由“药”到“医”的环节。公司通过实施中医药全产业链一体化运营模式，业务体系涵盖上游的中药材种植与资源整合，中游的中药材专业市场经营，中药材贸易，中药饮片、中成药制剂、保健食品、化学药品及医疗器械的生产与销售，现代医药物流系统，下游的集医疗机构资源、“智慧药房”“智慧药柜”、OTC 零售、连锁药店、直销、医药电商、移动医疗等于一体的全方位、多层次营销网络。公司主要生产和经营的产品为中药材、中药饮片、西药、保健食品及食品、中成药、医疗器械等。

康美药业 2016—2018 年年度合并财务报表的主要项目及金额如表 1、表 2 和表 3 所示。

表 1 合并资产负债表主要项目及金额 单位：元

项 目	2016 年 12 月 31 日	2017 年 12 月 31 日	2018 年 12 月 31 日
流动资产：			
货币资金	27 325 140 365.21	34 151 434 208.68	1 839 201 190.32
应收账款	3 095 183 749.30	4 351 011 323.40	6 318 314 928.75
应收利息	41 739 589.03	47 190 356.13	
其他应收款	140 131 083.99	180 323 027.94	9 228 373 561.04
存货	12 619 374 963.24	15 700 188 439.34	34 209 621 065.03
流动资产合计	44 461 544 324.71	56 479 077 718.23	54 240 974 647.72
非流动资产：			
长期股权投资	444 615 921.74	517 601 016.04	555 462 606.61
投资性房地产	813 208 153.46	1 235 816 793.05	4 169 523 939.38
固定资产	5 919 649 265.52	6 106 217 529.32	8 950 247 894.15
在建工程	241 830 624.01	1 084 519 812.47	2 987 222 911.41
非流动资产合计	10 362 352 252.10	12 242 942 912.38	20 386 962 918.85
资产总计	54 823 896 576.81	68 722 020 630.61	74 627 937 566.57

续表

项　目	2016年12月31日	2017年12月31日	2018年12月31日
流动负债：			
短期借款	8 252 339 832.62	11 370 246 000.00	11 576 570 400.00
应付账款	1 692 635 566.20	2 081 584 918.55	3 160 462 184.41
应交税费	533 726 974.61	691 950 009.87	400 632 869.79
应付利息	276 182 589.76	502 768 572.59	785 721 737.46
其他应付款	416 690 314.79	1 603 455 877.02	2 470 507 405.65
流动负债合计	20 024 441 417.91	25 607 573 685.59	26 036 493 666.46
非流动负债：			
长期借款	0.00	0.00	690 000 000.00
应付债券	4 888 604 959.65	8 306 694 177.52	16 773 414 382.15
非流动负债合计	5 416 328 124.76	10 979 472 884.97	20 291 418 611.41
负债总计	25 440 769 542.67	36 587 046 570.56	46 327 912 277.87
所有者权益：			
股本	4 947 223 675.00	4 974 253 675.00	4 973 861 675.00
未分配利润	8 531 708 492.62	10 985 258 959.65	7 378 131 915.92
归属于母公司的所有者权益合计	29 115 570 378.99	32 032 959 807.76	28 194 949 523.88
所有者权益总计	29 383 127 034.14	32 134 974 060.05	28 300 025 288.70

表2　　**合并利润表主要项目及金额**　　单位：元

项　目	2016年度	2017年度	2018年度
一、营业总收入	21 642 324 070.28	26 476 970 977.57	19 356 233 375.88
其中：营业收入	21 642 324 070.28	26 476 970 977.57	19 356 233 375.88
二、营业总成本	17 751 789 319.56	21 823 908 376.09	18 193 112 480.94
其中：营业成本	15 171 530 487.44	18 450 146 871.00	13 542 410 877.21
销售费用	557 972 533.44	740 581 081.08	974 137 006.41
管理费用	1 035 990 882.14	1 333 729 123.44	1 234 379 252.57
财务费用	721 852 991.40	969 264 876.00	1 886 352 383.13
三、营业利润	3 957 723 355.80	4 834 826 903.74	1 358 770 601.52
加：营业外收入	41 225 709.59	11 556 101.01	29 250 048.81
减：营业外支出	11 372 869.31	19 682 919.32	25 636 512.75
四、利润总额	3 987 576 196.08	4 826 700 085.43	1 362 384 137.58
减：所得税费用	650 817 070.60	732 053 848.25	239 783 556.19

续表

项　目	2016 年度	2017 年度	2018 年度
五、净利润	3 336 759 125.48	4 094 646 237.18	1 122 600 581.39
六、其他综合收益的税后净额	−17 573 637.93	153 201.54	1 559 591.19
七、综合收益总额	3 319 185 487.55	4 094 799 438.72	1 124 160 172.58
八、每股收益			
(一) 基本每股收益(元/股)	0.667	0.784	0.184
(二) 稀释每股收益(元/股)	0.666	0.783	0.183

表 3　　合并现金流量表主要项目及金额　　单位：元

项　目	2016 年度	2017 年度	2018 年度
一、经营活动产生的现金流量			
销售商品、提供劳务收到的现金	23 928 897 876.13	28 766 131 827.76	21 050 617 208.56
经营活动现金流入小计	24 365 830 242.55	29 709 162 123.69	21 637 783 121.36
购买商品、接受劳务支付的现金	20 013 484 005.95	24 324 394 786.49	16 977 584 003.77
经营活动现金流出小计	22 762 640 891.23	27 866 367 885.85	24 829 312 697.67
经营活动产生的现金流量净额	1 603 189 351.32	1 842 794 237.84	−3 191 529 576.31
二、投资活动产生的现金流量			
投资活动现金流入小计	25 370 831.37	414 026 125.66	13 512 242.50
投资活动现金流出小计	2 011 678 796.18	1 943 967 638.17	4 660 124 413.35
投资活动产生的现金流量净额	−1 986 307 964.81	−1 529 941 512.51	−4 646 612 170.85
三、筹资活动产生的现金流量			
筹资活动现金流入小计	32 048 668 531.70	34 328 238 500.15	34 763 522 790.39
筹资活动现金流出小计	20 215 092 583.73	27 822 466 524.13	29 276 924 330.25
筹资活动产生的现金流量净额	11 833 575 947.97	6 505 771 976.02	5 486 598 460.14

三、广东正中珠江会计师事务所简介

广东正中珠江会计师事务所有限公司(简称“正中珠江”)于 2000 年 8 月 22 日登记成立。其法定代表人是蒋洪峰,公司经营范围包括审查公司会计报表、出具审计报告、验证公司资本等。

康美药业自 IPO 以来,财务报表一直由正中珠江审计,也就是说,正中珠江 2001 年作为康美药业 IPO 时的中介机构,直至 2018 年年末一直负责康美药业的年报审计工作,双方已密切合作长达 19 年。康美药业向正中珠江支付的审计费用逐年上升,累计向其支付的酬金超过 4 000 万元,2018 年的审计费用更是达到 500 万元。

对于康美药业的财务报表和内部控制有效性的审计,正中珠江一直出具标准无保留意见的审计报告，直至康美药业被证监会调查，正中珠江才出具保留意见的审计报告，即2018年年报是19年来正中珠江第一次为康美药业出具的非标准审计意见（保留意见）以及否定意见的内部控制审计报告。

正中珠江是具有证券期货相关业务资格的一家会计师事务所。根据会计师事务所2018年的年度收入，正中珠江排在我国会计师事务所的第二十二位。正中珠江的资本市场执业基本信息如表4所示。

表4 正中珠江资本市场执业基本信息

会计师事务所名称	2018年度业务收入		执业人员		2018年度上市公司年报审计项目情况			
	证券业务收入（亿元）	收入总额（亿元）	合伙人数量（人）	注册会计师人数（人）	家数（家）	财务报表审计收费总额（亿元）	资产均值（亿元）	收费均值（万元）
正中珠江	2.08	4.46	29	278	91	1.23	62.39	134.63

正中珠江2018年年报审计的上市公司所涉及的主要行业包括制造业，信息传输、软件和信息技术服务业，电力、热力、燃气及水生产和供应业，批发和零售业，建筑业等。行业分布及各行业审计份额如表5所示。

表5 正中珠江审计行业分布及份额

所审行业	数量（家）	按审计公司数所占比例	按公司资产所占比例	按审计收费所占比例
制造业	59	64.84%	50.47%	59.19%
信息传输、软件和信息技术服务业	9	9.89%	5.67%	8.95%
电力、热力、燃气及水生产和供应业	5	5.49%	14.88%	6.44%
批发和零售业	5	5.49%	4.07%	5.63%
建筑业	4	4.40%	2.46%	3.29%
水利、环境和公共设施管理业	2	2.20%	7.23%	2.45%
交通运输、仓储和邮政业	2	2.20%	3.20%	1.51%
科学研究和技术服务业	2	2.20%	0.28%	1.16%
农、林、牧、渔业	1	1.10%	9.50%	8.16%
租赁和商务服务业	1	1.10%	1.63%	2.65%
房地产业	1	1.10%	0.61%	0.57%
合计	91			

从表5可以看出，正中珠江的审计市场份额排在前三位的行业为制造业，信息传输、软件和信息技术服务业，电力、热力、燃气及水生产和供应业。其中，制造业的行业审计市场份额远高于其他两个行业。对制造业按证监会行业二级分类标准进一步细分，行业分布及份额详见表6。

表 6　　正中珠江制造业二级分类行业分布及份额

制造业二级分类	数量（家）	按审计公司数所占比例	按公司资产所占比例	按审计收费所占比例
电气机械和器材制造业 C38	7	7.69%	6.97%	8.81%
化学原料和化学制品制造业 C26	7	7.69%	3.53%	5.93%
计算机、通信和其他电子设备制造业 C39	6	6.59%	3.12%	3.55%
家具制造业 C21	4	4.40%	6.55%	5.91%
专用设备制造业 C35	4	4.40%	0.94%	2.67%
医药制造业 C27	3	3.30%	13.97%	5.71%
纺织服装、服饰业 C18	3	3.30%	1.15%	2.24%
橡胶和塑料制品业 C29	3	3.30%	1.53%	2.23%
金属制品业 C33	3	3.30%	0.54%	1.94%
农副食品加工业 C13	2	2.20%	3.23%	3.59%
文教、工美、体育和娱乐用品制造业 C24	2	2.20%	1.28%	2.57%
食品制造业 C14	2	2.20%	1.96%	2.55%
有色金属冶炼和压延加工业 C32	2	2.20%	0.78%	2.20%
铁路、船舶、航空航天和其他运输设备制造业 C37	2	2.20%	0.54%	1.77%
造纸和纸制品业 C22	2	2.20%	1.20%	1.72%
其他制造业 C41	2	2.20%	1.18%	1.67%
仪器仪表制造业 C40	1	1.10%	0.19%	0.98%
木材加工和木、竹、藤、棕、草制品业 C20	1	1.10%	0.65%	0.90%
皮革、毛皮、羽毛及其制品和制鞋业 C19	1	1.10%	0.41%	0.86%
通用设备制造业 C34	1	1.10%	0.51%	0.82%
非金属矿物制品业 C30	1	1.10%	0.22%	0.56%
合　计	59	64.84%	50.47%	59.19%

根据表 6，虽然 2018 年正中珠江在医药制造业只审计了康美药业、康辰药业及一品红三家上市公司，但如果按照所审计公司资产计算行业份额，医药制造业排在第一位（13.97%），而康美药业又是医药制造业三家公司中资产规模最大的（746.28 亿元），康美药业甚至是正中珠江 2018 年年报审计中资产规模最大的一家上市公司。正中珠江对康美药业的审计收费为 500 万元，排在其审计的全部上市公司的第二位。

四、审计任期与强制轮换

会计师事务所长期委派同一名合伙人或高级员工执行某一客户的审计业务，会因密切关系和自身利益而产生不利影响。《中国注册会计师职业道德守则第 4 号——审计和审阅业务对独立性的要求》第八十八条规定，“如果审计客户属于公众利益实体，执行其审计业务的关键审计合伙人任职时间不得超过 5 年。在任期结束后的 2 年内，该关键审计合伙人不得再次成为该客户的审计项目组成员或关键审计合伙人”。职业道德守则第 4 号第九十一条补充规定，“如果审计客户是首次公开发行证券的公司，关键审计合伙人在该公司上市后连续提供审计服务的期限不得超过两个完整的会计年度”。

康美药业于 2001 年 3 月 19 日上市，为康美药业 IPO 提供审计服务的审计师是吉争雄和杨文蔚。正中珠江虽然连续审计了康美药业 19 年，但如表 7 所示，正中珠江根据《中国注册会计师职业道德守则第 4 号——审计和审阅业务对独立性的要求》的规定对关键合伙人进行了轮换。

表 7　2001—2018 年康美药业年度报表审计报告签字注册会计师

会计截止日期	审 计 师
2001 年 12 月 31 日	杨文蔚，何国铨
2002 年 12 月 31 日	杨文蔚，何国铨
2003 年 12 月 31 日	杨文蔚，何国铨
2004 年 12 月 31 日	吉争雄，刘火旺
2005 年 12 月 31 日	吉争雄，何国铨
2006 年 12 月 31 日	吉争雄，何国铨
2007 年 12 月 31 日	杨文蔚，何国铨
2008 年 12 月 31 日	杨文蔚，吉争雄
2009 年 12 月 31 日	杨文蔚，熊永忠
2010 年 12 月 31 日	杨文蔚，何国铨
2011 年 12 月 31 日	杨文蔚，何国铨
2012 年 12 月 31 日	吉争雄，何国铨
2013 年 12 月 31 日	张静璃，何国铨
2014 年 12 月 31 日	何国铨，张静璃
2015 年 12 月 31 日	杨文蔚，张静璃
2016 年 12 月 31 日	杨文蔚，张静璃
2017 年 12 月 31 日	杨文蔚，张静璃
2018 年 12 月 31 日	刘清，杨文蔚

五、审计质量

（一）正中珠江一贯的做法

2019 年 4 月 30 日，年报发布的最后一天，康美药业发布了 2018 年年报，正中珠江为康美药业出具了保留意见的审计报告，这是正中珠江为康美药业审计的 19 年间第一次出具非标准审计意见。同一天，康美药业发布了关于前期会计差错更正的公告。在公告中，康美药业对其 2017 年的财务报表进行了重述（如表 8 所示）。此次前期会计差错更正的原因是

2018 年 12 月 28 日康美药业收到中国证监会的调查通知书（粤证调查通字 180199 号），被立案调查。值得注意的是，正中珠江对康美药业 2017 年的年报出具了标准无保留意见审计报告。

表 8　　追溯调整对 2017 年合并报表相关科目的影响　　单位：元

受影响的期间报表项目名称	2017 年 12 月 31 日		
	更正前金额	差错更正累计影响金额	更正后金额
货币资金	34 151 434 208.68	−29 944 309 821.45	4 207 124 387.23
应收账款	4 351 011 323.40	641 073 222.34	4 992 084 545.74
应收利息	47 190 356.13	−47 190 356.13	—
其他应收款	180 323 027.94	5 713 820 971.90	5 894 143 999.84
存货	15 700 188 439.34	19 546 349 940.99	35 246 538 380.33
在建工程	1 084 519 812.47	631 600 108.35	1 716 119 920.82
递延所得税资产	261 001 505.68	29 586 632.91	290 588 138.59
其他应付款	1 603 455 877.02	190 545 991.67	1 794 001 868.69
盈余公积	1 882 478 621.90	−361 961 529.28	1 520 517 092.62
未分配利润	10 985 258 959.65	−3 257 653 763.48	7 727 605 196.17
营业收入	26 476 970 977.57	−8 898 352 337.51	17 578 618 640.06
营业成本	18 450 146 871.00	−7 662 129 445.53	10 788 017 425.47
销售费用	740 581 081.08	497 164 407.18	1 237 745 488.26
财务费用	969 264 876.00	228 239 962.83	1 197 504 838.83
资产减值损失	92 280 215.15	−12 396 935.10	79 883 280.05
所得税费用	732 053 848.25	1 859 540.27	733 913 388.52
销售商品、提供劳务收到的现金	28 766 131 827.76	−10 299 860 158.51	18 466 271 669.25
收到其他与经营活动有关的现金	943 030 295.93	137 667 804.27	1 080 698 100.20
购买商品、接受劳务支付的现金	24 324 394 786.49	−7 301 340 657.76	17 023 054 128.73
支付其他与经营活动有关的现金	924 659 143.70	3 821 995 147.82	4 746 654 291.52
购建固定资产、无形资产和其他长期资产支付的现金	1 795 351 236.12	352 392 491.73	2 147 743 727.85
收到其他与筹资活动有关的现金	361 587 400.00	−360 457 000.00	1 130 400.00

自 2017 年起，上市公司的审计报告中增加了关键事项段，在关键事项段中列示审计师根据职业判断，认为对本期财务报表审计最为重要的事项以及对该事项的审计应对。正中珠江在康美药业 2017 年和 2018 年的审计报告中都将存货和医药销售收入作为关键审计事项，但具体的审计应对略有不同（如表 9 所示）。

表 9　　2017 年和 2018 年审计中对存货和医药销售收入执行的审计程序

对存货执行的审计程序	
2017 年	2018 年
① 了解及评价与存货跌价准备及年末确定存货估计售价有关的内部控制设计的有效性，并测试关键控制运行的有效性。	① 了解及评价与存货管理相关的内部控制设计的合理性和执行的有效性。
② 对存货实施监盘，检查存货的数量、状况及产品有效期，关注是否存在潜在陈旧或损毁。	② 对存货进行监盘，检查存货的数量及状况等；聘请外部专家协助评估库存商品的品质状况。
③ 针对消耗性生物资产，聘请评估机构出具评估报告，对评估结果进行分析与复核，并与公司账面记录进行核对与检查。	③ 针对消耗性生物资产，通过检查公司购买林下参的合同及银行付款记录，对林下参进行实地考察，聘请评估机构出具评估报告，对评估结果进行分析与复核，核查专家工作结果与我们取得的审计证据的一致性。
④ 对于无法获取公开市场销售价格的产品，选取样本，将产品估计售价与最近或期后的实际售价进行比较。	④ 在利用外部独立专家和评估机构的工作时，对其独立性与专业胜任能力进行评价。
⑤ 获取存货减值跌价计算表，并实施重新计算与复核，检查并分析可变现净值的合理性，结合库龄分析评估存货跌价准备计提的准确性。	⑤ 获取存货跌价准备计算表，对管理层确定的存货可变现净值以及存货跌价准备计提金额进行复核，结合库龄分析，评估存货跌价准备的计提是否合理。
⑥ 检查以前年度计提的存货跌价准备于本期的变化情况等，分析存货跌价准备计提的充分性和适当性。	⑥ 检查以前年度计提的存货跌价准备于本期的变化情况等，分析存货跌价准备计提的充分性和适当性。

对医药销售收入执行的审计程序	
2017 年	2018 年
① 了解及评价与医药销售收入确认事项有关的内部控制设计的有效性，并测试关键控制运行的有效性。	① 了解及评价与医药销售收入确认事项有关的内部控制制度设计的合理性和执行的有效性。
② 通过查阅销售合同及对管理层进行访谈，对与医药销售收入确认有关的重大风险及报酬转移时点进行分析评估，进而评估医药销售收入的确认政策。	② 通过查阅销售合同及对管理层进行访谈，对与医药销售收入确认有关的重大风险及报酬转移时点进行分析评估，进而评价医药销售收入的确认是否符合企业会计准则的要求，相关会计政策是否落实。
③ 对医药销售收入执行实质性分析程序，包括对年度间、年度内的月度波动分析和毛利率分析，及与同行业的比较分析等。	③ 对医药销售收入执行分析性程序，包括对年度间、年度内的月度波动分析和毛利率分析，及与同行业的比较分析等，评价医药销售收入、毛利率水平是否合理。
④ 检查与医药销售收入确认相关的支持性文件，包括销售合同、销售发票、出库单、签收单等。	④ 检查与医药销售收入确认相关的支持性文件，包括销售合同、销售发票、金税系统、出入库记录、收款记录等，核实收入确认的真实性。
⑤ 对医药销售收入选取样本执行对应收账款期末余额的函证程序，在年中对重要客户实施实地走访，检查应收账款期后回款情况。	⑤ 对主要客户的销售额及应收账款期末余额进行函证确认，在年中对重要客户实施实地走访，检查应收账款期后回款情况。

续表

对医药销售收入执行的审计程序	
2017 年	2018 年
⑥ 针对资产负债表日前后确认的医药销售收入执行截止性测试，并检查期后销售退回情况，以评估医药销售收入确认期间是否恰当。	⑥ 针对资产负债表日前后确认的医药销售收入执行截止性测试，并检查期后销售退回情况，以评价医药销售收入是否被记录于恰当的会计期间。

（二）正中珠江被质疑的问题

1. 未按照审计准则严格执行审计程序

（1）未对康美药业的内部控制及其环境进行足够的风险评估

《中国注册会计师审计准则第 1211 号——通过了解被审计单位及其环境识别和评估重大错报风险》第三节规定，注册会计师应该了解被审计单位的内部控制，包括了解控制环境、是否建立风险评估程序、控制活动等。正中珠江对康美药业的 2017 年度内部控制审计报告显示，康美药业按照规定在所有重大方面保持了有效的财务报告内部控制。从此次康美药业货币资金巨额造假事件可知，正中珠江并未对康美药业的内部控制及其环境进行足够的风险评估，尤其是康美药业货币资金内部控制制度部分。

（2）未实现“存在或发生”这一审计目标

根据正中珠江出具的“关于对康美药业股份有限公司媒体报道有关事项的问询函”和康美药业发布的《关于前期会计差错更正的公告》，我们发现康美药业 2017 年度存在虚构销售交易从而达到虚增主营业务收入和货币资金的目的，而正中珠江在审计的过程中未能发现该问题，即“存在或发生”这一审计目标并未实现。一般来说，为测试登记入账的销售业务是否已经发生，注册会计师应确认发票副联是否有发运凭证及销售单（客户订单），询问是否寄送对账单并检查客户回函。常用的实质性程序为：追查主营业务收入明细账的分录至销售单、销售发票副联和发运凭证，发运凭证与永续记录中的发运分录核对。显然，正中珠江并未做好上述审计程序。

（3）未实现“完整性”这一审计目标

从康美药业 2017 年度的存货存在已支付但未入账、应收账款少计、货币资金多计等情况可知，注册会计师在对康美药业进行审计的过程中未实现“完整性”这一审计目标。一般来说，为测试是否所有销售交易都已登记入账，注册会计师应该检查发运凭证、销售发票连续编号的完整性，常用的实质性程序有发运凭证与相关销售发票和主营业务收入明细账及应收明细账中的分录核对。正中珠江在 2017 年出具标准审计意见的审计报告表明其在对康美药业进行审计的过程中未执行或未严格执行上述审计程序。

（4）关联方交易审计存在问题

关联方交易的隐蔽性和复杂性使其成为财务报表审计中的重大风险领域，注册会计师应当实施相关审计程序，就管理层是否按照适用的会计准则和相关会计制度的规定识别、披露关联方和关联方交易获取充分、适当的审计证据，包括函证关联方、与第三方人员讨论等。康美药业通过货币资金造假扭亏为盈，掩盖大量关联方交易，正中珠江的注册会计师未能通过适当的审计程序发现并予以揭露。

（5）存货项目的审计存在问题

根据“关于对康美药业股份有限公司媒体报道有关事项的问询函”中提及的存货审计方面的问题，正中珠江称：“由于 2017 年年报审计时，公司没有提供相关存货的资料，相关存货未入账，也未纳入公司存货管理范围，导致 2017 年年报审计时未能发现前期差错。”此处值得商榷，因为所有审计程序都是相关联的，只要按照审计准则严格执行各项审计程序，即使被审计单位未提供相关资料，注册会计师也能发现异常，此处的理由显然站不住脚。

2. 缺乏风险意识，未能保持应有的职业谨慎

(1) 未对货币资金进行重点审查

纵观 2017 年的审计报告可以发现，正中珠江的注册会计师确定的关键审计事项仅有两项：医药销售收入确认、存货可变现净值确认。而占资产总额近 5% 的 341.51 亿元“货币资金”科目并未确定为关键审计事项。“货币资金”是报表科目中最为重要的科目，对其进行审查历来是财务报表审计的重点，但正中珠江的注册会计师却未保持应有的职业谨慎。

(2) 货币资金审计取证方式的选择不够谨慎

从正中珠江出具的“关于对康美药业股份有限公司媒体报道有关事项的问询函”的专项说明中，注册会计师针对 2017 年度货币资金执行的主要审计程序包括银行存款函证、重要银行账户流水核查、重要银行账户实地访谈、银行对账单及公司开户信息资料核查、截止性测试五大程序。仔细阅读这些文字，不难发现以下疑点：注册会计师既然已经在公司财务人员的陪同下前往重要账户所在银行进行了现场核查和实地访谈，却仍对资金余额 306 亿元的母公司银行账户全部采用邮寄方式发函。注册会计师放弃更直接、有效的面访而选择邮寄函证，显然不合理，此处执行的审计程序缺乏谨慎性。

(3) 未重视对康美药业内部控制有效性的检验

康美药业除了财务造假，还多次被爆出行贿案、内幕交易案、传销风波、高存款高负债等事件，可见其内部控制问题重重。而对于康美药业薄弱的内部控制，长年作为其审计机构的正中珠江却未对其内部控制保持怀疑态度。由“公司通过不同途径在产地收购中药材，款项未经审核已作支付且未入账”可知，康美药业的货币资金内部控制制度有极大漏洞。

(4) 忽视管理层的诚信问题，轻信被审计单位所给资料

康美药业管理层素有的撒谎习惯、行贿劣迹等多种负面新闻，加之管理层所掌握股权的集中度，必然导致对公司内部控制制度的凌驾，无法形成一种对制度敬畏的公司文化，因此注册会计师对于管理层所给的各项信息及资料都应保持怀疑态度。从“关于对康美药业股份有限公司媒体报道有关事项的问询函”的专项说明中截止性测试部分发现的问题：“2018 年年报审计期间，我们重新获取了 2017 年度重要账户的银行流水，与上期获取的银行流水对比，发现存在不一致的情况，导致以前年度未能及时发现前期差错。”同一份外部证据出现不一致，从事件的实际演绎来判断，应该是 2017 年年报审计期间取得的银行流水存在虚假，涉嫌故意伪造或篡改，而 2018 年年报审计期间取得了真实的银行流水记录。至于此处银行流水的虚假是银行的故意行为，还是被审计单位伙同银行共同进行的操作，需进一步调查。但仅从此事件我们可以发现，正中珠江轻信康美药业提供的各项财务资料，未对其提供的资料做进一步审查，始终认为康美药业按照相关规定在所有重大方面保持了有效的财务报告内部控制，注册会计师在对康美药业进行审计的过程中缺乏职业谨慎性。

以上都违反了《中华人民共和国国家审计准则》第二章第二十四条：“审计人员执行审计业务时，应当合理运用职业判断，保持职业谨慎，对被审计单位可能存在的重要问题保持警觉，并审慎评价所获取审计证据的适当性和充分性，得出恰当的审计结论。”

3. 未保持应有的独立性

正中珠江自 2001 年起至 2018 年年末一直作为康美药业的审计机构，在这 19 年间，康美

药业支付的审计报酬超过 4 000 万元，2018 年的审计费用更是高达 500 万元。此外，在合作期间，外界一直对康美药业“存贷双高”的问题提出质疑，但正中珠江视若无睹并一直出具标准审计意见的审计报告，对于康美药业的内部控制审计也未给予否定意见，更未发现康美药业 2017 年发生的重大会计差错，这些都表明正中珠江在对康美药业进行审计的过程中未保持独立性，其审计报告不可信。

4. 重要性水平的选取过于粗糙

根据正中珠江出具的“关于对康美药业股份有限公司媒体报道有关事项的问询函”的专项说明，“对银行流水发生额 1 000 万元及以上的交易进行复核”，其中并未说明这 1 000 万元的确定标准，就此次康美药业的财务造假事件来看，这 1 000 万元的标准定得高了，且过于粗糙。

六、结尾

中国证监会已对康美药业的审计机构——正中珠江涉嫌未勤勉尽责立案调查。随着资本市场改革的不断推进，证券违法违规成本将大幅提升，行政处罚决定做出后，相关责任单位和人员将面临民事诉讼索赔，付出高昂的代价。

康美药业于 2019 年 6 月 28 日召开 2018 年年度股东大会，会议审议通过了《关于续聘会计师事务所的议案》，同意聘请正中珠江为公司 2019 年度的审计机构，但在 2019 年 11 月 19 日，公司董事会和监事会审议通过了《关于变更会计师事务所的议案》，同意将公司 2019 年度的审计机构变更为立信会计师事务所(特殊普通合伙)，变更原因为公司业务发展和未来审计的需要。

七、参考文献

[1] Carey, P., and R. Simnett. Audit Partner Tenure and Audit Quality[J]. The Accounting Review, 2006,81(3): 653—676.

[2] Chen, C., C. Lin, and Y. Lin. Audit Partner Tenure, Audit Firm Tenure, and Discretionary Accruals: Does Long Auditor Tenure Impair Earnings Quality? [J] Contemporary Accounting Research ,2008,25(2): 415—445.

[3] Chi, W., and H. Huang. Discretionary Accruals, Audit-firm Tenure and Audit-partner Tenure: Empirical Evidence from Taiwan[J]. Journal of Contemporary Accounting and Economics ,2005,1(1): 65—92.

[4] Chi, W., H. Huang, Y. Liao, and H. Xie. Mandatory Audit Partner Rotation, Audit Quality,and Market Perception: Evidence from Taiwan[J]. Contemporary Accounting Research ,2009,26(2): 359—391.

[5] De Fond, M., and J. Zhang. A Review of Archival Auditing Research[J]. Journal of Accounting & Economics ,2014,58(2/3): 275—326.

[6] Geiger, M., and K. Raghunandan. Auditor Tenure and Audit Reporting Failures [J]. Auditing: A Journal of Practice & Theory ,2002,21(1): 67—78.

[7] Lennox, C. S., X. Wu, and T. Zhang. Does Mandatory Rotation of Audit Partners Improve Audit Quality? [J]The Accounting Review,2014, 89(5): 1775—1803.

[8] Mansi, S., W. Maxwell, and D. Miller. Does Auditor Quality and Tenure Matter

Toinvestors? Evidence from the Bond Market [J]. Journal of Accounting Research (Supplement), 2004: 755—793.

[9] Menon, K., and D. Williams. Former Audit Partners and Abnormal Accruals[J]. The Accounting Review, 2004, 79(4): 1095—1118.

案例使用说明书

1. 本案例需要解决的关键问题

通过本案例的讨论，学生能够应用分析程序识别和评估财务报表重大错报风险；能够在深入分析审计任期对审计质量影响的基础上，深刻理解强制轮换制度的政策含义；能够从多维度衡量审计质量。

2. 案例讨论的准备工作

学生需要事先学习《中国注册会计师审计准则第 1211 号——通过了解被审计单位及其环境识别和评估重大错报风险》及应用指南、《中国注册会计师审计准则第 1501 号——对财务报表形成审计意见和出具审计报告》《中国注册会计师审计准则第 1504 号——在财务报告中沟通关键审计事项》《中国注册会计师职业道德守则第 4 号——审计和审阅业务对独立性的要求》。

3. 案例分析要点

(1) 利用康美药业 2016 年度、2017 年度、2018 年度财务报表数据执行分析程序，识别康美药业财务报表的重大错报风险。

通过计算分析主营业务收入、主营业务成本、毛利率、存货周转率、流动比率、经营活动现金流量、股东权益报酬率等指标和比例，可以明显地看出康美药业货币资金、存货、主营业务收入等项目存在重大异常，但为什么连续审计康美药业 19 年的正中珠江却未识别出上述项目存在重大错报风险？

(2) 正中珠江审计康美药业是否在实质上遵守了强制轮换的规定？

根据表 7，在表面上，正中珠江没有违反强制轮换的规定。但是，从 IPO 审计开始至 2018 年年度报表审计，正中珠江对康美药业进行审计的签字审计师主要是杨文蔚、吉争雄、何国铨三位，三位审计师轮换审计康美药业，此种轮换是否能从实质上避免因审计师与被审计单位的密切关系和自身利益对审计师独立性产生的不利影响？

(3) 如何判断正中珠江对康美药业审计的质量？

审计质量可以从被审计单位财务报表质量、执行的审计程序质量、审计意见、监管机构惩罚等多维度进行衡量。

4. 教学组织方式

(1) 先给学生看证监会网站中对康美药业的处罚公告，引起学生对此案件的兴趣；然后向学生分发康美药业简介的资料，让学生分析康美药业 2016 年度、2017 年度和 2018 年度的财务报表，执行分析程序，识别重大错报风险，提出问题："正中珠江为什么没识别出重大错报风险？是因为专业胜任能力不足还是因为独立性问题？"；再向学生分发正中珠江简介的资料，引导学生关注正中珠江在各行业的审计份额，从而引出康美药业是正中珠江非常重要的客户，引导学生进一步关注正中珠江审计师的实际轮换情况；最后向学生分发审计质量部分的资料，和学生一起探讨如何衡量审计质量。

(2) 此案例讨论共需 4 课时，上述四类资料讨论各 1 课时。

(3) 讨论方式：小组式。

(4) 老师最后做课堂总结。

5. 其他

计算机演示资料。

WACC 投资评价体系制度创新
——基于三峡集团的案例研究

汪玉兰

专业领域/方向： 财务管理

适用课程： 财务管理

编写目的： 学习公司投资决策评价体系相关理论与知识。

知 识 点： 加权平均资本成本投资评价方法

关 键 词： 制度学习、制度创新、WACC

中文摘要： 本文采用实地访谈与案例研究相结合的方法，从制度学习与制度创新视角，对三峡集团 WACC 投资评价体系制度创新进行研究。结果发现：三峡集团通过向境外子公司进行制度学习的方式实现了 WACC 制度创新。WACC 制度创新主要体现在考虑了不同行业、不同项目、不同国家（地区）的风险差异并对其进行了风险调整，提高了投资效率。本文丰富了有关公司制度学习与制度创新的理论研究，同时对公司投资决策实践提供了参考借鉴。

英文摘要： This paper studies the institutional innovation of the Three Gorges Group's WACC investment evaluation system using the method of field interview and case study. From the perspective of institutional learning and institutional innovation, we find that the Three Gorges Group realized the WACC system innovation by learning from overseas subsidiaries, and the main innovation is that the new WACC system has considered the risk differences of different industries, different projects, different countries (regions) and adjusting the risks to improve investment efficiency. This article enriches the theoretical research about institutional learning and institutional innovation, and provides advices for the investment decision-making practice.

案　　例

一、引言

制度理论是理解组织行为的核心，它能很好地解释组织如何应对外部压力以及组织所表现出的同质性（迪马乔和鲍威尔，1983；米勒和罗恩，1977）。早期的制度经济学理论认为，为了保证组织的合法性，组织只能被动、消极地接受制度。但这又无法解释组织实践的差异性与制度创新的出现。于是，制度经济学家开始将制度执行者的特征纳入制度分析框架，并提出了制度企业家（Institutional Entrepreneurship）的概念。制度企业家是公司制度创新的前提，它是指那些利用现有资源创造新制度或者改进现有制度的人。随后，制度理论研究将组织领域特征、组织特征与制度特征纳入制度分析框架，进而为制度变革的动态分析提供了系统的研究框架。学习理论为制度创新的理解提供了微观基础，通过对组织学习过程的研究，可以从微观视角解释公司何时、通过何种路径进行了何种制度创新。

财务制度创新作为公司的一项重要制度创新，具有较广泛的含义。但是，从财务活动的内容来看，财务制度创新包括投资财务制度创新、筹资财务制度创新与营运资金财务制度创新。其中，投资财务制度创新包括投资决策组织构架创新、投资决策程序创新、投资决策依据创新以及投资决策机制创新等。本文以三峡集团为研究对象，采用案例研究的方法，从制度创新理论的视角对三峡集团投资决策中采用的基于 WACC 的投资决策依据这一财务制度创新进行分析。

近年来，随着业务的加快发展，三峡集团跨行业、跨国投资明显增加，这对集团的投资管理能力提出了更高的要求，集团已经建立了投资管理的制度框架，但还没有形成明确的投资收益评价指标体系。过去按照国资委规定的项目资本金内部收益率 8%的经验指标评审项目过于笼统、单一，不能反映不同行业、不同市场的风险特点，缺少根据投资条件灵活调整的方法与依据，尤其是对境外投资项目不适用，集团迫切需要建立一套科学的投资评价指标体系。2011 年 6 月，葡萄牙政府为应对欧洲主权债务危机，在欧盟和国际货币基金组织的压力下，按照援助协议的要求，宣布招标出让其持有的葡萄牙电力公司（简称“葡电”）的股权来偿还外债。三峡集团在对葡电进行深入分析与调研，并与葡方进行谈判的基础上，最终于 2012 年 5 月 11 日收购葡电 21.35%的股权并成为其第一大股东。葡电拥有一支经验丰富、具有较强市场开拓能力的专业管理团队。三峡集团投资葡电后，双方共同成立了管理交流小组，在电力市场、投资并购、财务管理、技术创新等方面开展了管理对标交流。通过交流与学习，葡电在经营管理方面的一些好的做法和经验正在被三峡集团学习和引入。其中，最成功的一项制度创新是学习葡电在投资管理中建立的基于业务与市场风险的加权平均资本成本（WACC）评价体系。三峡集团的这一做法很好地体现了组织的管理学习与制度创新，通过对该案例的深入研究，一方面可以丰富现有制度理论与学习理论的研究，另一方面可以为公司制定科学、合理的财务投资决策制度提供指导。

本文采用案例研究的方法，研究发现三峡集团 WACC 投资评价体系的制度创新主要包括两个方面：

一方面体现在 WACC 的取数与计算上，具体包括以下几点：首先，对不同业务、不同行业、不同国家制定差异化风险系数，因为不同国家、不同行业、不同时期的投资项目在风险方面存在很大的差异，所以，WACC 通过对上述风险的考虑，制定了差别化的风险系数。其次，在 WACC 的计算过程中体现了不同公司的特征，即融入了主观因素。因此，针对相同的项目，不同特点的公司最终进行的投资决策不同。再次，WACC 投资评价体系是一个动态指标。公司会对 WACC 中的关键风险要素进行动态跟踪，董事会每年年初会对 WACC 进行更新与公布。最后，WACC 在计算过程中体现了对国家战略的支持。央企不仅需要创造经济利润，而且需要承担一定的社会责任。因此，在国际化投资过程中，三峡集团在利用 WACC 投资评价体系的时候会同时考虑国家发展战略。

另一方面体现在 WACC 对公司财务决策、资源配置的影响上，具体包括以下几点：首先，WACC 将对投资项目的价值创造能力和风险管控能力的评估提前到投资决策阶段，通过对风险进行量化，为公司提供了更加科学、合理的投资决策机制。其次，利用 WACC 对项目投资内部收益率的关键影响因素进行深入分析，将资源配置到价值创造能力强且风险可控的项目中。最后，三峡集团利用葡电这一外部资源提供的成功经验，在充分交流与学习的基础上引入制度创新，促使三峡集团建立更加开放、包容的学习型公司文化。

本文对于学习理论和财务制度创新理论领域的研究有着重要贡献，具体体现在：第一，本文丰富了投资决策评价体系设计与应用的相关文献。通过 WACC 指标的应用，引导投资主体形成对市场和行业的持续关注与分析，了解行业的融资成本和回报水平，以及国家和地区之间的差异，紧抓投资机会，控制投资风险。第二，利用 WACC 指标有助于公司揭示市场布局与战略调整的方向和趋势，进而引导公司对各投资主体实施资源优化配置。第三，学习理论为制度创新提供了微观基础（钱德勒和黄，2015）。本文以三峡集团对葡电的管理学习为例，对公司如何通过管理学习实现制度创新进行具体的阐述与分析，深化了我们对学习理论和制度理论的理解。第四，在实践价值方面，本文的研究结论对于完善国资委的制度设计和央企建立投资决策评价体系有着重要的指导作用。

二、文献回顾

早期的制度经济学研究文献认为，制度是公司寻求合法化的重要途径，公司只能被动、消极地接受现有的制度（贝克特等，1999；达欣等，2002；科斯托娃和罗斯科，2002；格林伍德和桑德，2006；斯科特，1987；迪马乔，1983）。但是，在相同的制度环境下，不同的组织却出现了实践的差异，而且现有的制度也在不断地发展变化，这与原有的制度理论产生了冲突。现有的制度理论受到了以下批判：首先，现有制度理论将合法性（制度）与技术（效率）压力视为相对立的两面，认为在同一组织中无法同时实现这两个目标（侯克和阿拉姆，1999；格兰劳德和卢卡，1998；霍珀和马霍尔，2007）；其次，现有制度理论无法解释制度产生、发展与传播的过程（达欣等，2002；塞翁和克里德，2002）；最后，现有制度理论忽视了组织层面的权力、代理与利益等因素，即组织的异质性（霍珀和马霍尔，2007；劳恩斯伯里，2008）。通过将组织实践的差异性纳入制度分析框架，学者们意识到，组织领域中包含差异化行为，且这种差异化行为带来的制度创新是组织区别于其他组织的关键因素（劳恩斯伯里，2008）。

现有文献认为，制度创新源于四种冲突：第一种是效率冲突（the Efficiency Contradiction），即现有制度的效率与其他可供选择的制度产生的预期效率有偏差；第二种是非适应性冲突（the Nonadaptability Contraction），即现有制度的锁定效应导致无法适应新环境；第三种是制度间协调冲突（the Interinstitutional Incompatibility），即不同制度之间的相互冲突导致不协调；第四种是利益主体冲突（the Misaligned Interests Contradiction），即不同的制度制定主体之间可能存在利益冲突（塞翁和克里德，2002；克莱门斯和库克，1999）。以上四个方面的冲突使公司产生了制度创新的需要。为了实现制度创新，还必须有两个前提，即可供选择的新制度与积极推进新制度执行的人。对于前者，主要存在两条路径：一条是内部路径，也叫经验学习（Experiential Learning），是指组织通过对自身历史经验的总结或者反复试错的方式学习（莱文索尔和马奇，1993）；另一条是外部路径，也叫替代性学习（Vicarious Learning），是指组织通过观察他人的行为和注意其行为的后果而学会新行为的过程（阿尔戈特和奥菲尔，2002）。由此可见，管理学习是公司进行制度创新的重要途径。管理学习可以帮助我们从微观层面理解公司制度创新的原因、方式与内容。对于后者，需要制度创新企业家，即那些利用现有资源创造新制度或者改进现有制度的人。再好的制度创新，如果没有积极的执行者推动，也不可能取得成功。

三峡集团财务制度创新的途径属于管理学习中的替代性学习，是一种外部路径，通过与葡电建立管理交流小组，对葡电成功的管理经验进行观察与学习，并结合自身实际情况进行改进，最后决定引入基于 WACC 的投资决策财务制度创新。此外，三峡集团高层领导对 WACC

这一制度创新给予了高度的赞同与支持，在以财务总监为代表的团队的不懈努力与推动下，WACC 体系在三峡集团得以全面推广和运用，替代了之前国资委规定的 8%投资经验标准。

三、研究设计

（一）研究方法

本文之所以选择案例研究，主要是因为：(1) 作为一项财务制度创新，与之相关的理论分析可能比较匮乏，通过案例分析的方法可以对案例情境进行细致的分析和展示。(2) 通过案例研究，可以帮助我们从新视角切入，对其进行探索性分析（艾森哈特，1989；毛基业和张霞，2008）。对案例公司做独立、完整、深入的剖析有助于加深对现实经济的理解（巴特肯等，2006）。(3) 考虑到公司制度创新具有一定的非公开性，公开渠道无法获取相关信息，因此，采用案例研究是比较常见的方法。

（二）案例选择

选取三峡集团作为案例研究的对象，是因为：首先，在 2002 年电力市场改革后，三峡集团从原来的项目法人正式转变为公司法人，因此是我国国有公司市场化进程的一个代表。其次，近年来，三峡集团秉承“建设三峡、开发长江、走向世界”的发展理念，积极开拓国际市场，努力响应国家对国企“走出去”战略的号召，并于 2012 年成功收购葡电，这一收购行为被实践证明是成功的，而且在国际化进程中，三峡集团积极向国外公司学习成功的公司经营理念，在学习借鉴的基础上引入国内，并取得了很好的效果，对这些制度创新进行提炼与研究，可以为国企改革提供指导。最后，政府和公众对三峡集团的监管体制比较完备，三峡集团的公司文化与内部治理机制比较完善，这为制度创新的研究提供了很好的典范，有助于我们提炼财务制度创新的规律与机理。

（三）实地研究过程

我们一共组织了两次对三峡集团的访谈，每次访谈的时间为 2 个小时，访谈过程经录音（被许可）后转译。为了避免访谈者理解上的偏差，我们安排了两名访谈者进行访谈，区分四个访谈对象进行，其中包括三峡集团的总会计师、集团资产财务部部长、集团战略规划部部长和负责海外板块投资的主管领导。所有被访谈者都参与了公司投资决策过程，因此他们对公司投资有着深入的了解。为了保证访谈的信度，对于相同的问题，我们向不同的负责人进行了询问，使不同来源的证据相互印证。

四、三峡集团与 WACC 评价体系的案例介绍

三峡集团成立于 1993 年 9 月 27 日，隶属于国资委，是国内最大规模，也是世界最大规模的水力发电公司，年水力发电量居于国内电力公司首位。2011 年 6 月，葡萄牙政府为应对欧洲主权债务危机，在欧盟和国际货币基金组织的压力下，按照援助协议要求，宣布招标出让其持有的葡电的股权来偿还外债。2011 年 7 月，三峡集团对葡电项目进行了初步调研，并成立了以集团主要领导为组长的葡电项目组。2011 年 9 月，三峡集团收到葡方第一轮邀标函，并召开集团董事会，一致同意购买葡电 21.35%的股权。2011 年 11 月，三峡集团在取得国家发改委项目信息确认函后参与了第一轮投标，并收到了葡萄牙政府的第二轮邀标函。随后，三峡集团对葡电进行深入分析、调研，并与葡方谈判，于 12 月 9 日提交第二轮标书。2011 年 12 月，葡萄牙总理召开内阁会议，最终宣布三峡集团中标。三峡集团在获得国内外政府的审批后，于 2012 年 5 月 11 日顺利完成股权交割，正式成为葡电第一大股东。

三峡集团投资葡电的战略目标有三个：第一，利用葡电的国际化运营平台开拓战略目标市场。葡电的业务遍布世界13个国家和地区，重点业务区域为欧洲、北美发达市场以及南美巴西、非洲葡语国家等新兴市场，通过共同开发葡电储备的丰富风电和水电等项目资源，借助葡电这一平台，三峡集团实现进入欧美和巴西市场的战略目标。第二，培养国际化经营团队，降低海外投资风险。葡电的国际化运作经验丰富，拥有高素质的专业管理团队，通过对标借鉴葡电的国际开发投资经验，提升三峡集团的国际化运营能力。第三，促进三峡品牌国际化。将三峡品牌与葡电国际经营网络结合起来，发挥中国水电行业在设计、建设、装备、运行、融资等方面的竞争优势，促进三峡品牌国际化。

三峡集团在收购葡电后，积极参与对葡电的投资后管理和评价。三峡集团主要进行的工作包括：第一，积极参与葡电的公司治理与经营管理，逐步施加股东影响力，实现政府股权转让后的平稳过渡；第二，深入挖掘战略投资价值，借助葡电平台，突破市场壁垒，加快海外业务布局；第三，对标学习葡电先进的管理经验，提升三峡集团的管理水平；第四，以股权投资突破市场壁垒，"借船出海，往高处走"，共同开拓第三方市场；第五，投资葡电促进了中葡及中欧双边政治、外交和经贸关系，提升了国家影响力。

在管理学习方面，葡电拥有一支经验丰富，具有较强市场开拓能力的专业化管理团队。三峡集团投资葡电后，双方共同成立了管理交流小组，在电力市场、投资并购、财务管理、技术创新等方面开展了管理对标交流。通过交流，葡电在经营管理方面一些好的做法和经验，如在投资管理中建立基于业务与市场风险的WACC评价体系（最低投资回报约束）正在被三峡集团引入并使用。经过4年左右的学习与实践，WACC投资评价体系在三峡集团中得到了广泛的运用，并取得了显著的效果。

五、WACC投资评价体系制度创新内容

加权平均资本成本（Weighted Average Cost of Capital，WACC），是指公司以各种资本在公司全部资本中所占的比重为权数，对各种资金的资本成本加权平均计算出来的资本总成本。通过对所搜集的资料与访谈内容的分析，我们认为WACC体现的财务制度创新主要包括以下内容：

（一）WACC投资评价体系的设计特点

1. WACC投资评价体系的特点

基于项目所在国家和行业的特点计算的WACC与传统的基于投资主体计算的WACC相比，主要存在以下制度创新：第一，对于不同的行业确定不同的行业风险调整系数。行业风险调整系数综合考虑了投资项目所在国家行业政策的稳定性、行业特点以及价格锁定机制。第二，对于不同国家（地区）的投资确定不同的国家（地区）风险调整系数。国家（地区）风险调整系数综合考虑了国家（地区）的系统性风险，公司在该地区是否有投资经验以及国际金融风险。第三，对不同的投资项目确定不同的投资项目调整系数K，作为对项目收益的附加风险补偿要求，要求项目全投资内部收益率$IRR \geqslant K \times WACC$。$K$的取值范围为1.1至1.3。目前，三峡集团国内项目的K值取1.1，境外项目的K值取1.2。经测算，国内项目在项目全投资税后内部收益率达到$1.1WACC$的情况下，水电项目资金内部收益率能达到7.5%以上，新能源项目资本金内部收益率能达到8%以上。国际项目在项目全投资税后内部收益率达到$1.2WACC$的情况下，项目资本金内部收益率达到8%至15%。第四，对于不同时期的项目，K的取值不同。例如，成熟期投资项目相比初投项目要求的最低回报率下调一个百分点。

2. WACC 的计算与取数

基于项目所在国家和行业特点的 WACC 计算的创新之处在于：在考虑系统风险的基础上，对项目所在行业与国家风险进行了调整。

$$WACC_{项目}=[R_f+(a\times\beta)(R_m-R_f)+b\times(R_m-R_f)]\times E/A+R_d\times(1-t)\times D/A$$

具体计算过程如图 1 所示。

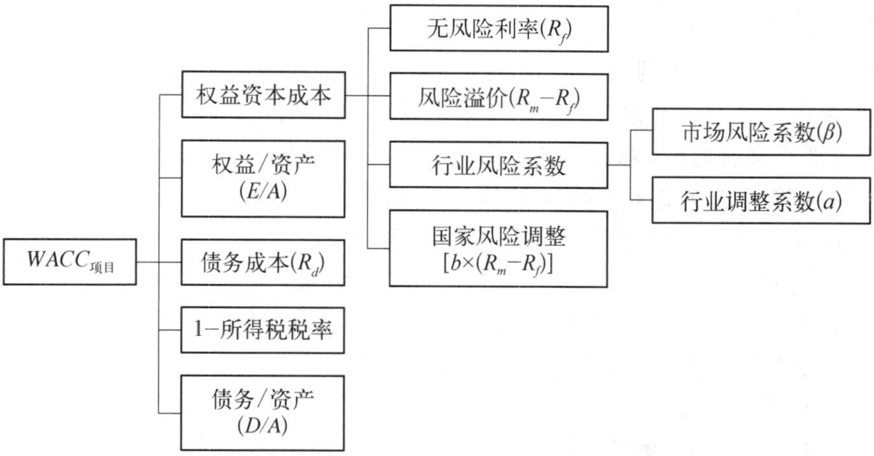

图 1　WACC 的计算与取数过程

其中，各变量的计算方法如表 1 所示。

表 1　WACC 的计算与取数

变量名称	计算方法
无风险利率(R_f)	项目资金所用货币对应的 10 年期国债利率或互换利率
风险溢价(R_m-R_f)	全球市场风险溢价(参考葡电)
行业调整系数(a)	综合考虑行业细分、市场特点等给出的调整系数
市场风险系数(β)	样本公司的 β 平均值
国家风险调整[$b\times(R_m-R_f)$]	对国家风险的调整(适用于境外投资)
债务成本(R_d)	能获得债务融资的实际成本
所得税税率	项目所在国的实际税率
债务占总资产的比重(D/A)	采用集团规划的目标值(50%)

3. WACC 的动态性

由于市场环境与行业状况的不确定性导致国家风险与行业风险随时会发生变化，因此，为了确保 WACC 指标值与实际经济情况一致，三峡集团对主要指标变化情况进行动态跟踪，在指标发生较大波动的情况下及时校核。三峡集团董事会会在每年年初对 WACC 值进行更新与公布。

(二) WACC 对财务决策与资源配置的影响

1. WACC 与公司战略规划

三峡集团在进行战略规划的时候会根据 WACC 投资评价体系对不同国家、不同行业的投资风险与回报进行充分详细的分析，只有当项目满足价值创造与风险可控的前提时，才会决定对其进行投资。WACC对公司国际化发展战略与多元化发展战略具有重要引导作用。但是，央企还承担着社会责任与政治责任，因此，在国际化投资过程中，在保证项目效益的前提下，公司会同时考虑国家发展战略的要求，将公司战略融入国家发展战略，推动国家战略的发展。比如，为了响应“一带一路”“互联互通”等国家发展倡议，三峡集团在进行国际化投资的过程中会适当降低在这些国家的最低回报率要求，并对这些国家提供技术支持，为更好地实现国家战略服务。

2. WACC与投资决策

公司投资决策的关键有两点：一是创造价值，二是控制风险。控制风险的前提是对风险进行量化，但目前并没有一个很好的指标体系可以对投资风险进行量化。传统的评价指标，如经济增加值等都是事后指标，为了有效地控制风险，公司必须在投资之前对项目的价值创造能力以及公司风险管控能力进行评估，否则一旦大量资金投入后，就很难对风险进行管控。WACC通过对不同国家、行业的风险系数进行调整，针对不同的项目制定不同的风险回报系数，并将投资主体的融资能力和资金成本与投资结合起来，为风险量化提供了合理的度量方法；把公司对投资项目的价值创造能力与风险管控能力的评价提前到投资决策阶段进行，使得公司在投资决策阶段就树立价值创造与风险管控的理念。

3. WACC与资源配置

传统的以投资主体为对象计算的WACC并没有考虑不同项目、不同国家、不同行业存在的风险差异，配置资源的时候对不同国家、不同行业的相同项目按照相同的投资经验标准(8%)进行项目评审，这种“一刀切”的做法降低了公司的资源配置效率。但是，以项目所在国家和行业特点计算的WACC包含了影响项目投资收益的许多主观与客观因素，包括行业风险系数、国家风险系数、项目风险系数与公司战略等因素。公司在投资决策的过程中会更加详细深入地分析影响项目内部收益率的因素，针对不同的项目采用不同的回报率要求标准，并结合公司自身的发展战略进行资源配置。通过对项目投资收益与成本的对比分析，以及对公司价值创造能力与风险管控能力的评估，引导公司将资源配置到价值创造能力强且风险可控的项目中，从而提高资源配置效率。

4. WACC与公司文化

制度创新的来源包括内部的经验学习与外部的替代性学习。相比前者，后者能够为公司带来更多新知识与技术，对公司发展产生更大影响。而外部替代性学习要求组织必须拥有开放、包容的学习型组织文化。另外，任何学习都不是简单的模仿，学习是指组织通过直接或间接经验改变自身认知与行为的过程(阿尔戈特和斯派克特，2011；胡贝尔，1991；莱维特和马特，1988)。在学习过程中，需要学习者对被学习对象的创新进行改进，使之与自身的实际情况相匹配，否则盲目引入会导致“水土不服”，造成严重的后果。三峡集团对WACC的制度创新来源于其所投资的葡电，通过与葡电建立管理交流小组，在充分学习与交流的基础上，结合三峡集团自身的实际情况，最终引入并使用WACC投资决策评价体系。在这一过程中，三峡集团的高层领导积极鼓励公司的这一制度创新，并为这一制度的实施提供了良好的公司环境。由此可见，制度创新的前提即企业家精神，是制度创新的关键，而开放、包容的学习型组织为新制度创新及实施提供了基础。

5. WACC与风险管控

风险管控是影响投资决策的重要因素，许多公司的投资失败是因为风险管控出了问题。WACC投资评价体系提高了对公司风险管控能力的要求，要求公司对市场和行业风险进行持续关注与跟踪，并对风险变化趋势做出合理预测，进而设计相应的风险管控措施。由于WACC的计算需要提供不同国家、行业的风险系数，但是考虑到我国特殊的制度背景，作为新兴市场国家，我们很难进入发达国家投资，因此我们的投资对象多为周边一些发展中国家，而这些国家的国家风险、行业风险往往较高，这就对公司的风险管控能力提出了更高的要求。为此，三峡集团专门成立了专业团队，对各国风险进行跟踪分析并结合专家分析进行预测，提高了公司的风险管控能力。

6. WACC 与业绩评价

制度的执行对于新制度的引进至关重要。三峡集团将新制度的执行与业绩评价挂钩，通过将 WACC 运用到投资项目的后评价过程中，并将其与经济增加值等指标结合起来对管理者进行业绩评价，有效避免了单一评价指标带来的偏差，使公司的业绩评价实现从单一指标向综合指标的转换，提高了业绩评价的科学性与合理性，也为制度的更好执行提供了激励。

六、案例分析

本部分主要探索和分析 WACC 投资决策评价体系对三峡集团战略行为的影响，主要从制度创新的动机、新制度执行过程中的影响因素、新制度产生的经济后果以及对新制度的创新与完善四个方面进行分析。

（一）引入 WACC 制度创新的动机

随着业务的加快发展，三峡集团跨行业、跨国投资明显增加，对集团投资管理能力提出了更高的要求。集团已经建立了投资管理的制度框架，但还没有形成明确的投资收益评价指标体系，过去按照项目资本金内部收益率(8%)的经验指标评审项目，过于笼统、单一，没有反映不同行业、不同市场的风险特点，缺少根据投资条件灵活调整的方法与依据，尤其对境外投资项目不适用。集团迫切需要建立一套科学的投资评价指标体系。对葡电的投资使其可以借鉴国外公司的成功经验，引入 WACC 投资管理理念。由此可见，原有投资制度带来的投资低效率以及原有制度对新的投资环境的不适应是三峡集团进行制度创新的原因。以下是三峡集团相关领导对引入 WACC 这一财务制度创新动机的说明：

引入 WACC 是基于这样的想法：公司要创造价值，也要控制风险。那么，如何量化风险？每一项业务、每一个国家(地区)、每一个市场面临的风险是不一样的。因此，我们需要一个量化的指标体系。但是国资委的经济增加值只是一种事后的考核指标，是投资完成后的结果，而三峡集团的每一个投资项目的投资周期很长(水电为 50 年，风电为 20 至 25 年)，我们不能在事后才去评价投资项目的价值创造能力与风险管控能力。我们必须在事前，即在投资决策阶段就有价值创造与风险管控的能力。我们在投资葡电后，通过在葡电的董事会中派出 4 位代表进行学习，发现他们的董事会在每年的年初会确定集团的 WACC 值。这种做法的好处就是将事后算账的原理前置到了投资决策的环节，这使得公司的风险管控与价值创造提前了。考虑到我们与葡电在投资业务以及投资领域的相似性，在经过充分考察、学习后，决定引入 WACC 这一评价体系，并将这一制度写入了投资章程，具体引入时间是 2013 年，现在已经使用了六年多的时间，且每年年初更新一次，取得了很好的效果(三峡集团财务总监)。

三峡集团正面临战略转型时期，国际化步伐加快、业务快速扩展，怎样更好地防范风险成为集团关注的核心，WACC 的推出正是在这一背景下，集团基于自身发展而产生的内生需求。另外，2009 年随着集团下属各公司的分拆、合并与发展，业务项目增多，国际化投资步伐加快，我们需要对不同项目、不同国家的风险进行控制。当我们知道集团推行的 WACC 值后，我们对其很感兴趣，主动进行了学习（三峡集团战略规划部部长）。

(二) WACC 制度执行的影响因素

任何一项创新制度的执行都需要外部环境提供支持。每一家公司都需要结合自身的实际情况选择不同的制度。在不同时期、不同环境下，相同的制度可能产生不同的效果，同一制度在一些公司中可以非常成功，但在另一些公司中可能被证明是失败的。WACC 的引入同时需要公司文化的支持与实践层面各部门的配合。下面从不同部门、不同级别领导的访谈角度，对 WACC 这一制度创新执行过程中的影响因素进行分析：

我们当初推出 WACC 评价体系得到了董事会的一致赞同与支持。三峡集团是一个开放、包容的学习型组织，只要是对集团发展有利的制度创新，集团领导都会给予积极的支持。而且集团每个业务单元的管理层，如长江电力、长江新能源公司等核心公司也非常理解我们采用 WACC 体系的原因，并开始在选择项目的时候主动使用集团制定的 WACC 值。另外，战略部门在对项目进行初审的过程中也主动运用 WACC 对影响投资项目内部收益率的关键因素进行分析。我认为，绝大部分公司可以采用 WACC 这一评价体系，尤其是资本密集型公司、业务多元化公司与国际化公司（三峡集团财务总监）。

那么，其他公司要想实现对 WACC 制度的成功复制，需要具备哪些条件呢？

我认为，其他公司如果想复制 WACC 制度，就必须满足以下几点：首先，公司必须拥有一支非常专业的团队。计算 WACC 值的团队必须非常专业，否则计算出来的 WACC 值可能会有问题。因为在计算 WACC 值的过程中有许多主观的因素需要考虑，如果这个时候出现了错误，会导致严重的后果。三峡集团之所以大胆推广 WACC 评价体系，是因为我们有专业的团队。此外，我们对葡电的这一指标进行了三年多的考察，我们的主要领导在葡电任董事期间对这个指标体系的理解已经非常深入。另外，三峡集团与葡电的业务结构非常相似，我们都是以水电、风电为主，而且在投资区域方面也存在较多重合，因此我们才在此基础上引入了 WACC 这一投资评价体系。其次，从公司文化来看，开放、包容的学习型组织适合采用这一指标。最后，投资决策的管控体系相对比较集权的公司适合采用这一评价体系（海外板块投资主管）。

以上主要从公司文化与公司能力等方面对 WACC 执行的影响因素进行分析。而一项新制度的执行会产生相应的制度成本，难度较大且较复杂的新制度在执行过程中可能面临更大的困难。但是，从对三峡集团相关领导的访谈中可以发现，WACC 评价指标的计算简单易行。

WACC 的计算简单、直接。战略部作为投资主管部门，在发布文件的时候会公布每个项目在每个区域的 WACC 值，以及投资项目的最低回报率要求的 WACC 值，下属人员在做项目筛选的时候，直接用相应的倍数值乘以相应的 WACC 值就能计算出最低回报率要求。整个过程是由集团总部来计算制定的，下面的人不知道具体的计算过程，他们只负责执行。但每一个业务板块中负责投资评价的人都很熟悉 WACC 的计算过程，在每一个业务板块进行投资的时候，集团会召集相应板块的项目负责人对 WACC 进行讨论（国际化板块主管）。

对于信息系统方面的改进，我们在计算该指标时需要加入很多主观因素，因为该指标还承担着集团的战略使命。在这种情况下，其计算并不需要单独的软件，Excel 就能实现。计算该指标的关键是关键影响因素的加入与权重，但这是一个管理问题，并不是技术问题。因此，对于战略上需要进入的新业务，我们会适当降低回报率要求，体现了该指标战略导向的性质。在该指标体系计算过程中某些参数的选取方面，比如对于某一个国际市场中未来通货膨胀的走向、汇率走向，我们自己进行预测的同时还会考虑外部资本市场中分析师或者权威专家的预测。如果有两个并行团队对同一国家的同一项目进行考核，我们还会采用平行验证的方法，这样对于风险的管控会更加有效(三峡集团财务部部长)。

(三) WACC 制度产生的经济后果

新制度的导入会带来组织行为的变化。WACC 的引入对公司的投资决策、战略规划与风险管控造成了很大影响。

我们是一家以投资为主业的公司,WACC 评价体系的推出对集团的战略决策、风险管控能力、投资决策的改进与创新都产生了积极的效果。同时,该评价体系的推出使我们能够在国际化投资过程中做到与我们的同行和竞争对手使用同一标准去对投资项目进行评价,使我们的管理规则与国际接轨。但国资委规定的项目投资评价参数统一采用 8%,现在来看很不合理,因为随着时间、市场、业务的变化,8%这一经验值已经不适用了,不仅在国外不适用,在国内也不适用(三峡集团财务总监)。

作为央企,不仅要实现经济利润,而且承担着社会责任与政治责任。三峡集团很好地将公司发展战略融入国家发展战略,使公司战略服务于国家战略的实现。

我们的投资项目大多是集政治责任、社会责任、经济责任于一体的,如三峡工程具有防洪、航运、发电的功能。我们只是把经营性资本注入长江电力,许多公益性项目并未注入。但在国际化项目中,在保证项目效益的前提下,我们会考虑国家在外交政策方面的因素,如近年来我国重点推动"一带一路""互联互通"建设,我们在投资的过程中会把投资项目纳入国家发展战略目标实现的过程中,为更好地实现国家战略服务。比如,有些项目的回报率可能比较低,葡电可能不愿意投资,然而与他们不同的是,作为央企,我们还承担着实现国家发展战略的责任,因此,从国家层面考虑,我们会适当降低对回报率的要求来平衡公司发展战略与国家发展战略。另外,我们还实行联合建设,对于具备条件的项目,我们会调配技术人员去国外(缅甸、巴西)进行电源的建设,最后将电力输入国内。我们还会与其他国家进行联合建设。我们很注重发展的"质",而不是"量"(三峡集团战略发展部部长)。

引入制度创新的最后一步是建立与制度执行相关的激励机制。为了促进集团各部门对 WACC 制度的执行,三峡集团设计了与 WACC 相关的投资项目后评价。

我们已经将该评价体系嵌入公司的投资项目后评价中。对于按照 WACC 评价体系评估通过后的投资项目,在投产三四年后,我们回过头来总结一下这些年来项目投资的回报情况,算出实际回报与预期回报之间的差异,并找出产生差异的原因。如果是因为当初决策的时候 WACC 评价体系的不合理导致的,我们会进行相应的改进与修正,并与业绩评价挂钩。从最初的经济增加值到目前的 WACC 值,我们的投资决策评价指标已经从过去的单一指标发展成了如今的一系列指标,形成了一个综合的评价体系。目前,业绩评价部门正在从之前的单一指标考核发展到如今的综合评价,即综合考虑不同评价指标的结果来对公司业绩进行更加综合的评价与考核(三峡集团财务部部长)。

(四) WACC 制度的创新与完善

早期制度经济学学者们对制度的研究是一种静态的研究,认为制度是不变的。但随着环境的变化,原有制度与实践之间出现了冲突,促进了制度的发展。三峡集团对 WACC 的学习并不是盲目地模仿与生搬硬套,而是结合三峡集团自身的实际情况对其进行改进与完善,实现了自身的财务制度创新。以下是集团相关部门领导对其就 WACC 做出的改进的说明:

与葡电相比,我们的创新之处主要表现在以下两个方面:一方面,对于相同的项目,我们要求的最低回报率不同。欧洲的电力公司在投资决策方面可能更加稳健,他们主要在经合组织国家投资,这些国家的货币可兑换,国家风险比较低。但是我们进入经合组织国家的门槛很高，我国公司主要在周边的新兴市场国家投资，而这些国家的国家风险高，货币不可兑换，法制环境、市场环境、政府干预都不一样。葡电没有在巴西、巴基斯坦、老挝、缅甸等国家进行投资，因此，我们会制定我们投资的WACC值，而且要求的最低回报率比较高；如果达不到，我们就不去投资。也就是说，我们会根据我们的投资业务、国家、市场特点去制定我们的WACC值。另一方面，对风险的容忍度不同。因为我们有国家政策的支持，而且我们的信用评价较高，所以我们在选择投资项目的时候，对于同一个项目，要求的项目回报率达到内部收益率的1.2倍就能够上报董事会，但是葡电的资产负债率高，他们实行独立评级，没有政府的政策支持，资本比较有限，但他们可供选择的投资项目比较多，因此他们要求的最低回报率更高，对风险的管控要求更高。我们是刚"走出去"的新兴市场国家，因此我们在投资选择方面对风险的容忍度可能更高一些，采取的投资策略可能更加激进一些(三峡集团财务总监)。

另外，由于不同公司的生存环境与享受国家政策保护方面存在的差异，导致同一制度在不同的公司中可能会产生不同的效果。

葡电要求的最低回报率是WACC的1.4倍，我们要求的最低回报率是WACC的1.2倍。我们与葡电成立了一家公司进行海外中小水电开发，如果按照葡电的标准，我们可能会丧失一些投资机会。因此，我们会根据我们自身的情况，包括国家发展战略、公司发展战略、投资业务与国家特点确定最低回报率要求(三峡集团财务部部长)。

WACC在计算过程中包含了对公司发展战略、国家战略等主观因素的考虑，因此，不同的公司即使采用相同的WACC制度，产生的决策结果也可能不同。

WACC计算过程中的主要创新体现在其同时考虑了主观因素与客观因素。对于主观因素，如海上风电从经济意义上说可能并不好，但是这对于集团的发展来说是一个很好的机会，所以我们会适当降低对其的回报率要求，而这个时候，如果我们按照规定的WACC评价体系就可能无法通过，但是考虑到集团发展战略与国家发展战略，我们还是会进行投资。也就是说，对于相同的项目、相同的国家、相同的计算基础，不同的公司得出的投资结论可能是不同的，因为每家公司都会有其自己的个性化处理，得出的WACC值不同(三峡集团战略规划部部长)。

在谈及对WACC体系未来的完善方面，三峡集团的主要部门领导提出了以下建议：

战略部每年都在进行风险跟踪与调整，我们会一直坚持使用WACC值，同时对如何更加科学、精准地测算WACC值进行研究。比如，在债务的成本测算方面，人民币的融资成本是多少、外币的融资成本是多少，然后由财务部计算出一个加权的债务资金成本，最后提交战略部。战略部会有其对股本成本的要求。另外，我们还会对市场无风险利率的变化进行调整。现在我们是每年进行一次调整，根据公司业务的重点进行调整。比如，我们目前开展得较多的绿地项目是在巴基斯坦进行的，因此，巴基斯坦就成了我们关注的重点。另外，在使用WACC值时，我们也会相互借鉴。比如2016年投资巴西，在进行公开竞标的时候，我们要求葡电CFO将其在巴西投资的WACC计算过程以及WACC值提供给我们，我们对两者之间的差异进行对比分析，找出原因，进而对我们的WACC评价体系进行完善(三峡集团财务总监)。

我认为，我们集团未来可能需要从以下几个方面完善WACC指标：第一，该指标的计算可能比较复杂，这是集团管控的标准，下属员工可能理解起来存在一定的困难。第二，如何让该指标的计算更加精准、科学，进而合理引导投资规划。比如在印度市场，三峡集团进行了很长时间的研究，但是我们根据WACC得出的内部收益率不满足我们投资最低回报率的要求，收益无法覆盖风险，因此，我们一直没有在印度市场进行投资。三峡集团在做投资规划的时候，如果下属的每个区域根据WACC对每个风险影响因素都进行详细的分析，可能会发现，印度市场并不适合投资，因此，集团可能不会向印度配置投资资源。有些国家的汇兑风险比较高，在这些地方投资的风险也就比较高，因此在投资决策的时候，我们会对不同风险收益类型的投资项目在投资组合中所占的比重进行合理配置。这些风险都是 WACC 评价体系中需要予以考虑的因素。第三，让该指标更加精细化。比如，三峡集团 2017 年发布的几个欧洲国家的海上风电项目的 WACC 值合并在一起，但是这几个国家在风险方面存在较大差异，所以，以后在国家风险的划分方面，希望可以更加精细化。第四，提高该指标制定与公布的及时性。因为在三峡集团的发展过程中，国际化的步伐很快，有些国家的投资项目已经产生了，但是 WACC 指标体系还没覆盖到该区域。另外，我们对同一类别、同一地区的项目，在项目风险与成熟度上存在明显差异，如相比新建的绿地项目，已投产的成熟项目要求的最低回报率会下调 1%。比如，最近我们在德国收购的一项海上风电业务，该项投资已经投产运营并且成熟度非常高了，风险也比较低，所以我们要求的项目投资回报率下调了 1%。第五，保持 WACC 评价体系的灵活性。对于一些项目，近期来看可能无法产生价值，但从长期来看具有重要的战略价值，我们在进行投资决策的时候也会予以考虑，即给投资决策者留有余地，让其在投资过程中发挥作用（三峡集团国际化板块主管）。

三峡集团对于 WACC 投资评价体系的制度创新如表 2 所示。

表 2　　WACC 投资评价体系的制度创新

主要创新点	具体说明	详细解释与举例
WACC 投资评价体系的设计特点	WACC 投资评价体系的特点	基于不同业务、不同行业、不同国家的不同风险特征，在考虑不同投资主体融资能力与资本成本差异的情况下制定投资决策财务指标体系
	WACC 的计算	$WACC_{项目} = [R_f + a \times \beta(R_m - R_f) + b \times (R_m - R_f)] \times E/A + R_d \times (1-t) \times D/A$
	WACC 中各要素的取数	无风险利率(R_f)：项目资金所用货币对应的 10 年期国债利率或互换利率 风险溢价($R_m - R_f$)：全球市场风险溢价（参考葡电） 行业调整系数(a)：综合考虑行业细分、市场特点等给出的调整系数（见附录一） 市场风险系数(β)：样本公司的 β 平均（见附录二） 国家风险调整[$b \times (R_m - R_f)$]：对国家风险的调整（适用于境外投资）（见附录三） 债务成本(R_d)：能获得债务融资的实际成本 所得税税率：项目所在国的实际税率 债务占总资产的比重(D/A)：采用集团规划的目标值 50%
	WACC 的更新	董事会每年年初对 WACC 更新一次
WACC 如何影响公司的财务决策与资源配置	WACC 对战略规划的影响	制定战略规划的时候会对不同项目、不同行业、不同国家的风险与回报进行充分、具体的考虑。但是，由于央企承担着政治责任与社会责任，在国际化投资过程中，在保证项目效益的前提下，会考虑国家发展战略的要求，比如近年来我国重点推动“一带一路”“互联互通”建设，在投资过程中会将集团发展战略纳入国家发展战略目标的实现过程中，为更好地实现国家战略服务

续表

主要创新点	具体说明	详细解释与举例
WACC如何影响公司的财务决策与资源配置	WACC对公司投资策略的影响	对投资风险进行量化;将投资项目的价值创造能力与风险管控能力提前到投资决策阶段进行评价;综合考虑资金成本以及不同项目、行业、国家的风险差异,由此得出项目投资的最低收益率要求,最终决定是否投资
	WACC对公司文化的影响	WACC强调以价值创造与风险管控为导向,要求公司是一种开放、包容的学习型组织,鼓励公司勇于创新与学习,拥有较强的投资专业团队
	WACC对公司资源配置的影响	在充分分析项目投资内部收益率的关键影响因素的基础上,将资源配置到价值创造能力强的项目中,同时考虑国家发展战略,如有些项目的回报率可能比较低,葡电可能不愿意投资,但作为央企,三峡集团还承担着实现国家发展战略这一责任,因此,从国家的层面考虑,三峡集团会适当降低对回报率的要求来平衡公司发展战略与国家发展战略。另外,三峡集团还实行联合建设,对于具备条件的项目会调配技术人员去国外进行电源的建设,最后将电力输入国内。三峡集团还会与其他国家进行联合建设,注重发展的"质"而不是"量"
	WACC对公司风险管控的影响	加深了公司管理者对投资风险的理解,投资部门在进行投资时主动运用WACC对投资风险进行管控,战略部门在项目评估时会通过对影响WACC的风险因素进行详细分析与评估,确定各要素取值的合理性,有效控制投资风险。WACC促进了公司投资评价体系的国际化与标准化,提高了公司国际化过程中的风险管控能力
	WACC对业绩评价的影响	将WACC运用到投资项目的后评价过程中,从经济增加值到WACC,实现了由单一指标向综合指标的投资评价体系的转换,提高了业绩评价的科学性与合理性

七、研究结论与启示

本文采用探索性案例研究的方法,从管理学习的微观层面对三峡集团财务制度的创新行为进行研究。具体来讲,在对制度背景分析和理论文献梳理的基础上,采用单案例研究方法,通过与WACC投资决策评价体系相对接的财务总监以及主管财务、战略规划、海外投资的高管进行访谈,收集了大量实证资料。结合学习理论与制度理论,我们对三峡集团的财务制度创新行为进行了深入分析。我们认为,管理学习为三峡集团的制度创新提供了外部途径,开放、包容的学习型组织文化为WACC制度的引入创造了环境。WACC的制度创新主要体现为以下两点:第一,WACC指标体系的设计特点,即考虑了不同项目、不同行业、不同国家的风险差异,并进行了相应的风险调整,制定出与特定项目相匹配的最低投资回报率,同时保持了对WACC的动态跟踪与定期更新。第二,WACC对公司财务决策与资源配置的影响。WACC对投资决策最重要的影响是对风险进行量化,并将对项目价值创造能力与风险管控能力的评估提前到投资决策阶段,有效地降低了投资风险,提升了投资的价值创造能力与资源配置效率。

三峡集团的制度创新给我们的启示是：从公司层面来看，建立开放、包容的学习型组织文化是公司进行制度创新的前提。通过外部途径学习，可以为组织发展提供更大动力。因此，我国国企在“走出去”的同时，也应该积极学习借鉴国外成功的经营管理经验，引入更多适合我国公司发展的创新制度。从监管层面来看，监管机构应该尽量减少对公司过多的制度约束与干预，鼓励公司进行制度创新，制定适合公司自身发展情况的制度。从投资者层面来看，对于进行制度创新并取得成功的公司，投资者应该给予支持，提高对公司的价值评估，为公司发展提供更多资金。

八、参考文献

[1] 毛基业，张霞.案例研究方法的规范性及现状评估——中国公司管理案例论坛(2007)综述[J]. 管理世界，2008(4).

[2] Argote, L., R. Ophir. Intraorganizational Learning[J]. The Blackwell Companion to Organizations, 2002(10).

[3] Argote, L.. Organizational Learning Research: Past, Present and Future[J]. Development and Learning in Organizations, 2011(2).

[4] Bartunek, J. M., S. L. Rynes, R. D. Ireland. What Makes Management Research Interesting and Why Does It Matter[J]. Academy of Management Journal, 2006(1).

[5] Beckert, J.. Agency, Entrepreneurs, And Institutional Change The Role of Strategic Choice and Institutionalized Practices in Organizations[J]. Organization Studies, 1999(5).

[6] Chandler, D., Hwang, H.. Learning from Learning Theory[J]. Journal of Management, 2015(5).

[7] Creed, W. E. D., Seo, M. G.. Institutional Contradictions, Praxis, and Institutional Change: A Dialectical Perspective[J]. The Academy of Management Review, 2002(2).

[8] Clemens E. S., Cook, J. M.. Politics and Institutionalism: Explaining Durability and Change[J]. Annual Review of Sociology, 1999(5).

[9] DiMaggio, P. J., Powell, W.. The Iron Cage Revisited: Institutional Isomorphism and Collective Rationality in Organizational Fields[J]. American Sociological Review, 1983(2).

[10] Dacin, M. T., Goodstein, J., Scott, W. R.. Institutional Theory and Institutional Change: Introduction to The Special Research Forum[J]. The Academy of Management Journal, 2002(1).

[11] Eisenhardt, K. M.. Building Theories from Case Study Research[J]. Academy of Management Review, 1989(4).

[12] Greenwood, R., Suddaby, R.. Institutional Entrepreneurship in Mature Fields: The Big Five Accounting Firms[J]. Academy of Management Journal, 2006(1).

[13] Hoque, Z., Alam, M.. TQM Adoption, Institutionalism and Changes in Management Accounting Systems: A Case Study[J]. Accounting and Business Research, 1999(3).

[14] Hopper, T., Major, M.. Extending Institutional Analysis through Theoretical Triangulation: Regulation and Activity-based Costing in Portuguese Telecommunications[J]. European Accounting Review. 2007(1).

[15] Huber, G. P.. Organizational Learning: The Contributing Processes and The Literatures[J]. Organization Science, 1991(1).

[16] Kostova, T., Roth, K.. Adoption of An Organizational Practice by Subsidiaries of Multinational Corporations: Institutional and Relational Effects[J]. The Academy of Management Journal, 2002(2).

[17] Levitt, B., J. G. March. Organizational Learning[J]. Annual Review of Sociology, 1988(14).

[18] Lukka, K., Granlund, M.. Towards Increasing Business Orientation: Finish Management Accountants in A Changing Cultural Context[J]. Management Accounting Research, 1998(2).

[19] Lounsbury, M.. Institutional Rationality and Practice Variation: New Directions in The Institutional Analysis of Practice[J]. Accounting, Organizations and Society, 2008(5).

[20] Levinthal, D. A., March, J. G.. The Myopia of Learning[J]. Strategic Management Journal, 1993(S2).

[21] Meyer, J. W., Rowan, B.. Institutionalized Organizations: Formal Structure as Myth And Ceremony[J]. American Journal of Sociology, 1997(2).

[22] Scott, W. R. The Adolescence of Institutional Theory[J]. Administrative Science Quarterly, 1987(4).

附录一　行业风险调整系数

国　家	行　业	a　值
中国	大水电(PPA)	1.10
	中小水电(PPA)	1.00
	陆上风电(PPA)	1.05
	海上风电	1.25
	太阳能(PPA)	1.03
葡萄牙	陆上风电	1.33
	太阳能	1.40
	陆上风电(PPA)	1.00
	太阳能(PPA)	1.05
美国	陆上风电	1.33
	海上风电	1.60
	太阳能	1.33
	陆上风电(PPA)	1.60
	海上风电(PPA)	1.33
	太阳能(PPA)	1.00

续表

国　家	行　业	α　值
巴西	大水电(PPA)	1.00
	中小水电(PPA)	1.00
	陆上风电(PPA)	1.20
	太阳能(PPA)	1.20
巴基斯坦	风电	1.40
	大水电	1.46
	中小水电	1.33
	风电(PPA)	1.05
	大水电(PPA)	1.10
	中小水电(PPA)	1.00
老挝	中小水电	1.33
	中小水电(PPA)	1.00
希腊	太阳能(PPA)	1.26
澳大利亚	陆上风电(PPA)	1.05
缅甸	陆上风电	1.46
	大水电	1.46
	中小水电	1.40
	太阳能	1.46
	陆上风电(PPA)	1.10
	大水电(PPA)	1.10
	中小水电(PPA)	1.05
	太阳能(PPA)	1.10

附录二　风险系数β值

国　家	股票代码	公　司	无杠杆β	无杠杆β均值
巴西	GETI4 BZ Equity	AES TIETE - PREF	0.13	0.17
	TBLE3 BZ Equity	TRACTEBEL	0.21	
美国	AES US Equity	AES CORP	0.49	0.42
	DUK US Equity	DUKE ENERGY CORP	0.35	

续表

国　家	股票代码	公　司	无杠杆 β	无杠杆 β 均值
葡萄牙	EDP PL Equity	EDP	0.44	0.44
澳大利亚	IFN AU Equity	Infigen 能源公司	0.44	0.44

注：中国的行业 β 值通过参考本土上市公司 β 值获取。在投资所在国没有相似公司或者没有成熟资本市场的情况下，参考周边相似国家的行业 β 值，如巴基斯坦、老挝、缅甸参考中国的 β 值，希腊参考葡萄牙的 β 值。

附录三　国家风险调整系数

项　目	中国	美国	巴西	葡萄牙	巴基斯坦	老挝	澳大利亚	希腊	缅甸
国家风险(b_1)	0.00	0.03	0.06	0.24	0.15	0.15	0.00	0.27	0.18
公司在该地区经验(b_2)	0.00	0.05	0.00	0.00	0.00	0.00	0.15	0.00	0.15
国际金融风险(b_3)	0.00	0.02	0.17	0.02	0.06	0.12	0.01	0.07	0.07
国家风险调整系数(b)	0.00	0.10	0.23	0.26	0.21	0.27	0.16	0.34	0.40

案例使用说明书

1. 本案例需要解决的关键问题

投资决策是公司财务决策的重要内容，随着我国公司“走出去”战略的提出，实施境外投资的公司逐渐增多。在对外投资的过程中，投资评价体系的建设以及投资评价指标的选择是关键。以我国央企为例，他们在决定是否对外投资时使用的评价指标是由国资委制定的统一指标比例——加权平均资本成本超过 8%即可投资，这种“一刀切”的做法存在诸多缺陷。本案例以三峡集团为例，介绍了三峡集团在收购葡电后，如何通过制度的学习与创新实现投资评价制度 WACC 评价体系的完善以及投资的盈利。案例介绍了三峡集团 WACC 制度学习与创新的情境以及具体做法，通过对不同市场、项目及国家的风险系数进行调整，最终得出最合适的 WACC 值，这为三峡集团之后的境外投资项目提供了有效的评价标准。本案例能够为其他公司制定投资决策提供经验借鉴，同时能够弥补现有 WACC 制度存在的不足。

2. 案例讨论的准备工作

(1) 事先掌握公司投资决策主要评价方法以及每种评价方法的优缺点。

(2) 事先掌握加权平均资本成本的概念以及计算方法。

3. 案例分析要点

(1) 需要学生识别的关键问题

① 公司进行投资时使用的主要评价方法。

② 不同投资评价方法的计算。

③ 不同投资评价方法存在的优缺点。

④ 加权平均资本成本的计算，β 系数的含义以及计算方法。

⑤ 公司的主要融资方式以及不同融资方式的构成比例与成本。

⑥ 进行投资风险调整时，不同市场、项目以及国家的风险应该如何评估。

（2）根据案例相关的知识点提出解决问题的可供选择方案，并评价这些方案的利弊得失

本案例指出了现有投资评价体系 WACC 制度存在的缺陷以及如何弥补该缺陷。但是对于 WACC 制度在不同公司的运用还需要考虑不同公司的具体情况，希望学生能够结合本案例提出的方案对不同公司投资评价体系存在的问题进行评估并给出合适的解决方案。在该过程中，学生需要了解公司的具体特征以及投资项目的特征，进而制定合适的风险系数，并根据市场的变化对风险系数进行动态调整，最终得出公司投资决策的最佳评价标准。

（3）推荐解决问题的方案及具体措施

采用差异化、动态化思维对现有的 WACC 投资评价制度进行完善。具体从投资项目的风险特征与市场特征两个方面制定不同的风险系数，并制定合适的参考标准对 WACC 值实施动态监管。

4. 教学组织方式

（1）问题清单及提问顺序、资料发放顺序

开讲前，学生预习，教师列出问题清单及提问顺序，并发放资料。

（2）课时分配(时间安排)

阅读 1 个小时，讨论 2 个小时。

（3）讨论方式

情景模拟、小组式、辩论式等均可。

（4）课堂讨论总结

小组结论，老师总结。

5. 其他

无。